普通高等教育船舶与海洋工程学科"十三五"规划系列教材

船体结构振动与声学基础

主　编　李天匀　李　威
副主编　朱　翔　李家盛

华中科技大学出版社
中国·武汉

内 容 简 介

本书在介绍结构振动基本理论、方法和船体结构振动技术知识的同时,兼顾声学基础知识。全书共分八章,内容包括单自由度系统的振动、多自由度系统的振动、连续弹性体的振动、船体总体振动、船体结构局部振动、船体结构振动测试与评估、船舶结构振动控制、声学基础与船舶空气噪声控制等。每章都安排了一定数量的习题。本书章节安排合理,推理详细,论证清晰,便于自学。

本书可作为船舶与海洋工程专业及其他相关专业本科生的教材或参考书,也可作为工程技术人员的自学用书。

图书在版编目(CIP)数据

船体结构振动与声学基础/李天匀,李威主编. —武汉:华中科技大学出版社,2020.8
ISBN 978-7-5680-6198-8

Ⅰ.①船… Ⅱ.①李… ②李… Ⅲ.①船体结构-结构振动 ②船舶噪声-噪声控制
Ⅳ.①U663 ②U661.44

中国版本图书馆 CIP 数据核字(2020)第 140792 号

船体结构振动与声学基础   李天匀　李威　主编
Chuanti Jiegou Zhendong yu Shengxue Jichu

策划编辑:万亚军
责任编辑:程　青
封面设计:原色设计
责任监印:周治超
出版发行:华中科技大学出版社(中国•武汉)　　电话:(027)81321913
　　　　　武汉市东湖新技术开发区华工科技园　　邮编:430223
录　　排:武汉三月禾文化传播有限公司
印　　刷:武汉市籍缘印刷厂
开　　本:787mm×1092mm　1/16
印　　张:13.25
字　　数:337千字
版　　次:2020年8月第1版第1次印刷
定　　价:39.80元

本书若有印装质量问题,请向出版社营销中心调换
全国免费服务热线:400-6679-118　竭诚为您服务
版权所有　侵权必究

普通高等教育船舶与海洋工程学科"十三五"规划系列教材

序

海洋是孕育生命的"摇篮",也是养育生命的"牧场",人类社会发展的历史进程与海洋息息相关。自古以来,人类在利用海洋获得"鱼盐之利"的同时,也获得了"舟楫之便",仅海上运输一项,就占到了目前国际贸易总运量中的2/3以上。而今,随着科学技术的发展,海洋油气开发、海洋能源开发、海水综合利用和海洋生物资源开发及保护等拉开了21世纪——海洋新世纪的帷幕。传统的船舶工程因海洋开发而焕发青春,越来越明朗地成为21世纪一道亮丽的风景线。

船舶与海洋工程学科是一个有着显著应用背景的学科。大型船舶和海上石油钻井平台是这个学科工程应用的两个典型标志。它们就如同海上的城市,除了宏大的外观,其上也装备有与陆地上相类似的设施,如电站及电网系统、起吊设备、生活起居设施、直升机起降平台等,还装备有独特的设施,如驾控室、动力装置、推进系统、锚泊设备等。因此,该学科与其他相关学科有着密切的联系,如土木工程、动力工程及工程热物理、机械工程、电气工程、控制科学与工程等学科。将现代化的船舶与海洋工程的产品称为集科技大成之作,毫不夸张。

为了满足船舶与海洋工程学科本科生的学习需要,我们在多年教学、科研工作的基础上,参考兄弟院校的相关教材及国内外有关资料文献,编写了本系列教材。本系列教材涵盖了船舶与海洋工程专业和轮机工程专业的主要学习课程,包括船舶与海洋工程概论、轮机工程概论、船舶流体力学、船舶设计原理、船舶与海洋工程结构力学、船舶摇摆与操纵、海洋平台设计原理、海洋资源与环境、舰船电力系统及自动装置、船舶动力装置原理与设计、深海机械与电子技术、舰船液压系统等。本系列教材的编写,旨在为船舶与海洋工程学科相关专业的本科生提供系统的学习教材,同时也向从事造船、航运、海洋开发的科技工作者及对船舶与海洋工程知识有兴趣的广大读者提供一套系统介绍船舶与海洋工程知识的参考书。

教材建设是高校教学中的基础性工作,也是一项长期的工作,需要不断吸取人才培养模式和教学改革成果,吸取学科和行业的新知识、新技术、新成果。本套教材的编写出版只是近年来华中科技大学船舶与海洋工程学院教学改革的初步总结,还需要各位专家、同行提出宝贵意见,以进一步修订、完善,不断提高教材质量。

华中科技大学船舶与海洋工程学科规划教材编写组
2018年6月

前　言

　　课程是人才培养的核心要素,课程质量直接决定人才培养质量。为适应新时代人才培养要求,教育部实施了一流本科课程建设计划。加强教材研究,创新教材呈现方式和话语体系,实现理论体系向教材体系转化、教材体系向教学体系转化、知识体系向学生的价值体系转化,使教材更能体现科学性、前沿性,进一步增强教材的针对性和实效性,提高教材编写质量。

　　"船体振动"是船舶与海洋工程专业本科生的传统必修专业课程,主要介绍结构振动、船体结构振动的基本概念和分析方法,使学生掌握分析、解决振动问题的基本技能。按照新时代高等教育改革对课程教材建设的新要求,必须更广泛、更深入地开展"船体振动"教材内容和教材体系的变革性研究。

　　一方面,要求学生在一定的学时条件下获得必要的专业知识、思维方法和学术思想;另一方面,要求学生有更宽广的知识面,以适应学科融合、交叉背景下对创新型复合人才的需要。为此,以全国教育大会精神为指导,树立人才培养的中心地位和本科教学的基础地位,在育人为本、教学为先的原则下,从培养新时代高素质工科人才的总体需求出发,结合本科工科专业学生对振动和声学的基本原理、基本技术与基本分析方法的需求及学时分配,对原有工科相关专业船体振动、有限元、声学基础的相关知识进行整合、扩展,我们编写了这本《船体结构振动与声学基础》教材,力求让学生在较少的学时内对船体结构振动、声学基础知识体系和进展有一个较为全面的了解。

　　本书在编写过程中力求达到内容的科学性、前沿性、针对性、实效性等方面的统一,在介绍振动的基本原理、基本分析方法和基本技术的前提下,将其与船体结构振动内容紧密联系,开展初步的船体结构振动测试与控制应用,并简要介绍了与振动密切关联的声学基本知识。在内容的选择上,注意与线性代数、理论力学、材料力学、结构力学、有限元等课程知识的衔接,力求理论联系实际。在材料组织上,力求概念阐述准确严密,内容安排深入浅出、循序渐进,并注意各章内容的相互依托与交叉,便于教师教学和学生自学。

　　本书可作为船舶与海洋工程专业等理工科本科生的教材或参考书,在使用本书作教材时,教师可根据培养方案实际情况,在达到课程大纲基本要求的前提下,对内容进行取舍,也可对相关知识的讲授顺序进行调整。本书也可作为工程技术人员的自学用书。

　　本书由《船体结构振动与声学基础》编写组集体讨论、编写,最后由李天匀、李威、朱翔、李家盛定稿。教材质量的提升是一个长期发展的过程,需要不断吸取人才培养和教学改革成果,吸取科技发展及产业变革的新成果,吸取专家、同行的宝贵意见。

　　本书得到了华中科技大学教材建设基金资助及华中科技大学出版社万亚军同志的热情支持与帮助,张俊等研究生协助作者编排了大量图表。本书曾作为讲义使用,许多本科生在学习过程中提出了有益的建议,同时本教材参考和引用了若干文献的成果,在此一并表示衷心的感谢。

　　限于编者的水平和能力,虽经努力,书中错误与不妥之处仍在所难免,诚恳欢迎读者批评、指正。

编　者
2019 年 12 月

目 录

绪论 …………………………………………………………………………………………… (1)

第 1 章 单自由度系统的振动 ……………………………………………………………… (3)
  1.1 运动微分方程的建立 ……………………………………………………………… (3)
  1.2 无阻尼自由振动 …………………………………………………………………… (6)
  1.3 有阻尼自由振动 …………………………………………………………………… (15)
  1.4 强迫振动 …………………………………………………………………………… (20)
  1.5 结构阻尼 …………………………………………………………………………… (28)
  1.6 非简谐激振力-傅里叶变换 ………………………………………………………… (29)
  1.7 任意激振力下的响应 ……………………………………………………………… (32)
  1.8 阻抗与导纳概念 …………………………………………………………………… (37)
  1.9 电-力系统类比 ……………………………………………………………………… (40)
  本章习题 ………………………………………………………………………………… (42)

第 2 章 多自由度系统的振动 ……………………………………………………………… (47)
  2.1 运动微分方程组的建立 …………………………………………………………… (47)
  2.2 无阻尼自由振动 …………………………………………………………………… (49)
  2.3 固有频率与固有振型特性 ………………………………………………………… (54)
  2.4 由初始条件确定自由振动的解 …………………………………………………… (59)
  2.5 强迫振动 …………………………………………………………………………… (61)
  2.6 高频模态及低频模态对激振频段频响函数的影响 ……………………………… (66)
  本章习题 ………………………………………………………………………………… (67)

第 3 章 连续弹性体的振动 ………………………………………………………………… (69)
  3.1 杆的纵向振动 ……………………………………………………………………… (69)
  3.2 轴的扭转振动 ……………………………………………………………………… (73)
  3.3 直梁的弯曲自由振动 ……………………………………………………………… (74)
  3.4 轴向力作用下梁弯曲自由振动 …………………………………………………… (82)
  3.5 薄平板的弯曲自由振动 …………………………………………………………… (84)
  3.6 模态叠加法分析梁的弯曲强迫振动 ……………………………………………… (93)
  3.7 模态截断的概念及误差分析 ……………………………………………………… (97)
  本章习题 ………………………………………………………………………………… (99)

第 4 章 船体总体振动 ……………………………………………………………………… (101)
  4.1 船体总体振动概述 ………………………………………………………………… (101)
  4.2 附连水质量概念 …………………………………………………………………… (102)
  4.3 舷外水对船体总振动的影响 ……………………………………………………… (104)
  4.4 船体梁总体振动固有频率的近似计算 …………………………………………… (108)
  4.5 船体梁总体振动固有特性计算的质量与刚度分析 ……………………………… (112)

4.6 有限元方法 …………………………………………………………………… (114)
4.7 船体强迫振动响应 …………………………………………………………… (120)
本章习题 ………………………………………………………………………… (122)

第5章 船体结构局部振动 …………………………………………………………… (123)
5.1 板架振动 ……………………………………………………………………… (123)
5.2 艉轴架的振动 ………………………………………………………………… (126)
5.3 船舶上层建筑的振动 ………………………………………………………… (129)
本章习题 ………………………………………………………………………… (134)

第6章 船体结构振动测试与评估 …………………………………………………… (136)
6.1 振动测试系统组成 …………………………………………………………… (136)
6.2 机械阻抗测试方法 …………………………………………………………… (143)
6.3 多自由度系统的实模态理论及模态参数识别 …………………………… (145)
6.4 船舶振动评估及控制标准 ………………………………………………… (149)
6.5 典型船体板架结构模态试验分析实例 …………………………………… (154)
本章习题 ………………………………………………………………………… (163)

第7章 船舶结构振动控制 …………………………………………………………… (164)
7.1 隔振原理 ……………………………………………………………………… (164)
7.2 吸振原理 ……………………………………………………………………… (169)
7.3 阻振 …………………………………………………………………………… (173)
7.4 振动主动控制简介 …………………………………………………………… (179)
本章习题 ………………………………………………………………………… (180)

第8章 声学基础与船舶空气噪声控制 ……………………………………………… (182)
8.1 声音及其物理特性 …………………………………………………………… (182)
8.2 噪声及噪声污染 ……………………………………………………………… (183)
8.3 船舶噪声源 …………………………………………………………………… (183)
8.4 噪声的危害 …………………………………………………………………… (184)
8.5 噪声控制的一般步骤 ………………………………………………………… (186)
8.6 级的概念与计算 ……………………………………………………………… (187)
8.7 频带与频谱分析 ……………………………………………………………… (189)
8.8 噪声的主观评价 ……………………………………………………………… (191)
8.9 室内声学和吸声处理 ………………………………………………………… (194)
8.10 隔声 ………………………………………………………………………… (197)
8.11 消声器设计 ………………………………………………………………… (200)
本章习题 ………………………………………………………………………… (203)

附录 $\delta(\cdot)$ 函数简介 ………………………………………………………………… (204)

参考文献 …………………………………………………………………………………… (205)

绪 论

振动泛指物体在某一位置附近的往复运动,某一位置既可以是静止位置,也可以是运动的位置。本书着重研究物体在静平衡位置附近做小幅往复运动,这种往复运动通常称为机械振动,简称振动。

产生振动的原因是各种各样的:旋转机械转动质量的不平衡分布、轴承的缺陷和不良润滑等;飞机与空气作用、海浪与船舶作用、大桥或高层建筑受地震波和风的作用。对多数动力设备和结构来说,振动会降低机器的使用性能,如机床振动会降低工件的加工精度,测量仪器在振动环境中无法正常使用等。振动引起的动载荷也会降低机器和结构的疲劳寿命,甚至导致灾难性的破坏性事故,如图 0.1.1 所示的船舶推进轴系的振动破坏。如大桥因共振而毁坏,虽属罕见,但也有记录。1940 年美国华盛顿州 Tacoma 海峡大桥通车仅四个月就因为 8 级大风引起颤振而坍塌(见图 0.1.2)。振动传递给人体,除了引起不适,还会影响操作人员对机器或设备的操控,降低工作效率。

图 0.1.1 扭转振动造成船舶主机中间轴扭断

当然,振动并非全无是处,也有可以利用的方面。例如,日常使用的钟表、电子按摩装置和很多乐器,以及振动压路机都是利用振动原理工作的(见图 0.1.3)。

图 0.1.2 1940 年 Tacoma 海峡大桥因气动颤振坍塌

图 0.1.3 振动压路机

当船舶在海上航行时,船体结构也不可避免地会出现振动现象。近年来,随着航运事业的发展,船舶吨位越来越大,主机功率和转速不断提高,引起船体振动的激振力也相应地增大了。同时,为了减轻船体的重量,人们广泛采用高强度钢作为造船材料,这样使得船体结构刚度随之减小,更易激起较大的船体振动。另外,船体结构振动的大小,直接关系到船舶舱室噪声大小。振动和噪声对环境造成的影响,严重时可以损害人体健康。人如果较长时间暴露于振动噪声环境中,会感到身心疲惫;振动噪声严重超标时将损害人的听力和运动机能。

过大的船体振动可导致船体结构产生疲劳破坏,影响船上的设备和仪表的正常工作,降低使用精度,缩短使用寿命。同时,结构振动会在水下产生辐射噪声,不仅会对海洋生物产生负面影响,而且会严重削弱舰艇的声隐身性能。因此有必要对船体的振动进行研究,以期找到减小振动的方法和措施。

引起船体振动的因素有很多,但最主要的是船体及局部结构在主机、螺旋桨产生的周期性激振力,以及舰船附体所产生的一些流体激励作用下的稳态振动。船用辅机等设备也会产生一些激振力,但一般情况下,其数值不大,只会引起局部结构的振动。此外,波浪冲击、火炮发射时的后坐力和抛锚等引起的激振力也会导致船体的振动。

船体结构振动分析可分为以下四大问题:

(1) 响应分析。在已知系统参数和外界激励的条件下求系统的响应,包括系统的位移、速度和加速度,以及系统振动的能量水平或产生的动载荷等。解决这类问题的目的是分析船体结构的动态强度和刚度,以及它们的疲劳寿命等(见图0.1.4)。

图 0.1.4　船体振动响应关系

(2) 系统设计。在已知外界激励的条件下设计合理的船体系统参数,使系统的动态响应或输出满足要求。减振设计中通常需要解决这类问题。当原结构振动过大或者超限时,就需要对系统的动态参数进行调整,或采用减振技术,使系统的振动响应降低并达标。

(3) 系统识别。在已知系统的输入和输出条件下求出船体系统的参数,了解系统的特性。解决这类问题通常以振动测试技术和信号处理技术为基础,这也是解决振动问题的一个必不可少的手段。

(4) 环境预测。在已知系统的响应和系统参数的条件下,预测外界对系统的输入。在工程实际中经常会遇到这类问题,例如,有时候无法直接计算或测量外界对船体结构的载荷或输入,此时就可以应用环境预测方法,间接求出外界对系统的输入。

一般称第一、二个问题为正问题,第三、四个问题称为反问题。本书以正问题为主。

研究和解决振动问题可以通过两种途径:理论计算分析方法和振动测试分析方法。应用理论计算分析方法时,首先要建立振动模型和运动方程,然后进行求解。对于复杂的船体结构,往往采用有限元方法进行建模和计算分析。采用振动测试分析方法时,通常要测量振动系统的激励和响应,并结合信号处理技术来解决振动问题。若将理论计算分析方法与振动测试分析方法相互结合,则更加有利于研究和解决实际的振动问题。

本教材编写着眼于基本理论、基本技术和初步应用,以船体振动知识为主,兼顾声学基础知识。必须强调的是,科学技术发展日新月异,读者可进一步阅读有关文献深化相关知识。

第1章 单自由度系统的振动

在研究实际工程结构的振动状态时,往往将其进行简化以便抽象出主要本质,形成理想化的模型,同时用若干重要的参数表征其特点。单自由度系统就是一个理想化的振动系统,具有集中质量、集中弹性、集中黏性的特性,相关理论知识是进一步研究复杂系统振动问题的基础,其基本概念有着普遍意义。

1.1 运动微分方程的建立

本章内容与理论力学课程中的质点动力学部分密切相关。首先理解自由度的含义:决定一个振动系统在任意时刻所有质量几何位置所需的独立参数的数目,这些独立参数称为物理坐标或者广义坐标。通常,物理坐标是指具有实际物理意义的几何量,而广义坐标可以具有实际的物理意义(如时间、空间三维坐标等),也可以不具有实际的物理意义(如n维向量空间)。

在研究实际的机械或工程结构的振动特性及振动状态时,经常要进行简化,以抽象出其主要本质,形成理想化的力学模型,并以一些重要的参数表达,例如,一个无质量的弹簧支持一个无弹性的质量,就构成了一个单自由度系统的力学模型。

对于图1.1.1所示的单自由度振动系统,如果限制其只能在竖直平面内做垂向运动或转动,则决定系统质量位置只需一个物理坐标(x或者θ)。

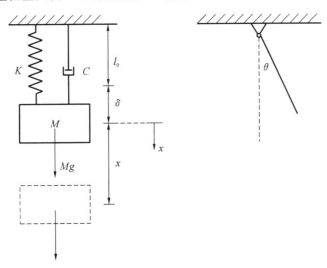

图 1.1.1 单自由度振动系统

图中:弹簧的刚度(劲度)为K(在理想模型中,我们一般不考虑弹簧的质量),国际单位为N/m。在重力作用下,弹簧静伸长量为δ,取在重力作用下的静力平衡位置为坐标原点,垂直向下为正方向。弹簧的弹性力f_s与弹簧伸长(有时是压缩)量$(\delta+x)$之间的关系为

$$f_s = K(\delta+x) \tag{1.1.1}$$

而储存在弹簧中的势能(应变能)为

$$V = \frac{1}{2}K(\delta+x)^2 \quad (1.1.2)$$

实际振动系统中,由于摩擦等因素,振动能量必将随着时间而耗散。为反映这种特性,引入阻尼力的概念,认为阻尼力对运动中的物体做负功。要精确地描述阻尼力是很困难的,最常用的阻尼理论是黏性阻尼理论。图1.1.1中弹簧右边的图形代表黏性阻尼器(同样,我们也不考虑阻尼器的质量),它对质量块的运动产生阻尼力,阻尼力的大小与速度大小成正比,而方向相反,即

$$f_c = -C\frac{\mathrm{d}}{\mathrm{d}t}(x+\delta) = -C\dot{x} \quad (1.1.3)$$

式中:$\dot{x}$表示对时间求导(而x'则表示对坐标求导,注意区别);系数C为黏性阻尼系数,它的国际单位为 N·s/m。满足式(1.1.3)的阻尼被称为黏性阻尼,这是对实际阻尼的一种理想简化。

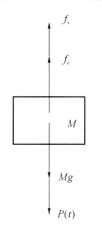

图 1.1.2 质量块受力

例 1.1.1 建立图1.1.1中垂向运动系统的运动微分方程。

解 (1) 在图示坐标系下,质量块的受力如图1.1.2所示。

(2) 确定图中各个力(弹性力、阻尼力)与运动量之间的关系。假定在t时刻,质量块的位移为x,速度为$\dot{x}$,则弹性力和阻尼力的大小分别为

$$f_s = K(x+\delta) \quad (1.1.4)$$
$$f_c = C\dot{x} \quad (1.1.5)$$

(3) 根据牛顿第二定律建立力平衡方程:

$$\sum f = -f_s - f_c + Mg + P(t) = M\ddot{x} \quad (1.1.6)$$

(4) 将式(1.1.4)、式(1.1.5)代入力平衡方程(1.1.6),得

$$-K(x+\delta) - C\dot{x} + Mg + P(t) = M\ddot{x} \quad (1.1.7)$$

由于静力平衡时有$K\delta = Mg$,式(1.1.7)整理得

$$M\ddot{x} + C\dot{x} + Kx = P(t) \quad (1.1.8)$$

这就是单自由度系统的动力学微分方程。由此方程可以看出,把坐标原点取在静力平衡位置,则静态作用力(此处为重力)并不计入运动微分方程,这使方程变得简洁。因此,在动力学问题分析中,我们一般把坐标原点取在静力平衡位置,而不考虑重力等常值作用力的作用。必须注意的是,此时计算得到的变形量是随时间变化的动态量,不包含静变形值,而总变形量是二者的代数和。例如,在任意时刻,质量块的动态变形是x,而总变形应为$x+\delta$。应注意不同的课程关注同一物理量的不同组成部分,例如考虑静力作用时仅考虑静态部分,而动力学课程仅关注动态部分,当静、动力同时作用时同一物理量是二者的代数和或矢量和。

上述分析中,还包含了拉格朗日描述思想:速度、加速度是针对质点的。x是质点位移函数,故$\dot{x}$、$\ddot{x}$表示质点速度、加速度,注意和关注空间点的欧拉描述区别开。实际上,理论力学、材料力学等固体力学课程都采用的是拉格朗日描述。

例 1.1.2 如图1.1.3所示,图中AB是一根均质刚性杆,其单位长度的质量为m,以杆绕A点的转角为坐标建立系统的运动微分方程,假定是小角度转动。

解 设变形向下为正,则顺时针转动角度为正。

(1) 杆的受力如图1.1.4所示。

(2) 确定图中各个力(弹性力、阻尼力)与运动量之间的关系。假定在t时刻,杆的转角为

θ,角速度为 $\dot{\theta}$,则弹性力和阻尼力的大小为

$$f_s = Kl_2\sin\theta \approx Kl_2\theta \tag{1.1.9}$$

$$f_c = Cl_1\dot{\theta} \tag{1.1.10}$$

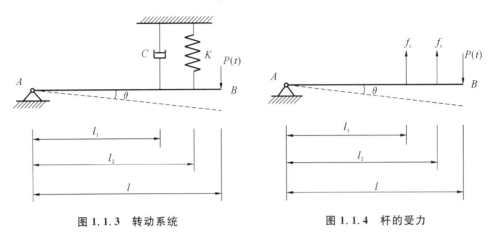

图 1.1.3 转动系统　　　　图 1.1.4 杆的受力

(3) 建立绕 A 点的力矩平衡方程,即

$$\sum M_A = -f_s \cdot l_2 - f_c \cdot l_1 + P(t) \cdot l = I_A\ddot{\theta} \tag{1.1.11}$$

(4) 将式(1.1.9)、式(1.1.10)代入力矩平衡方程(1.1.11),得

$$-Kl_2\theta \cdot l_2 - Cl_1\dot{\theta} \cdot l_1 + P(t) \cdot l = I_A\ddot{\theta} \tag{1.1.12}$$

绕 A 点的转动惯量为 $I_A = ml^3/3$,式(1.1.12)整理得

$$\frac{1}{3}ml^3\ddot{\theta} + Cl_1^2\dot{\theta} + Kl_2^2\theta = P(t) \cdot l \tag{1.1.13}$$

对比以上两个不同形式单自由度系统的运动微分方程,可以发现:虽然两个振动系统的构造不同,但它们的运动微分方程具有完全相同的形式。其中的 $ml^3/3$、Cl_1^2、Kl_2^2、$P(t) \cdot l$ 分别和 M、C、K、$P(t)$ 相对应,被称为等效质量、等效阻尼、等效刚度、等效激振力,也可以被称为坐标 θ 的广义质量、广义阻尼、广义刚度和广义激振力,这样的系统称为集总(集中)参数系统。

可以总结,对于任意的集中参数模型(包括单自由度系统和后面将学习的多自由度系统),其运动微分方程都可以写为如下形式:

$$M\ddot{x} + C\dot{x} + Kx = P(t) \tag{1.1.14}$$

对单自由度系统而言,M、C、K、$P(t)$ 为单一的参量;对多自由度而言,M、C、K、$P(t)$ 为一矩阵或者列向量。根据系统有无阻尼及受力情况,我们可以将振动系统分为表 1.1.1 所示的类型。

表 1.1.1 振动系统类型

类　型	特　点	运动微分方程
无阻尼自由振动	$C=0,P(t)=0$	$M\ddot{x}+Kx=0$
有阻尼自由振动	$P(t)=0$	$M\ddot{x}+C\dot{x}+Kx=0$
强迫振动	$P(t)\neq 0$	$M\ddot{x}+C\dot{x}+Kx=P(t)$

1.2 无阻尼自由振动

1.2.1 自由振动方程的求解

如果方程(1.1.14)中的阻尼系数 C 和激振力 $P(t)$ 都等于零,则得到无阻尼自由振动系统的微分方程为

$$M\ddot{x} + Kx = 0 \tag{1.2.1}$$

也可以改写为

$$\ddot{x} + \omega_n^2 x = 0 \tag{1.2.2}$$

式中:ω_n 为系统的固有频率,称为圆频率(有的教材也用符号 λ 或 Ω 表示),国际单位为 rad/s。其代表了振动系统的固有特性(确定固有频率往往是解决工程振动问题的首要问题)。

$$\omega_n^2 = \frac{K}{M} \tag{1.2.3}$$

根据微积分知识,可知方程(1.2.2)的通解为

$$x = A_1 \cos\omega_n t + A_2 \sin\omega_n t \tag{1.2.4}$$

它表示质量体随时间在平衡位置往复运动,称为振动。式中常数 A_1、A_2 由系统的初始条件决定。假设初始条件为在 $t=0$ 时刻,系统的位移和速度为 $x(0)=x_0,\dot{x}(0)=\dot{x}_0$,代入式(1.2.4)可得

$$A_1 = x_0, \quad A_2 = \frac{\dot{x}_0}{\omega_n} \tag{1.2.5}$$

因此,可以得到方程(1.2.4)的另一表达式:

$$x = x_0 \cos\omega_n t + \frac{\dot{x}_0}{\omega_n} \sin\omega_n t \tag{1.2.6}$$

此解又可写为

$$x = A\sin(\omega_n t + \alpha) \tag{1.2.7}$$

$$A = \sqrt{x_0^2 + \left(\frac{\dot{x}_0}{\omega_n}\right)^2} \tag{1.2.8}$$

$$\alpha = \arctan\frac{\omega_n x_0}{\dot{x}_0} \tag{1.2.9}$$

式(1.2.7)所描述的是简谐振动,其固有频率为 ω_n,振幅为 A,初相位角为 α,如图 1.2.1 所示。

同时,质点的振动速度和加速度分别为

$$\begin{cases} \dot{x} = \dfrac{\mathrm{d}x}{\mathrm{d}t} = A\omega_n \cos(\omega_n t + \alpha) \\ \ddot{x} = \dfrac{\mathrm{d}^2 x}{\mathrm{d}t^2} = -A\omega_n^2 \sin(\omega_n t + \alpha) \end{cases} \tag{1.2.10}$$

式(1.2.10)表明,在固定坐标系下,研究对象是质点,质点位移物理量对时间的导数分别是速度、加速度,这实质上是运用拉格朗日方法。在流体力学课程中,针对同一固定坐标系,存在以质点为研究对象的拉格朗日方法和以空间点为研究对象的欧拉方法,由于速度、加速度等

物理量是质点的属性(称拉格朗日观点)而非空间点的属性,故在欧拉方法中,质点的加速度＝当地加速度＋迁移加速度,应注意理解和体会。

由图 1.2.1 可知,系统运动的固有周期为 $T=2\pi/\omega_n$,国际单位为 s,频率为 $f=1/T$,国际单位为 Hz。ω_n 为系统的固有频率,它是振动系统最重要的参数,与初始条件无关,是系统的固有特性。而初始条件只影响系统运动的幅值和初始相位,如式(1.2.8)、式(1.2.9)所示。

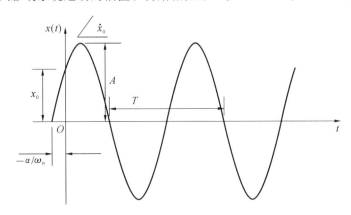

图 1.2.1　简谐振动示意图

1.2.2　静变形法求固有频率

另外,由于 $K\delta=Mg$,其中 δ 为静位移,由式(1.2.3)可得

$$\omega_n = \sqrt{\frac{K}{M}} = \sqrt{\frac{g}{\delta}} \tag{1.2.11}$$

此式也可用于确定振动系统的固有频率。它表明,只要知道系统仅在重力作用下的静位移 δ,就可以求得固有频率。工程中有许多结构容易利用材料力学的相关知识求出静位移,或者直接测量出静位移,因而对于此类问题,利用式(1.2.11)求系统的固有频率是很方便的。

例 1.2.1　简支梁的中点带有一集中质量 M,如图 1.2.2 所示,忽略梁的质量影响,求此系统的固有频率。

解　由材料力学可知,简支梁中点在重力 Mg 作用下的挠度为 $\delta=Mgl^3/(48EI)$,所以按照式(1.2.11)可知其固有频率为

$$\omega_n = \sqrt{\frac{g}{\delta}} = \sqrt{\frac{48EI}{Ml^3}}$$

另外,可认为此时梁的作用是提供弯曲刚度。梁对集中质量提供的弯曲刚度值为

$$K = \frac{Mg}{\delta} = \frac{48EI}{l^3}$$

则振动系统的固有频率为

$$\omega_n = \sqrt{\frac{K}{M}} = \sqrt{\frac{48EI}{Ml^3}}$$

这两种计算方法的结果是一致的。

静变形法同样可以应用于质量振动方向与重力方向不一致的问题分析中。例如,对于弹簧(K)-质量块(M)系统的水平振动问题,可将大小为 Mg 的外力水平静载作用在质量上,求出弹簧的静变形值,应用式(1.2.11)即可求出系统的固有频率。

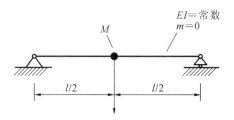

图 1.2.2 带集中质量的单自由度系统

1.2.3 能量法求固有频率

从能量的角度出发,无阻尼自由振动系统既没有能量输入,也没有能量损耗,因此,它的机械能守恒,即任意时刻的系统势能 V 与动能 T 之和为常数。所以可以得到

$$\frac{d}{dt}(V+T) = 0 \quad (1.2.12)$$

此式可用于建立系统的运动微分方程。例如,将图 1.1.1 简化为无阻尼自由振动系统,分析时无论考虑质量体的重力势能与否,得到的运动微分方程是一致的,如方程(1.2.1)所示。分析如下。

系统任意时刻的动能 T、势能 V(以静平衡位置为系统势能零点,弹簧原长时弹性势能为零)分别为

$$T = \frac{1}{2}M\dot{x}^2, \quad V = \frac{1}{2}K(\delta+x)^2 - \frac{1}{2}K\delta^2 - Mgx$$

将动能、势能表达式代入式(1.2.12),得到

$$M\ddot{x} + Kx + K\delta - Mg = 0$$

因 $K\delta = Mg$,故运动微分方程如方程(1.2.1)所示。这说明建立能量方程时可只考虑动态量的能量,得到的运动微分方程及固有频率不变,以简化分析过程。

同时,我们也可以分析得到:当系统质量位移达到最大值时,速度为零,此时势能达到最大值,动能为零;当速度达到最大值时,位移为零,此时动能达到最大值,势能为零。根据机械能守恒定律,有

$$T_{\max} = V_{\max} \quad (1.2.13)$$

此式也可用于计算固有频率。

例 1.2.2 均质圆柱质量为 M,半径为 r,在半径为 R 的圆柱面内往复滚动,如图 1.2.3 所示,假设它们之间没有相对滑动。求圆柱体做微幅滚动的运动微分方程,并求系统的固有频率。

解 确定 θ 为物理坐标。圆柱体的动能包括平动动能和转动动能,即

$$T = \frac{1}{2}MV_c^2 + \frac{1}{2}I_c\omega^2 \quad (1.2.14)$$

式中:V_c 为圆柱体质心的线速度;ω 为圆柱体的滚动角速度,其对质心轴的转动惯量为 $I_c = Mr^2/2$。同时,线速度和角速度与坐标 θ 之间的关系为

$$V_c = -(R-r)\dot{\theta}, \quad V_c = r\omega \quad (1.2.15)$$

所以:

$$T = \frac{1}{2}M(R-r)^2\dot{\theta}^2 + \frac{1}{2}I_c\left(\frac{R-r}{r}\right)^2\dot{\theta}^2 = \frac{3M}{4}(R-r)^2\dot{\theta}^2 \quad (1.2.16)$$

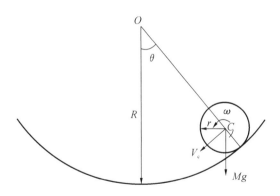

图 1.2.3 圆柱体单自由度系统

对于势能,我们以平衡位置(最低点)为势能参考点(势能为零),则其势能为

$$V = Mg(R-r)(1-\cos\theta) \quad (1.2.17)$$

由于能量守恒,将式(1.2.16)、式(1.2.17)代入式(1.2.12),可得

$$\dot{\theta}[3(R-r)^2\ddot{\theta}/2 + g(R-r)\sin\theta] = 0 \quad (1.2.18)$$

对于微幅振动,$\dot{\theta} \neq 0$,$\sin\theta \approx \theta$。因此运动微分方程为

$$\ddot{\theta} + \frac{2g}{3(R-r)}\theta = 0 \quad (1.2.19)$$

对比方程(1.2.2)可知,系统的固有频率为

$$\omega_n = \sqrt{\frac{2g}{3(R-r)}} \quad (1.2.20)$$

由例 1.2.2 的求解过程可知,利用能量守恒原理来建立系统的运动微分方程可以避免对系统进行复杂的受力分析。同时,能量为标量,在计算和推导过程中不易出错。下面我们再看一个利用式(1.2.12)来求系统固有频率的例子。

例 1.2.3 求图 1.2.4 所示系统的固有频率。图中的直杆可视为刚性杆,且忽略杆的质量影响。

解 确定 θ 为刚性杆偏离静平衡位置时的物理坐标。设 δ 为弹簧的静变形量。在任意时刻,系统的动能为

$$T = \frac{1}{2}Ml_2^2\dot{\theta}^2$$

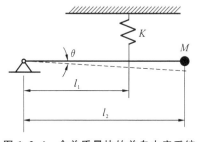

图 1.2.4 含单质量块的单自由度系统

以静平衡位置为系统势能零点,弹簧原长时弹性势能为零,则系统任意时刻的系统势能为

$$V = \frac{1}{2}K(\delta + l_1\theta)^2 - \frac{1}{2}K\delta^2 - Mgl_2\theta = \frac{1}{2}K(l_1\theta)^2 + K\delta l_1\theta - Mgl_2\theta$$

因静平衡时有力矩平衡方程:

$$K\delta l_1 = Mgl_2$$

故系统势能方程可简化为

$$V = \frac{1}{2}K(l_1\theta)^2$$

将系统动能、系统势能表达式代入式(1.2.12),得到运动微分方程

$$Ml_2^2\ddot{\theta} + Kl_1^2\theta = 0$$

故系统的固有频率为

$$\omega_n = \sqrt{\frac{K l_1^2}{M l_2^2}}$$

例 1.2.4 求图 1.2.5 所示含两个质量块系统的固有频率。图中的直杆可视为刚性杆,且忽略杆的质量影响。

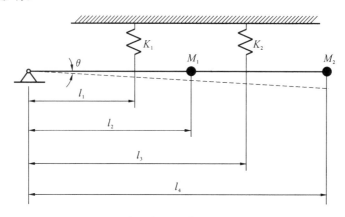

图 1.2.5 含两个质量块的单自由度系统

解 确定 θ 为物理坐标。设杆的简谐振动为 $\theta = \theta_0 \sin\omega_n t$,则角速度为

$$\dot{\theta} = \theta_0 \omega_n \cos\omega_n t \tag{1.2.21}$$

系统的最大角位移为 θ_0,最大角速度为 $\theta_0 \omega_n$。因此,动态量的最大动能、势能可以表示为

$$T_{max} = \frac{M_1 l_2^2 \theta_0^2 \omega_n^2}{2} + \frac{M_2 l_4^2 \theta_0^2 \omega_n^2}{2} \tag{1.2.22}$$

$$V_{max} = \frac{K_1 l_1^2 \theta_0^2}{2} + \frac{K_2 l_3^2 \theta_0^2}{2} \tag{1.2.23}$$

由式(1.2.13) $T_{max} = V_{max}$,可得

$$\omega_n^2 = \frac{K_1 l_1^2 + K_2 l_3^2}{M_1 l_2^2 + M_2 l_4^2} \tag{1.2.24}$$

必须注意,方程(1.2.12)和(1.2.13)所描述的方法只适用于无阻尼单自由度系统。

例 1.2.5 一质量块从高度 h 处自由落下,落在刚度为 K 的弹簧上,如图 1.2.6 所示,求弹簧的最大压缩量。

解 质量与弹簧接触后即构成一个单自由度系统并做自由振动,直到质量块再次与弹簧脱离接触为止。把坐标取在重力作用下的静平衡位置,弹簧在重力 Mg 作用下压缩量为

$$\delta = \frac{Mg}{K} \tag{1.2.25}$$

把质量块与弹簧接触的瞬时取为 $t=0$,则初始条件为

$$\begin{cases} x_0 = -\delta \\ \dot{x}_0 = \sqrt{2hg} \end{cases} \tag{1.2.26}$$

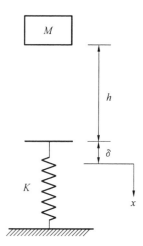

图 1.2.6 质量落到弹簧上

由式(1.2.8)可以得到系统的振幅:

$$A = \sqrt{x_0^2 + \left(\frac{\dot{x}_0}{\omega_n}\right)^2} = \sqrt{\delta^2 + \frac{2hgM}{K}}$$

弹簧的最大振动(动态)变形为 A,弹簧的最大压缩量应包含静态变形,即为 $\delta+A$,即

$$\delta + A = \delta + \sqrt{\delta^2 + \frac{2Mgh}{K}} \tag{1.2.27}$$

另外一种解法:考虑能量守恒,即在弹簧处于最大压缩位置时,质量块的势能全部转换为弹簧的应变能。取弹簧的最大压缩位置 Δ 为势能参考点,则质量块的势能为

$$V_M = Mg(h + \Delta) \tag{1.2.28}$$

弹簧的最大变形能为

$$V_S = \frac{1}{2}K\Delta^2 \tag{1.2.29}$$

由 $V_M = V_S$ 得

$$\frac{1}{2}K\Delta^2 - Mg\Delta - Mgh = 0 \tag{1.2.30}$$

求解方程得到

$$\Delta_{1,2} = \frac{Mg}{K} \pm \sqrt{\left(\frac{Mg}{K}\right)^2 + \frac{2Mgh}{K}} \tag{1.2.31}$$

显然,取"+"号的解即为本题的解,同时考虑到 $\delta = Mg/K$,可以发现,两种解法的结果是一致的。实际上第二种方法即是材料力学中自由落体冲击分析中的能量法。

例 1.2.6 利用式(1.2.3)计算系统的固有频率时没有考虑弹簧的质量,认为系统的质量都集中在质量块上。如果弹簧的质量比质量块的质量小很多,则可以忽略弹簧的质量。如弹簧的质量比较可观,那么这种忽略就会造成较大的误差。试利用能量法求考虑弹簧质量时的固有频率。

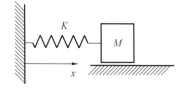

图 1.2.7 水平运动单自由度无阻尼系统

解 考虑图 1.2.7 所示的单自由度无阻尼系统,忽略摩擦力作用。弹簧的质量沿其长度 l 均匀分布且总质量为 M_s。

设质量块的振动变形为 $X(l,t)$,则弹簧在 $x=l$ 处的变形也为 $X(l,t)$。对于长为 dx 的弹簧微元段,产生的位移为 $dX=(dx/l)X$,这些微元串联,在 x 处产生的合成位移为

$$X_x = \int_0^x (X/l)dx = \frac{x}{l}X$$

考虑到微元的质量为 $M_s(dx/l)$,所以微元的动能为

$$dT_K = \frac{1}{2}\left(M_s \frac{dx}{l}\right)(\dot{X}_x)^2 = \frac{1}{2}\left(M_s \frac{dx}{l}\right)\left(\frac{x}{l}\dot{X}\right)^2$$

弹簧的总动能为

$$T_K = \int_0^l dT_K = \frac{1}{6}M_s \dot{X}^2$$

系统的总动能为

$$T = T_M + T_K = \frac{1}{2}\left(M + \frac{1}{3}M_s\right)\dot{X}^2$$

而任一时刻系统的势能为 $V = KX^2/2$,由于机械能守恒,故有

$$T + V = \text{const.}$$

即
$$\frac{1}{2}\left(M+\frac{1}{3}M_s\right)\dot{X}^2+\frac{1}{2}KX^2=\text{const.}$$

将上式对时间求一阶导数,可得到如下方程:
$$[M+(M_s/3)]\ddot{X}+KX=0$$

将上式与式(1.2.1)比较,可求得系统的固有频率:
$$\omega_n=\sqrt{\frac{K}{M+(M_s/3)}}$$

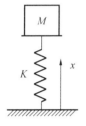

图 1.2.8 垂直运动单自由度无阻尼系统

此式说明系统的等效总质量等于质量块的质量加上弹簧质量的三分之一。考虑弹簧质量影响后,系统的固有频率值减小了。上式给出的近似解的精度较好,例如当 $M_s=M/2$ 时,近似解与精确解的相对误差为 0.5%;当 $M_s=M$ 时,相对误差为 0.75%;即使 $M_s=2M$,其相对误差也仅为 3%。

如果是图 1.2.8 所示的单自由度系统,利用能量法求考虑弹簧质量时的固有频率。此时应考虑质量块与弹簧质量的势能变化,但系统的固有频率表达式不变。

1.2.4 等效质量与等效弹簧刚度

许多复杂的工程系统常常简化为单自由度质量弹簧系统来进行振动分析,在简化过程中,需要确定系统的等效质量与等效刚度。

等效质量可根据等效前后系统动能相等的原则计算。图 1.2.9 所示的均质简支梁结构受到横向均布载荷,其挠度曲线可用材料力学方法得到,即
$$y(x)=y_0\left[3\frac{x}{L}-4\left(\frac{x}{L}\right)^3\right],\quad x\leqslant\frac{L}{2}$$

式中:y_0 为梁跨中的挠度。

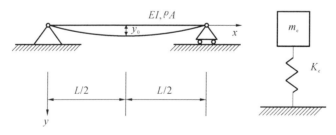

图 1.2.9 简支梁的等效计算

弯曲振动时梁各点的速度不相同。但是梁在低频振动尤其在一阶(最小)固有频率振动时,可近似认为梁振动的速度分布与静挠度分布很接近,即可近似用均布载荷下的挠度曲线作为其速度分布曲线。于是梁一阶振动时的动能为
$$T=2\int_0^{L/2}\frac{1}{2}\dot{y}^2\rho A\,dx=\frac{1}{2}\left(\frac{17}{35}\rho AL\right)\dot{y}_0^2$$

式中:ρ、A 分别为梁材料密度、横截面面积。定义等效质量为 m_e,则等效到跨中后系统的动能为 $m_e\dot{y}_0^2/2$,令二者相等便得到等效质量:

$$m_e = \frac{17}{35}\rho AL \approx \frac{1}{2}\rho AL$$

即等效质量近似等于梁的总质量的一半。

梁跨中刚度为 $k_e = 48EI/L^3$,其为等效系统的刚度,由此得到等效系统的一阶固有频率的近似解为

$$\omega_1 \approx \sqrt{\frac{k_e}{m_e}} = \frac{9.8}{L^2}\sqrt{\frac{EI}{\rho A}}$$

而简支梁一阶固有频率的精确解为

$$\omega_1 = \frac{\pi^2}{L^2}\sqrt{\frac{EI}{\rho A}}$$

两者的差别小于1%。

等效质量还可以定义为:系统在某广义坐标方向产生单位加速度时,在此方向所施加的广义力数值,称为系统在该广义坐标方向上的等效质量。

等效刚度也可以定义为:系统在某广义坐标方向产生单位位移时,在此方向所施加的广义力数值,称为系统在该广义坐标方向上的等效刚度。

工程中往往将弹簧并联或串联以改变系统的等效刚度。如图1.2.10所示,两个弹簧并联,假定它们在力作用点的变形相等,根据力与变形的关系有

$$F = F_1 + F_2 = k_1 x + k_2 x = (k_1 + k_2)x$$

如果两个并联弹簧用一个弹簧等效,则等效刚度为

$$k_e = k_1 + k_2 = \sum k_i$$

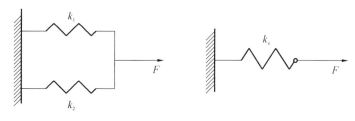

图1.2.10 并联弹簧的等效刚度

如图1.2.11所示,两个串联弹簧,每个弹簧受到的作用力相同,因此力作用点处弹簧的变形等于各弹簧变形之和:

$$x = x_1 + x_2 = F\left(\frac{1}{k_1} + \frac{1}{k_1}\right)$$

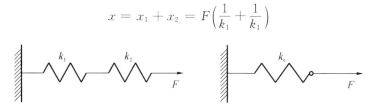

图1.2.11 串联弹簧的等效刚度

则等效弹簧刚度为

$$\frac{1}{k_e} = \frac{x}{F} = \frac{1}{k_1} + \frac{1}{k_2} = \sum \frac{1}{k_i}$$

从上面的分析可知,机械系统中串、并联弹簧刚度的计算与电路中串、并联电阻的计算是相反的,但串、并联弹簧柔度(刚度的倒数)的计算又与电路中串、并联电阻的计算是一致的。

注意它们间的区别。

例 1.2.7 如图 1.2.12 所示的系统,刚性杆上连接两个集中质量 m_1、m_2。不计刚性杆的质量,求系统对于坐标 x 的等效质量和等效刚度。

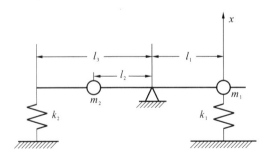

图 1.2.12 刚性杆的等效质量及等效刚度计算

解 (1) 能量方法求解。系统的动能和势能分别为

$$T = \frac{1}{2}m_1\dot{x}^2 + \frac{1}{2}m_2\left(\frac{l_2}{l_1}\dot{x}\right)^2 = \frac{1}{2}\left(m_1 + m_2\frac{l_2^2}{l_1^2}\right)\dot{x}^2$$

$$V = \frac{1}{2}k_1 x^2 + \frac{1}{2}k_2\left(\frac{l_3}{l_1}x\right)^2 = \frac{1}{2}\left(k_1 + k_2\frac{l_3^2}{l_1^2}\right)x^2$$

从上面二式可以得到等效质量与等效刚度:

$$m_e = m_1 + \frac{l_2^2}{l_1^2}m_2, \quad k_e = k_1 + \frac{l_3^2}{l_1^2}k_2$$

(2) 定义方法求解。设系统在 x 方向产生单位加速度的作用力为 P_1,则在质量 m_1、m_2 上将有图 1.2.13(a) 所示的惯性力,它们对支撑点取矩有

$$P_1 l_1 = (m_1 \cdot 1) l_1 + \left(m_2 \cdot \frac{l_2}{l_1}\right)l_2$$

得到

$$m_e = P_1 = m_1 + \frac{l_2^2}{l_1^2}m_2$$

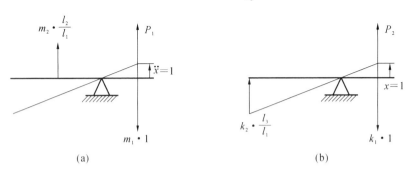

图 1.2.13 按定义计算等效参数

另设系统在 x 方向产生单位位移的作用力为 P_2,则在弹簧 k_1、k_2 上将有图 1.2.13(b) 所示的弹性力,它们对支撑点取矩有

$$P_2 l_1 = (k_1 \cdot 1) l_1 + \left(k_2 \cdot \frac{l_3}{l_1}\right)l_3$$

得到

$$k_e = P_2 = k_1 + \frac{l_3^2}{l_1^2}k_2$$

例 1.2.8 图 1.2.14 所示是利用电动式激振器测量试件固有频率的示意图。被测试件简化为质量为 m_1、刚度为 k_1 的弹簧系统,试验时激振器的顶杆与试件刚性连接,激振器的可动部件质量为 m_2,支撑弹簧的刚度为 k_2。

(1) 计算系统的等效刚度;

(2) 设测量得到的试件系统的固有频率为 f,已知激振器可动系统的固有频率为 $f_2 = 7$ Hz,且 $m_2/m_1 = 0.01$,求试件固有频率的真值。

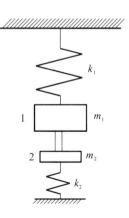

图 1.2.14 激振器测量试件固有频率示意图

解 由于激振器的顶杆与试件刚性连接,故 m_1 和 m_2 可视作一个等效质量 $m_e = m_1 + m_2$。

(1) 利用定义法求等效刚度。在质量的垂直方向施加作用力 P,此时两个弹簧均产生方向相同、大小相同的位移 x,两个弹簧所受的力大小分别为 $k_1 x$、$k_2 x$,则有静力学平衡方程:

$$P = k_1 x + k_2 x$$

于是等效刚度为

$$k_e = \frac{P}{x} = k_1 + k_2$$

实际上两个弹簧对试件的作用是并联关系。

(2) 试件系统的固有频率 f 的表达式为

$$f = \frac{1}{2\pi}\sqrt{\frac{k_e}{m_e}} = \frac{1}{2\pi}\sqrt{\frac{k_1 + k_2}{m_1 + m_2}} = \frac{1}{2\pi}\sqrt{\frac{(k_1/m_1)}{1+(m_2/m_1)} + \frac{(k_2/m_2)}{1+(m_1/m_2)}}$$

激振器可动系统的固有频率 f_2 为

$$f_2 = \frac{1}{2\pi}\sqrt{\frac{k_2}{m_2}} = 7 \text{ Hz}$$

试件固有频率的真值 f_1 为

$$f_1 = \frac{1}{2\pi}\sqrt{\frac{k_1}{m_1}}$$

又已知 $m_2/m_1 = 0.01$,将它代入 f 的计算式并考虑 f_1、f_2 的表达式,有

$$f_1 = \sqrt{1.01 f^2 - 0.49}$$

根据上式可估算测量误差。如测量得到 $f = 50$ Hz,则

$$f_1 = \sqrt{1.01 f^2 - 0.49} = 50.244 \text{ Hz}$$

相对误差为

$$\Delta = \left|\frac{f - f_1}{f_1}\right| \times 100\% \approx 0.486\%$$

1.3 有阻尼自由振动

在式(1.1.14)中,令激振力 $P(t) = 0$,可得有阻尼自由振动系统的微分方程

$$M\ddot{x} + C\dot{x} + Kx = 0 \tag{1.3.1}$$

或将其改写为

$$\ddot{x} + 2\zeta\omega_n\dot{x} + \omega_n^2 x = 0 \tag{1.3.2}$$

式中：

$$\omega_n^2 = \frac{K}{M} \tag{1.3.3}$$

$$\zeta = \frac{C}{C_{cr}} \tag{1.3.4}$$

$$C_{cr} = 2M\omega_n = \frac{2K}{\omega_n} = 2\sqrt{KM} \tag{1.3.5}$$

式中：ζ 为黏性阻尼因子（黏性阻尼比），为无量纲系数；C_{cr} 为临界阻尼系数，国际单位为 N·s/m。由定义可知，ζ 能清晰地表示振动系统的阻尼达到临界阻尼的百分比。

根据微积分知识，常微分方程(1.3.2)的解可设为

$$x = \bar{A}\mathrm{e}^{\bar{s}t} \tag{1.3.6}$$

式中：带上标"—"符号的量代表其为复数。

将式(1.3.6)代入式(1.3.2)可得

$$\bar{A}\bar{s}^2\mathrm{e}^{\bar{s}t} + 2\zeta\omega_n\bar{s}\bar{A}\mathrm{e}^{\bar{s}t} + \omega_n^2\bar{A}\mathrm{e}^{\bar{s}t} = 0 \tag{1.3.7}$$

因为方程有非零解，所以 $\bar{A} \neq 0$。方程(1.3.7)两边除以 $\bar{A}\mathrm{e}^{\bar{s}t}$ 得系统的特征方程：

$$\bar{s}^2 + 2\zeta\omega_n\bar{s} + \omega_n^2 = 0 \tag{1.3.8}$$

其解为

$$\bar{s}_{1,2} = -\zeta\omega_n \pm \omega_n\sqrt{\zeta^2 - 1} \tag{1.3.9}$$

该解与 ζ 相关，可以按照阻尼因子的大小，分三种情况来讨论有阻尼单自由度系统的自由振动特性：小阻尼或弱阻尼（$0<\zeta<1$），临界阻尼（$\zeta=1$），大阻尼或过阻尼（$\zeta>1$），如图 1.3.1 所示。

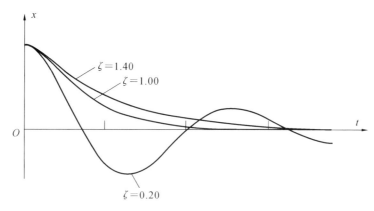

图 1.3.1 有阻尼单自由度系统自由振动在不同阻尼因子下的响应

对于小阻尼自由振动，运动是幅值衰减的振荡。过阻尼的情况是不发生振荡，并且幅值单调衰减。临界阻尼系统也不发生振荡，并且幅值的衰减比小阻尼和大阻尼的情况都快。因为小阻尼的情况在结构振动应用中占有非常重要的位置，所以首先讨论这种情况。

1.3.1 小阻尼($0<\zeta<1$)情况

特征方程的解式(1.3.9)可以变为
$$s_{1,2} = -\zeta\omega_n \pm i\omega_d \tag{1.3.10}$$
式中：ω_d 是有阻尼系统的固有频率，它与无阻尼系统的固有频率的关系为
$$\omega_d = \omega_n\sqrt{1-\zeta^2} \tag{1.3.11a}$$
式(1.3.11a)说明小阻尼条件下固有频率变小了。

相应的振动周期 T_d 为
$$T_d = \frac{2\pi}{\omega_d} \tag{1.3.11b}$$
这样，常微分方程(1.3.2)的通解为
$$\begin{cases} x(t) = e^{-\zeta\omega_n t}(\bar{c}_1 e^{i\omega_d t} + \bar{c}_2 e^{-i\omega_d t}) = e^{-\zeta\omega_n t}(A_1\cos\omega_d t + A_2\sin\omega_d t) \\ \quad\quad = Ae^{-\zeta\omega_n t}\sin(\omega_d t + \varphi) \\ A = \sqrt{A_1^2 + A_2^2} \\ \varphi = \arctan(A_1/A_2) \end{cases} \tag{1.3.12}$$

若初始条件为当 $t=0$ 时，$x(0)=x_0$，$\dot{x}(0)=\dot{x}_0$，则：
$$A_1 = x_0, \quad A_2 = \frac{\dot{x}_0 + \zeta\omega_n x_0}{\omega_d} \tag{1.3.13}$$
若 $x_0=0$，则响应可以表示为
$$x(t) = \frac{\dot{x}_0}{\omega_d} e^{-\zeta\omega_n t}\sin\omega_d t \tag{1.3.14}$$

图 1.3.2 所示为不同阻尼水准下的某单自由度系统响应。由式(1.3.12)和图 1.3.2 可知：

(1) 由于阻尼因子的指数衰减系数 $e^{-\zeta\omega_n t}$ 的影响，自由运动会逐渐衰减，ζ 越大，衰减越快；

(2) 由于存在 $\sin(\omega_d t + \varphi)$ 项，运动将周期性地通过平衡位置，其周期为 T_d。

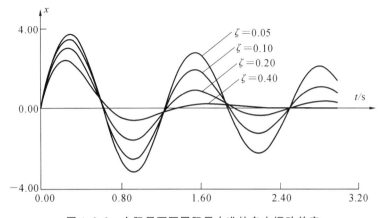

图 1.3.2 小阻尼下不同阻尼水准的自由振动效应

可以利用有阻尼系统自由振动曲线(见图 1.3.3)来计算阻尼因子 ζ，如利用对数衰减率法。

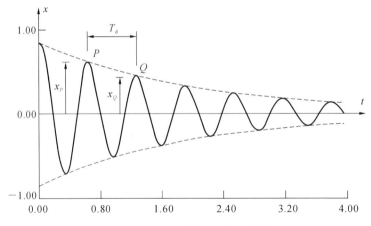

图 1.3.3 阻尼系统自由振动曲线

在对数衰减率法中,假定自由衰减运动一个循环开始的幅值为 x_P,时间为 t,而该循环的终点为 x_Q,时间为 $t+T_d$(这些参数可测量得到,视为已知量)。在一个周期(即一个循环)的终点,其相位角值将复原到循环的开始值,因此,由式(1.3.12)得到

$$\frac{x_P}{x_Q} = \frac{e^{-\zeta\omega_n t}}{e^{-\zeta\omega_n (t+T_d)}} = e^{\zeta\omega_n T_d} \tag{1.3.15}$$

对数衰减率 δ 被定义为

$$\delta = \ln\left(\frac{x_P}{x_Q}\right) = \zeta\omega_n T_d \tag{1.3.16}$$

结合式(1.3.11)、式(1.3.16),可得

$$\delta = 2\pi \frac{\zeta}{\sqrt{1-\zeta^2}} \tag{1.3.17}$$

采用实验的方法测量得到振动曲线,按照式(1.3.16)计算得到对数衰减率 δ。然后,即可用式(1.3.17)计算阻尼因子(图 1.3.4 表示了 δ 与 ζ 的关系曲线)。

对于阻尼因子很小的情况($\zeta<0.3$),图 1.3.4 显示 δ 与 ζ 近似为直线关系,则式(1.3.17)可以简化为

$$\delta \approx 2\pi\zeta \tag{1.3.18}$$

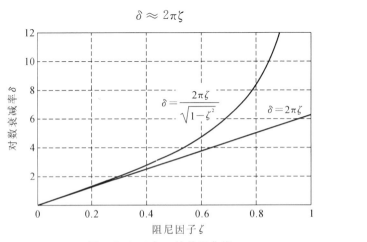

图 1.3.4 δ 与 ζ 的关系曲线

利用式(1.3.18)求出 ζ 后,还可利用公式 $\omega_d = 2\pi/T_d = \omega_n\sqrt{1-\zeta^2}$ 确定固有频率 ω_n。

为便于在图 1.3.3 所示的振动曲线上获得准确的 ζ，有时用经过若干周期后幅值的对数衰减率来求该值，目的是减小偶然误差。设 x_i、x_{i+N} 为相隔 N 个周期的幅值（是测量得到的已知量），则

$$\frac{x_i}{x_{i+N}} = e^{\zeta\omega_n NT_d}$$

$$\delta = \ln\left(\frac{x_i}{x_{i+N}}\right) = \zeta\omega_n NT_d$$

在小阻尼情况下，根据上述分析，获得的阻尼因子为

$$\zeta \approx \frac{1}{2\pi N}\ln\left(\frac{x_i}{x_{i+N}}\right)$$

这是工程中基于自由振动衰减法测量系统阻尼因子的一个理论基础。

1.3.2 临界阻尼（$\zeta=1$）情况

对于大多数实际工程结构，其阻尼因子都不大于 0.2。但是为完整起见，临界阻尼和大阻尼情况将做简单讨论。

当 $\zeta=1$ 时，根据式（1.3.9）只有一个解，即

$$\bar{s} = -\zeta\omega_n \tag{1.3.19}$$

根据微积分知识，方程的通解为

$$x(t) = (C_1 + C_2 t)e^{-\zeta\omega_n t} \tag{1.3.20}$$

当考虑初始条件 $x(0)=x_0, \dot{x}(0)=\dot{x}_0$ 时，临界阻尼系统的响应为

$$x(t) = [x_0 + (\dot{x}_0 + \zeta\omega_n x_0)t]e^{-\zeta\omega_n t} \tag{1.3.21}$$

1.3.3 大阻尼（$\zeta>1$）情况

当 $\zeta>1$ 时，根据式（1.3.9）方程有两个不同的负实根，令 $\omega^* = \omega_n\sqrt{\zeta^2-1}$，则大阻尼系统的响应可以写为

$$x(t) = e^{-\zeta\omega_n t}(C_1\cosh\omega^* t + C_2\sinh\omega^* t) \tag{1.3.22}$$

式中：C_1 和 C_2 取决于初始条件。图 1.3.5 表示了临界阻尼与大阻尼情况下不同阻尼水准的系统响应。阻尼越小，曲线的第一凸峰越大，但其衰减也比较快。

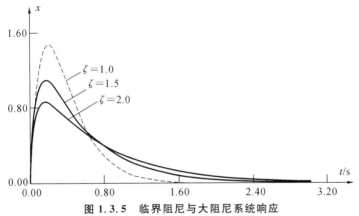

图 1.3.5 临界阻尼与大阻尼系统响应

1.4 强迫振动

1.4.1 振动响应公式及响应特性

在式(1.1.14)中,若激振力 $P(t)=P_0\cos\omega t$(此时 ω 应视作变化量),则可以得到简谐激励下的强迫振动方程:

$$M\ddot{x} + C\dot{x} + Kx = P_0\cos\omega t \tag{1.4.1}$$

因为 $P_0\mathrm{e}^{\mathrm{i}\omega t}=P_0\cos\omega t+\mathrm{i}P_0\sin\omega t$,实部就是式(1.4.1)中的激振力。因此,根据式(1.4.1)可以写出复数形式:

$$M\ddot{\overline{x}} + C\dot{\overline{x}} + K\overline{x} = P_0\mathrm{e}^{\mathrm{i}\omega t} \tag{1.4.2}$$

这样求解出来的解也为复数,即 $\overline{x}=x_\mathrm{R}+\mathrm{i}x_\mathrm{I}$。将其代入(1.4.2)中,有

$$M\ddot{x}_\mathrm{R} + C\dot{x}_\mathrm{R} + Kx_\mathrm{R} = P_0\cos\omega t$$

$$M\ddot{x}_\mathrm{I} + C\dot{x}_\mathrm{I} + Kx_\mathrm{I} = P_0\sin\omega t$$

由此可见方程(1.4.2)解的实部就是激振力为 $P_0\cos\omega t$ 时的解;而解的虚部则是激振力为 $P_0\sin\omega t$ 时的解。这样式(1.4.2)的特解(又称为稳态响应)可以写为

$$\overline{x} = \overline{X}\mathrm{e}^{\mathrm{i}\omega t} \tag{1.4.3}$$

代入式(1.4.2)并消去 $\mathrm{e}^{\mathrm{i}\omega t}$ 得

$$-M\omega^2\overline{X} + \mathrm{i}C\omega\overline{X} + K\overline{X} = P_0 \tag{1.4.4}$$

$$\overline{X} = \frac{P_0}{K - M\omega^2 + \mathrm{i}C\omega} = A\mathrm{e}^{-\mathrm{i}\theta} \tag{1.4.5}$$

$$A = \frac{P_0}{\sqrt{(K-M\omega^2)^2 + (C\omega)^2}} = \frac{P_0}{K}\frac{1}{\sqrt{(1-\gamma^2)^2+(2\zeta\gamma)^2}} \tag{1.4.6}$$

式中

$$\begin{cases}\theta = \arctan\dfrac{C\omega}{K-M\omega^2} = \arctan\dfrac{2\zeta\gamma}{1-\gamma^2} \\ \gamma = \dfrac{\omega}{\omega_\mathrm{n}}\end{cases} \tag{1.4.7}$$

式中:γ 称为频率比。

将式(1.4.5)代入式(1.4.3)得

$$\overline{x} = A\mathrm{e}^{\mathrm{i}(\omega t-\theta)} = A\cos(\omega t-\theta) + \mathrm{i}A\sin(\omega t-\theta)$$

其实部就是原问题的解。因此,稳态响应为

$$x = \frac{P_0}{K}\frac{1}{\sqrt{(1-\gamma^2)^2+(2\zeta\gamma)^2}}\cos(\omega t-\theta) = \alpha\frac{P_0}{K}\cos(\omega t-\theta) \tag{1.4.8}$$

式中:P_0/K 是在激振力幅值静态作用下系统的静位移;$\alpha=1/\sqrt{(1-\gamma^2)^2+(2\zeta\gamma)^2}$,称为动力放大系数,它表明稳态响应的振幅比静位移大了多少倍。式(1.4.8)还表明,稳态响应的频率等于激振力的频率(称为频率的保守性),但稳态响应的相位比激振力滞后了 θ 角。可见复振幅 $\overline{X}$ 中既包含了振幅信息,也包含了相位信息。

对于不同阻尼因子 ζ,动力放大系数如图 1.4.1(a)所示(称幅频特性),相位滞后角如

图 1.4.1(b)所示(称相频特性)。

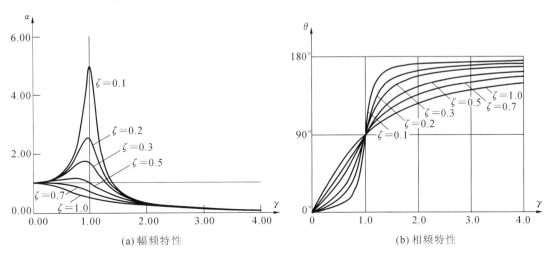

(a) 幅频特性 (b) 相频特性

图 1.4.1 稳态响应

由式(1.4.6)及图 1.4.1(a)可以看出,在 $\gamma=1$ 附近,即激振力频率等于固有频率附近,振幅将达到最大值,特别是阻尼很小时,振幅将很大。当 $\zeta=0$ 时,在 $\gamma=1$ 处振幅将趋于无穷大。这种情况称为共振。由图 1.4.1(a)还可以看出,在共振峰附近,阻尼能显著抑制共振幅值,而在远离共振峰附近,阻尼的影响比较小。因此,我们可以说,阻尼主要是在结构的共振点处起削峰作用。

由式(1.4.7)及图 1.4.1(b)可以看出,相位滞后角 θ 在共振点($\gamma=1$)附近变化很快,当阻尼很小时,这种变化尤为明显。在 $\gamma<1$ 时,$\theta<90°$;当 $\gamma\gg1$ 时,$\theta\approx180°$,即在激振频率远大于无阻尼系统固有频率时,振动位移的方向和激振力作用的方向相反;在 $\gamma=1$ 处,$\theta=90°$,即不论阻尼大小,相位差总等于 $90°$,这一特性可以用来确定无阻尼系统的固有频率。

复振幅 $\overline{X}=A\mathrm{e}^{-\mathrm{i}\theta}$ 既包含了振幅信息 A,又包含了相位信息 θ,因此它能全面地反映稳态响应的特点。振动位移、速度、加速度用复数表示分别为

$$\overline{x}=A\mathrm{e}^{\mathrm{i}(\omega t-\theta)},\quad \dot{\overline{x}}=\mathrm{i}\omega A\mathrm{e}^{\mathrm{i}(\omega t-\theta)},\quad \ddot{\overline{x}}=-\omega^2 A\mathrm{e}^{\mathrm{i}(\omega t-\theta)} \tag{1.4.9}$$

结合式(1.4.6)和式(1.4.9),可计算出位移、速度、加速度幅值取极值时的频率(称为对应情况下的共振频率)。从式(1.4.6)可知位移幅值为

$$A=\frac{P_0}{K}\frac{1}{\sqrt{(1-\gamma^2)^2+(2\zeta\gamma)^2}}$$

要求 A 的极值,可转化为求 $1/A^2$ 的极值。于是极值条件为

$$\frac{\mathrm{d}}{\mathrm{d}\gamma}[(1-\gamma^2)^2+(2\zeta\gamma)^2]=0$$

则当 $\gamma=\sqrt{1-2\zeta^2}$,即 $\omega=\omega_\mathrm{n}\sqrt{1-2\zeta^2}$(即位移共振频率)时,位移取得极值。

同理可计算出速度、加速度幅值取极值时的共振频率。

表 1.4.1 列出了单自由度系统的各种共振频率。由表可知,有阻尼时位移、速度、加速度各有自己的共振频率,且与无阻尼时的固有频率并不一致。对于小阻尼情况,可近似认为大小相等。

表 1.4.1　各种特殊频率

名　　称	无　阻　尼	有　阻　尼
自由振动频率	$\omega_n = \sqrt{K/M}$	$\omega_n \sqrt{1-\zeta^2}$
位移共振频率	ω_n	$\omega_n \sqrt{1-2\zeta^2}$
速度共振频率	ω_n	ω_n
加速度共振频率	ω_n	$\omega_n / \sqrt{1-2\zeta^2}$

表 1.4.2 列出了位移、速度、加速度响应在几个特殊频率处的幅值,注意区别。

表 1.4.2　特殊频率时的幅值

名　称	$\omega=0$	$\omega=\omega_n$	共　振　时	$\omega\to\infty$
A	$P_0/K=X_0$	$X_0/(2\zeta)$	$X_0/(2\zeta\sqrt{1-\zeta^2})$	0
ωA	0	$(X_0\omega_n)/(2\zeta)=V_0/(2\zeta)$	$V_0/(2\zeta)$	0
$\omega^2 A$	0	$(X_0\omega_n^2)/(2\zeta)=A_0/(2\zeta)$	$A_0/(2\zeta\sqrt{1-\zeta^2})$	P_0/M

从表 1.4.2 可知,对于工程中常见的小阻尼情况,发生共振时质量的振幅很大,意味着实际系统很可能会发生破坏,故需要避免共振现象的发生。图 1.4.2 将表 1.4.1、表 1.4.2 所示关系以图形的形式直观表现出来,应仔细体会,特别是不同状态下特征量之间的对应关系。

同时可将弹性力、阻尼力、惯性力、激振力分别表示为

$$\begin{cases} K\overline{x} = KA\mathrm{e}^{\mathrm{i}(\omega t-\theta)}, & C\dot{\overline{x}} = \mathrm{i}C\omega A\mathrm{e}^{\mathrm{i}(\omega t-\theta)} \\ M\ddot{\overline{x}} = -M\omega^2 A\mathrm{e}^{\mathrm{i}(\omega t-\theta)}, & P(t) = P_0 \mathrm{e}^{\mathrm{i}\omega t} \end{cases} \quad (1.4.10)$$

在复平面上,复数可用一向量表示,根据式(1.4.2)表达的达朗贝尔原理、式(1.4.10)表示的各种力间的关系,这四个力的向量图如图 1.4.3 所示(注意相位差的关系,且图中 P_0 表示另外三个力的合力)。

对力的矢量多边形的讨论如下。

(1) $\gamma \ll 1$ 时,$\theta \approx 0$,各力的向量图如图 1.4.4(a)所示。此时激振力频率 ω 很小,阻尼力和惯性力都很小,而激振力主要由弹性力来平衡,这种情况接近激振力静态作用情况。

(2) $\gamma = 1$ 时,$\theta \approx 90°$,各力的向量图如图 1.4.4(b)所示。此时弹性力与惯性力平衡,阻尼力与激振力平衡。因此振幅的大小取决于阻尼的大小。这就解释了为什么在共振点附近阻尼能显著减小振幅。

(3) $\gamma \gg 1$ 时,$\theta \approx 180°$,各力的向量图如图 1.4.4(c)所示。这时,振幅 A 很小,弹性力和阻尼力很小,激振力主要由惯性力平衡。

一个振动系统的激振力可以看作系统的输入,而位移、速度和加速度可看作输出。用复数表示的输出和输入之比称为系统的频率响应函数。对于式(1.4.2)描述的线性振动系统,其位移频率响应函数为

$$\overline{H}(\omega) = \frac{\overline{x}}{P_0 \mathrm{e}^{\mathrm{i}\omega t}} = \frac{\overline{X}}{P_0} = \frac{1}{K-M\omega^2+\mathrm{i}C\omega} \quad (1.4.11)$$

频率响应函数是频率的复函数,它与激振力无关,是系统的固有特性。它包含了输入和输

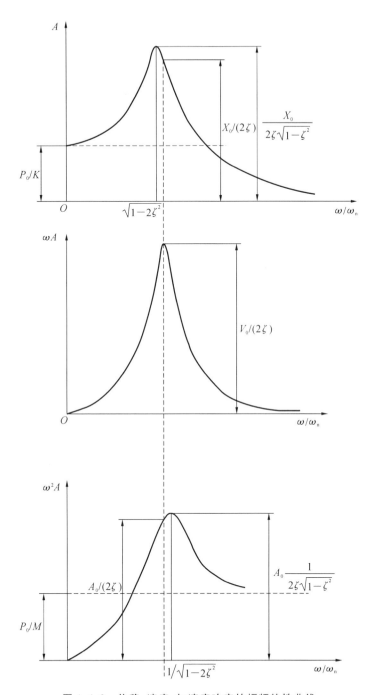

图 1.4.2 位移、速度、加速度响应的幅频特性曲线

出间的幅值关系和相位关系。任何简谐激振力引起的振动,都可通过频率响应函数计算得到。由式(1.4.11)可知:

$$\overline{x} = \overline{H}(\omega) P_0 \mathrm{e}^{\mathrm{i}\omega t} \tag{1.4.12}$$

前面分析的只是方程(1.4.1)的特解部分。对于小阻尼情况,式(1.4.1)的全解还应该包括自由振动的通解(1.3.12),也就是齐次方程的通解。方程的全解为

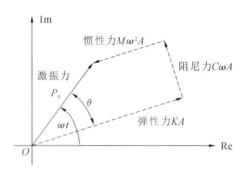

图 1.4.3 力的向量图

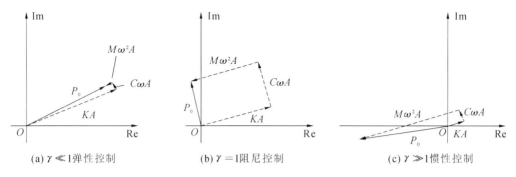

(a) $\gamma \ll 1$ 弹性控制　　(b) $\gamma = 1$ 阻尼控制　　(c) $\gamma \gg 1$ 惯性控制

图 1.4.4 稳态强迫振动的力平衡关系

$$x = e^{-\zeta\omega_n t}(A_1\cos\omega_d t + A_2\sin\omega_d t) + \frac{P_0}{K}\frac{1}{\sqrt{(1-\gamma^2)^2 + (2\zeta\gamma)^2}}\cos(\omega t - \theta) \quad (1.4.13)$$

其中:系数 A_1、A_2 由 $t=0$ 时的初始条件决定,可设 $x(0)=x_0$,$\dot{x}(0)=\dot{x}_0$,将初始条件代入式 (1.4.13)可得到系数 A_1、A_2 的表达式。

式(1.4.13)的第一项是自由振动,其频率为有阻尼自由振动的固有频率 ω_d。由于因子 $e^{-\zeta\omega_n t}$ 的存在,随着时间的增长,自由振动会很快衰减掉。因此,它的作用不大,只对振动的开始阶段有影响。需要指出的是,即使初始条件为 $x_0=0$,$\dot{x}_0=0$,将其代入式(1.4.13)后系数 A_1、A_2 也不为零(注意与有阻尼自由振动的区别:$x_0=0$,$\dot{x}_0=0$ 时 A_1、A_2 为零),存在自由衰减振动。图 1.4.5 显示了三种典型的振动开始阶段:稳态振动叠加自由衰减振动(也称瞬态振动)。

例 1.4.1 式(1.4.8)是单自由度有阻尼系统稳态响应解。试分析稳态响应中各种力(弹性力、阻尼力、激振力)在一个周期内做的功。

解 (1) 弹性力的功:

$$W_e = \oint(-Kx)dx = \oint(-Kx\dot{x})dt = \oint KA\cos(\omega t - \theta) \cdot \omega A\sin(\omega t - \theta)dt$$
$$= \oint \frac{1}{2}K\omega A^2\sin2(\omega t - \theta)dt = 0$$

结论为弹性力在一个振动周期内做功为零。

(2) 阻尼力的功:

$$W_d = \oint(-C\dot{x})dx = \oint(-C\dot{x}^2)dt = \oint\{-C[-\omega A\sin(\omega t - \theta)]^2\}dt = -\pi\omega CA^2$$

结论为阻尼力在一个周期内所做的功除与振幅和阻尼系数有关外,还和频率成正比,且是负功。

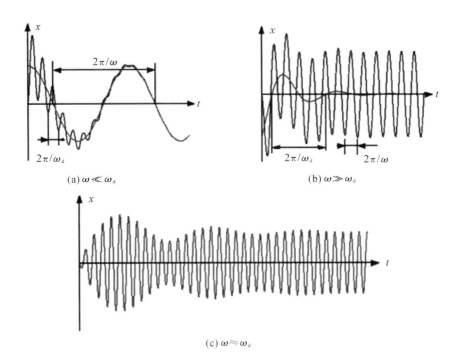

图 1.4.5 阻尼强迫振动的初始阶段

(3) 激振力的功：

$$W_f = \oint P_0 \cos(\omega t) dx = \oint P_0 \cos(\omega t) \cdot \dot{x} dt$$
$$= \oint [-P_0 \omega A \cos(\omega t) \sin(\omega t - \theta)] dt$$
$$= \pi P_0 A \sin\theta$$

结论为激振力在一个周期内所做的功除与振幅及力幅有关外，还和相位有关。

对于稳态响应，根据机械能守恒定律，弹性力、阻尼力与激振力在一个周期之内做功之和为零，即

$$W_e + W_d + W_f = 0$$

代入相关表达式有

$$\pi P_0 A \sin\theta - \pi\omega C A^2 = 0$$

即

$$A = P_0 \sin\theta/(\omega C)$$

当 $\omega = \omega_n$，即 $\gamma = 1$ 时，$\theta = \pi/2$，可得

$$A_{\gamma=1} = \frac{P_0}{C\omega_n} = \frac{X_0}{2\zeta}$$

式中：$X_0 = P_0/K$，是激振力幅值静态作用时系统的静位移。

$\omega = \omega_n$ 时的动力放大系数为

$$\alpha_{\gamma=1} = \frac{A_{\max}}{X_0} = \frac{1}{2\zeta}$$

上式即式(1.4.8)中的参数 α 的近似最大值。

对于单自由度无阻尼系统，其稳态响应解可从式(1.4.8)退化而来(此时 $\theta = 0$)：

$$x = \frac{P_0}{K} \frac{1}{1-\gamma^2} \cos(\omega t)$$

当 $\gamma=1$ 时，振幅趋于无穷大，此时意味着系统将发生破坏。为避免共振破坏，一般要求 ω 与 ω_n 相差 10%~20%。同时可知，当振幅有限时，在一个周期内，激振力做的功、弹性力做的功都为 0。

1.4.2 半功率点法求阻尼因子

半功率点法是根据振动系统简谐振动的振幅动力放大因子来推算阻尼因子和衰减系数的。下面仍以单自由度系统为例，来说明这一方法。

前面已经学习过单自由度系统对简谐力激振的响应关系，见式(1.4.8)。动力放大因子与激振力频率 ω 的关系为

$$\alpha = \frac{1}{\sqrt{[1-(\omega/\omega_n)^2]^2 + (2\zeta\omega/\omega_n)^2}}$$

上式可表示为图 1.4.6 所示的曲线。该曲线在 $\omega/\omega_n=1$ 处的值为 $\alpha(1)=1/(2\zeta)$；峰值处的 α 值为

$$\alpha_{\text{peak}} = \frac{1}{2\zeta\sqrt{1-\zeta^2}}$$

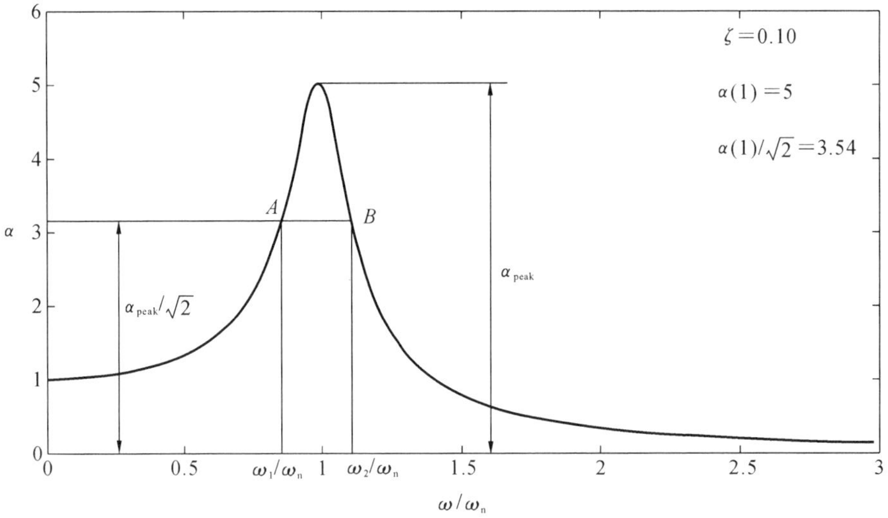

图 1.4.6　动力放大因子曲线

在该曲线图上作一水平线，使其纵坐标为

$$\frac{1}{\sqrt{2}}\alpha_{\text{peak}} = \frac{1}{\sqrt{2}}\frac{1}{2\zeta\sqrt{1-\zeta^2}}$$

该水平线与曲线交于 A、B 两点（称为半功率点），这两点之间的水平距离为

$$\frac{\omega_2}{\omega_n} - \frac{\omega_1}{\omega_n} = \frac{\Delta\omega}{\omega_n}$$

定义衰减系数为

$$n = \frac{1}{2}\Delta\omega$$

A、B 两点之间的距离等于 2ζ，利用 A、B 两点的距离来求阻尼因子和衰减系数的方法称

为半功率点法。下面证明上述结论。

在半功率点 A、B，有

$$\alpha = \frac{1}{\sqrt{2}} \alpha_{\text{peak}} = \frac{1}{\sqrt{2}} \frac{1}{2\zeta \sqrt{1-\zeta^2}}$$

因此,半功率点所对应的频率可由下式求出

$$\frac{1}{\sqrt{[1-(\omega/\omega_n)^2]^2 + (2\zeta\omega/\omega_n)^2}} = \frac{1}{\sqrt{2}} \frac{1}{2\zeta \sqrt{1-\zeta^2}}$$

将上式平方后展开得

$$\left(\frac{\omega}{\omega_n}\right)^4 - 2(1-2\zeta^2)\left(\frac{\omega}{\omega_n}\right)^2 + (1-8\zeta^2+8\zeta^4) = 0$$

由上式可得

$$\left(\frac{\omega}{\omega_n}\right)^2 = 1 - 2\zeta^2 \pm 2\zeta \sqrt{1-\zeta^2}$$

该方程可分为两个方程:

$$\left(\frac{\omega_2}{\omega_n}\right)^2 = 1 - 2\zeta^2 + 2\zeta \sqrt{1-\zeta^2} \tag{a}$$

$$\left(\frac{\omega_1}{\omega_n}\right)^2 = 1 - 2\zeta^2 - 2\zeta \sqrt{1-\zeta^2} \tag{b}$$

(a)-(b)得

$$\left(\frac{\omega_2}{\omega_n}\right)^2 - \left(\frac{\omega_1}{\omega_n}\right)^2 = 4\zeta \sqrt{1-\zeta^2} \tag{c}$$

(a)+(b)得

$$\left(\frac{\omega_2}{\omega_n}\right)^2 + \left(\frac{\omega_1}{\omega_n}\right)^2 = 2(1-2\zeta^2) \tag{d}$$

(c)÷(d)得

$$\frac{(\omega_2/\omega_n)^2 - (\omega_1/\omega_n)^2}{(\omega_2/\omega_n)^2 + (\omega_1/\omega_n)^2} = \frac{2\zeta \sqrt{1-\zeta^2}}{1-2\zeta^2} \tag{e}$$

当 $\zeta \ll 1$ 时,略去 ζ 的高阶小量,得

$$2\zeta = \frac{(\omega_2/\omega_n)^2 - (\omega_1/\omega_n)^2}{(\omega_2/\omega_n)^2 + (\omega_1/\omega_n)^2} = \frac{\omega_2^2 - \omega_1^2}{\omega_2^2 + \omega_1^2}$$

考虑到小阻尼时,ω_1、ω_2 均接近固有频率 ω_n,上式可进一步简化,即

$$2\zeta = \frac{(\omega_2 - \omega_1)(\omega_2 + \omega_1)}{\omega_2^2 + \omega_1^2} \approx \frac{2\omega_n(\omega_2 - \omega_1)}{2\omega_n^2} = \frac{\Delta\omega}{\omega_n}$$

所以有

$$2\zeta = \frac{\Delta\omega}{\omega_n}, \quad n = \omega_n \zeta = \frac{\Delta\omega}{2}$$

在实际工程中,可以通过实测得到位移响应幅频曲线。其方法是:保持激振力的幅值不变,由低到高改变激振力的频率,测量结构上某一点在每一频率时的位移幅值,最后由所得数据画出位移幅值-频率曲线。这样得到的曲线与图 1.4.6 完全相似,只是纵坐标的比例因子不同。因此,可以直接用位移响应的幅频曲线按半功率点法求阻尼因子和衰减系数。

同时可以证明,在 $\zeta \ll 1$ 的情况下,用速度响应的幅频特性曲线或加速度响应的幅频特性曲线同样可以按半功率点法求阻尼因子和衰减系数。

1.5 结构阻尼

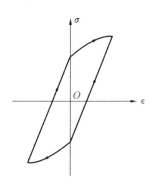

图 1.5.1 实际标准的应力应变曲线

实际的工程结构在振动时,除了存在黏性阻尼外,还存在结构的非弹性阻尼,简称结构阻尼。它来自两个方面:

(1) 实际的材料都不是理想的弹性材料,不服从胡克定律。即使在小应变的情况下也存在微塑性变形,使加载和卸载曲线不重合,形成迟滞圈,如图 1.5.1 所示,其面积为单位体积的材料在一个振动循环中耗散的能量(转化为热能)。

(2) 结构的各零件之间存在着摩擦和相对滑动。以图 1.5.2 所示的钢板弹簧为例,它在弯曲时,钢板之间存在着滑动和摩擦,使加载和卸载曲线不重合而形成迟滞圈,如图 1.5.3 所示,从而耗散能量。

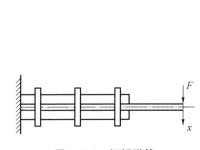

图 1.5.2 钢板弹簧

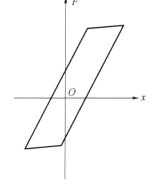

图 1.5.3 力-位移关系的迟滞圈

描述结构阻尼常用沙罗金假设,认为材料的应力应变关系为

$$\sigma = E\varepsilon + \frac{\eta}{\omega} E \dot{\varepsilon} \tag{1.5.1}$$

式中:E 是弹性模量;ω 是振动的圆频率;η 是材料的损耗因子。当结构做简谐振动时,ε 可用复数表示,即

$$\bar{\varepsilon} = \varepsilon_0 e^{i(\omega t + \beta)}$$

代入式(1.5.1)得

$$\bar{\sigma} = E\bar{\varepsilon} + i\eta E\bar{\varepsilon} \tag{1.5.2}$$

或

$$\bar{\sigma} = \bar{E}\bar{\varepsilon} \tag{1.5.3}$$

式中:$\bar{E}$ 为复弹性模量,有

$$\bar{E} = (1 + i\eta)E \tag{1.5.4}$$

按照式(1.5.2),结构内阻尼与振动频率无关,也与应变速率无关,这与材料非弹性阻尼的实验结果是比较一致的。

同理,可假设复剪切模量 $\bar{G}$ 为

$$\bar{G} = (1 + i\eta)G \tag{1.5.5}$$

结构的刚度 K 与材料的弹性模量 E 和剪切模量 G 成正比,在考虑结构阻尼时,把 E、G 换成 $\overline{E}$、$\overline{G}$,相应地应当把 K 换成 $\overline{K}$

$$\overline{K} = (1+\mathrm{i}\eta)K \tag{1.5.6}$$

于是,强迫振动方程成为

$$M\ddot{\overline{x}} + (1+\mathrm{i}\eta)K\overline{x} = P_0 \mathrm{e}^{\mathrm{i}\omega t} \tag{1.5.7}$$

把解 $\overline{x} = \overline{X}\mathrm{e}^{\mathrm{i}\omega t}$ 代入式(1.5.7)可得到

$$\overline{X} = \frac{P_0}{K - M\omega^2 + \mathrm{i}\eta K} = \frac{P_0}{K}\frac{1}{\sqrt{(1-\gamma^2)^2 + \eta^2}}\mathrm{e}^{-\mathrm{i}\theta} \tag{1.5.8}$$

$$\theta = \arctan\frac{\eta}{1-\gamma^2} \tag{1.5.9}$$

由式(1.5.8)得结构的动力放大系数,即

$$\alpha = \frac{1}{\sqrt{(1-\gamma^2)^2 + \eta^2}} \tag{1.5.10}$$

分母的第二项 η^2 是常数;而在黏性阻尼情况下分母的第二项为 $2\zeta\gamma$,是频率比的函数。因此两者稍有差别。例如,结构阻尼系统位移振幅的峰值在 $\gamma = 1$ 处,而黏性阻尼系统位移振幅的峰值在 $\gamma < 1$ 处。这两种阻尼情况下的幅频特性图和相频特性图都很相似,只在阻尼较大时差异才明显。

比较式(1.5.8)与式(1.4.6),并比较式(1.5.9)与式(1.4.7)可看出,η 对振幅及相位的影响与 $2\zeta\gamma$ 等效,当 $\gamma = 1$ 时,有 $\eta = 2\zeta$。虽然在其他频率处这一关系不成立,但考虑到阻尼主要在共振区域附近起作用,故工程分析时可以利用式 $\eta = 2\zeta$ 将结构阻尼转化为黏性阻尼处理。

1.6 非简谐激振力-傅里叶变换

本书讨论的都是线性振动系统,叠加原理适用于线性系统,即当线性系统同时有几个不同输入作用时,其总输出等于每一个输入单独作用时的输出的叠加。

下面分两种情况来讨论非简谐激振力的响应:① 周期激振力;② 非周期激振力。

1. 周期激振力

若激振力 $f(t)$ 具有周期性,假设其周期为 T,根据微积分知识可将其分解为傅里叶级数:

$$f(t) = \frac{a_0}{2} + \sum_{r=1}^{\infty}[a_r\cos(r\omega_0 t) + b_r\sin(r\omega_0 t)] \tag{1.6.1}$$

$$a_0 = \frac{2}{T}\int_{-T/2}^{T/2}f(t)\mathrm{d}t \tag{1.6.2}$$

$$a_r = \frac{2}{T}\int_{-T/2}^{T/2}f(t)\cos(r\omega_0 t)\mathrm{d}t \tag{1.6.3}$$

$$b_r = \frac{2}{T}\int_{-T/2}^{T/2}f(t)\sin(r\omega_0 t)\mathrm{d}t \tag{1.6.4}$$

式中:$\omega_0 = 2\pi/T$,是 $f(t)$ 的基频;$r\omega_0$ 是第 r 次谐波频率。

式(1.6.1)的每一项都是简谐力,则由它们单独引起的振动可由式(1.4.8)计算得到。然后再逐项叠加就可以得到 $f(t)$ 引起的振动。

$$x(t) = \frac{a_0}{2K} + \sum_{r=1}^{\infty}\frac{1}{\sqrt{(1-\gamma_r^2)^2 + (2\zeta\gamma_r)^2}}\left[\frac{a_r}{K}\cos(r\omega_0 t - \theta_r) + \frac{b_r}{K}\sin(r\omega_0 t - \theta_r)\right]$$

$$\tag{1.6.5}$$

其中：

$$\gamma_r = \frac{r\omega_0}{\omega_n} \tag{1.6.6}$$

$$\theta_r = \arctan\frac{2\zeta\gamma_r}{1-\gamma_r^2} \tag{1.6.7}$$

由欧拉公式，有

$$e^{i\varphi} = \cos\varphi + i\sin\varphi \tag{1.6.8}$$

可把式(1.6.1)改写为

$$f(t) = \frac{a_0}{2} + \sum_{r=1}^{\infty}\left(\frac{a_r - ib_r}{2}e^{ir\omega_0 t} + \frac{a_r + ib_r}{2}e^{-ir\omega_0 t}\right) \tag{1.6.9}$$

令

$$\begin{cases} c_0 = a_0/2 \\ \bar{c}_r = \dfrac{a_r - ib_r}{2} \\ \bar{c}_{-r} = \dfrac{a_r + ib_r}{2} \end{cases} \tag{1.6.10}$$

这样式(1.6.9)可写成更简洁的形式：

$$f(t) = \sum_{r=-\infty}^{\infty} \bar{c}_r e^{ir\omega_0 t} \tag{1.6.11}$$

把式(1.6.3)、式(1.6.4)代入式(1.6.10)，并利用式(1.6.8)得

$$\bar{c}_r = \frac{1}{T}\int_{-T/2}^{T/2} f(t)e^{-ir\omega_0 t}dt \tag{1.6.12}$$

这就是复数形式的傅里叶级数公式，其中包括了负频率项。其实它和正频率的项具有同样的意义。因为负频率项代表一个顺时针方向的旋转矢量，正频率项代表一个逆时针方向的旋转矢量，二者关于实轴对称，两项相加，得到一个实的激振力（见图1.6.1）：

$$\bar{c}_{-r}e^{-ir\omega_0 t} + \bar{c}_r e^{ir\omega_0 t} = a_r\cos(r\omega_0 t) + b_r\sin(r\omega_0 t)$$

式中：$\bar{c}_r$是复数，可写成指数形式$\bar{c}_r = |\bar{c}_r|e^{\theta_r}$，它表示了第$r$次谐波的幅值和相位差，可按式(1.6.10)计算。$|\bar{c}_r|$与频率的关系图称为双边幅频谱图，如图1.6.2(a)所示。实际应用中，常把负频率的幅值加到正频率幅值上，构成单边幅频谱。双边幅频谱是对称的，单边幅频谱是双边幅频谱的两倍。θ_r与频率的关系称为相频谱，负频率的相位与正频率的相位大小相等，符号相反。由式(1.6.11)每一项激起的振动，都可用式(1.4.12)计算，把它们叠加起来即得$f(t)$引起的振动：

$$x(t) = \sum_{r=-\infty}^{\infty}\overline{H}(r\omega_0)\bar{c}_r e^{ir\omega_0 t} \tag{1.6.13}$$

2. 非周期激振力

当激振力$f(t)$不是周期函数（即相当于周期$T\to\infty$时），可人为地把它拓展成以T为周期的函数，如图1.6.3所示。当$T\to\infty$时，就得到真实的$f(t)$。

于是可按式(1.6.11)和式(1.6.12)将$f(t)$展成傅里叶级数：

$$f(t) = \sum_{r=-\infty}^{\infty}\bar{c}_r e^{ir\omega_0 t} \tag{1.6.14}$$

$$\bar{c}_r = \frac{1}{T}\int_{-T/2}^{T/2}f(t)e^{-ir\omega_0 t}dt \tag{1.6.15}$$

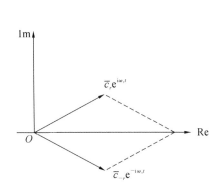

图 1.6.1　负频率与正频率项相加　　图 1.6.2　双边频谱和单边频谱

(a) 幅频

(b) 相频

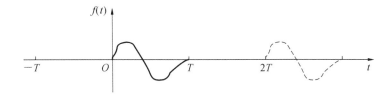

图 1.6.3　把非周期函数拓展成周期函数

为了实现 $T \to \infty$ 的极限过渡，记 $\omega_0 = 2\pi/T = \Delta\omega$，$r\omega_0 = \omega_r$。当 $T \to \infty$ 时，$\Delta\omega \to d\omega$，离散量 ω_r 变成连续量 ω。由式(1.6.15)可知 $(T\bar{c}_r)$ 是 ω_r 的函数，记为 $F(\omega_r)$。按上述记号，式(1.6.14)和式(1.6.15)可改写为

$$f(t) = \sum_{r=-\infty}^{\infty} T\bar{c}_r e^{ir\omega_0 t} \frac{1}{T} = \frac{1}{2\pi} \sum_{r=-\infty}^{\infty} F(\omega_r) e^{i\omega_r t} \Delta\omega$$

$$F(\omega_r) = \int_{-T/2}^{T/2} f(t) e^{-i\omega_r t} dt$$

当 $T \to \infty$ 时，以上两式变成

$$f(t) = \frac{1}{2\pi} \int_{-\infty}^{\infty} F(\omega) e^{i\omega t} d\omega \tag{1.6.16}$$

$$F(\omega) = \int_{-\infty}^{\infty} f(t) e^{-i\omega t} dt \tag{1.6.17}$$

这就是傅里叶变换的公式。式(1.6.17)把时域中的函数即时间历程 $f(t)$ 变换到频域中的函数即频谱 $F(\omega)$，称为傅里叶正变换。式(1.6.16)把 $F(\omega)$ 变换成 $f(t)$，称为傅里叶逆变换。

对式(1.6.13)应用上述极限过程，得到

$$x(t) = \frac{1}{2\pi} \int_{-\infty}^{\infty} F(\omega) \overline{H}(\omega) e^{i\omega t} d\omega \tag{1.6.18}$$

这就是任意激振力 $f(t)$ 引起的振动。把傅里叶变换用于 $x(t)$，得到 $x(t)$ 的频谱 $X(\omega)$：

$$X(\omega) = \int_{-\infty}^{\infty} x(t) e^{-i\omega t} dt \tag{1.6.19}$$

其逆变换为

$$x(t) = \frac{1}{2\pi} \int_{-\infty}^{\infty} X(\omega) e^{i\omega t} d\omega \tag{1.6.20}$$

与式(1.6.18)比较可知

$$X(\omega) = \overline{H}(\omega) F(\omega) \tag{1.6.21}$$

即振动的频谱可由激振力频谱乘频率响应函数得到。

式(1.6.19)和式(1.6.20)表示的傅里叶变换还可以用频率 f 代替圆频率 ω：

$$X(f) = \int_{-\infty}^{\infty} x(t) e^{-i2\pi ft} dt \qquad (1.6.22)$$

$$x(t) = \int_{-\infty}^{\infty} X(f) e^{i2\pi ft} df \qquad (1.6.23)$$

注意式(1.6.23)中没有系数 $1/(2\pi)$。傅里叶变换在振动计算和实验中都起着十分重要的作用，频谱表明了振动中包含哪些频率成分，这对分析振动是由什么激振力引起的，以及确定采取何种减振措施都有很大的参考价值。函数的傅里叶变换和傅里叶逆变换可在计算机上利用快速傅里叶变换(FFT)程序完成。

例 1.6.1　求图 1.6.4(a)所示矩形脉冲的频谱。

解　由式(1.6.17)得

$$F(\omega) = \int_{-\infty}^{\infty} f(t) e^{-i\omega t} dt = \int_{-T}^{T} 1 \cdot e^{-i\omega t} dt = \int_{-T}^{T} \cos\omega t \, dt = 2T \frac{\sin\omega T}{\omega T}$$

其图形如图 1.6.4(b)所示，此频谱的主要部分在 $-2\pi/T$ 到 $2\pi/T$ 之间。因此，脉冲的持续时间越短，频谱越宽，也就意味着高频成分越多，因而也越能激起系统的高频振动。

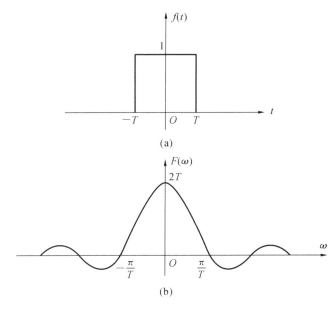

图 1.6.4　矩形脉冲及其频谱

1.7　任意激振力下的响应

1.7.1　杜哈姆积分

1.6 节讲述了在频域中用傅里叶变换计算任意激振力的响应，本节将在时域中采用杜哈姆(Duhamel)积分来分析这一问题。

一个任意激振力 $f(t)$ 可以近似成一个阶梯形函数，而阶梯形函数又可近似成一系列冲量为 $f_i \Delta \tau_i$ 的脉冲(见图 1.7.1)，只要把每一个脉冲产生的振动叠加起来，就得到任意激振力引起的振动的近似解。当每一个 $\Delta\tau_i \to 0$ 时,就得到精确解。因此,首先要研究冲量为 I 的脉冲引起的振动。

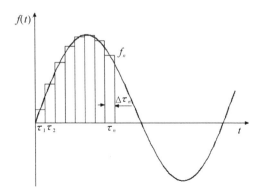

图 1.7.1 用一系列脉冲近似任意激励

设 $t<0$ 时系统是静止的,在 $t=0$ 时,作用一个冲量 I,使得系统获得速度 $\dot{x}_0=I/M$(M 是集中质量),以后系统就在初位移 $x_0=0$、初速度 $\dot{x}_0=I/M$ 的初始条件下做自由振动。因此,冲量 I 引起的振动由式(1.3.14)得

$$x = \frac{I}{M\omega_d} e^{-\zeta\omega_n t} \sin\omega_d t \tag{1.7.1}$$

则单位脉冲引起的振动为

$$h(t) = \frac{1}{M\omega_d} e^{-\zeta\omega_n t} \sin\omega_d t \tag{1.7.2}$$

式(1.7.2)称为脉冲响应函数。假设 $t<0$ 时系统是静止的,因此,$t<0$ 时应有 $h(t)=0$。若在 $t=\tau_i$ 时仅作用脉冲 $f_i\Delta\tau_i$(见图 1.7.1),则 $t-\tau_i<0$ 时,有 $h(t-\tau_i)=0$,此时单独由脉冲 $f_i\Delta\tau_i$ 引起的振动为

$$f_i\Delta\tau_i h(t-\tau_i)$$

因此,任意激振力 $f(t)$ 引起的在 $t=\tau_n$ 时的振动,应是 $t \leqslant \tau_n$ 的各个脉冲引起的振动的叠加,即

$$x(\tau_n) = \sum_{i=1}^n f_i \Delta\tau_i h(t-\tau_i)$$

当 $\Delta\tau_i \to 0$ 时得到

$$x(t) = \int_0^t f(\tau) h(t-\tau) \mathrm{d}\tau \tag{1.7.3}$$

这就是杜哈姆积分。它给出了系统在任意激励下的振动的时间历程,即它是在时间域中求解系统响应。式(1.6.21)也是求解系统在任意激励下的振动,但它得到的是振动的频谱,即它是在频域中求解系统的响应。

式(1.7.3)表示的是零初始条件下的振动。若在 $t=0$ 时有初始位移 x_0 和初始速度 $\dot{x}_0$,则还应叠加由初始条件决定的自由振动:

$$x(t) = \int_0^t f(\tau) h(t-\tau) \mathrm{d}\tau + x_0 e^{-\zeta\omega_n t} \cos\omega_d t + \frac{\dot{x}_0 + \zeta\omega_n x_0}{\omega_d} e^{-\zeta\omega_n t} \sin\omega_d t \tag{1.7.4}$$

若系统无阻尼,则式(1.7.2)中的 $\zeta=0$,$\omega_d=\omega_n$,此时,

$$h(t) = \frac{1}{M\omega_n} \sin\omega_n t \tag{1.7.5}$$

这样,杜哈姆积分的计算要简单一些。一般而言,杜哈姆积分的计算都比较困难,往往需要借助数值积分方法求解。

式(1.7.3)表示的积分形式也称为卷积,用 $h(t) * f(t)$ 表示,即

$$x(t) = \int_0^t f(\tau)h(t-\tau)\mathrm{d}\tau = h(t) * f(t) \tag{1.7.6}$$

卷积的计算过程可用图 1.7.2 说明。例如求取 t_1 时刻的位移 $x(t_1)$ 的过程为:

(1) 将图形 $h(t)$ 右移 t_1 形成图形 $h(\tau-t_1)$;

(2) 将图形 $h(\tau-t_1)$ 折向左形成图形 $h(t_1-\tau)$;

(3) 将图形 $h(t_1-\tau)$ 与图形 $f(\tau)$ 相乘,并积分;

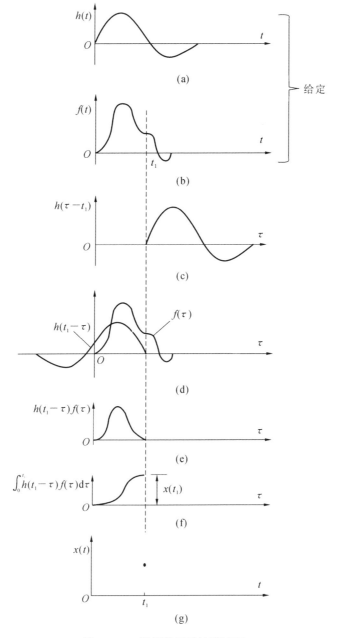

图 1.7.2 卷积的图形计算过程

(4) 积分值即为 $x(t_1)$，大小为图 1.7.2(e) 曲线下的面积，是图 1.7.2(g) 上一点的纵坐标值。

在上述推导过程中，考虑了 $f(\tau)$ 和 $h(t-\tau)$ 的单边特性，即

$$f(\tau) = \begin{cases} 0 & \tau < 0 \\ f(\tau) & \tau \geqslant 0 \end{cases}$$

$$h(t-\tau) = \begin{cases} 0 & t < \tau \\ h(t-\tau) & t \geqslant \tau \end{cases}$$

因此，卷积有如下的等效形式：

$$h(t) * f(t) = \int_0^t h(t-\tau)f(\tau)\mathrm{d}\tau = \int_{-\infty}^{\infty} h(t-\tau)f(\tau)\mathrm{d}\tau \tag{1.7.7}$$

卷积是一种时域运算，运算过程比较复杂，将卷积变换到频域，可使计算更简便。对式 (1.7.7) 进行傅里叶变换有

$$\begin{aligned} F[h(t)*f(t)] &= \int_{-\infty}^{\infty} \left[\int_{-\infty}^{\infty} h(t-\tau)f(\tau)\mathrm{d}\tau\right]\mathrm{e}^{-\mathrm{i}\omega t}\mathrm{d}t \\ &= \int_{-\infty}^{\infty} \left[\int_{-\infty}^{\infty} h(t-\tau)f(\tau)\mathrm{d}\tau\right]\mathrm{e}^{-\mathrm{i}\omega(t-\tau)}\mathrm{e}^{-\mathrm{i}\omega\tau}\mathrm{d}t \\ &= \int_{-\infty}^{\infty} \left[\int_{-\infty}^{\infty} h(t-\tau)\mathrm{e}^{-\mathrm{i}\omega(t-\tau)}\mathrm{d}(t-\tau)\right]f(\tau)\mathrm{e}^{-\mathrm{i}\omega\tau}\mathrm{d}\tau \\ &= \int_{-\infty}^{\infty} H(\omega)f(\tau)\mathrm{e}^{-\mathrm{i}\omega\tau}\mathrm{d}\tau = H(\omega)F(\omega) \end{aligned}$$

即

$$F[h(t)*f(t)] = H(\omega)F(\omega) \tag{1.7.8}$$

式 (1.7.8) 表明零初始条件下，在时域分析振动响应时，要进行卷积运算；如果在频域分析响应，则可以利用二者的频率响应函数的积运算。

例 1.7.1 无阻尼单自由度系统受到激振力 $f(t)$ 的作用，其变化规律如图 1.7.3 所示。求系统在零初始条件下的响应。

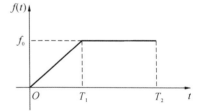

图 1.7.3 外激振力的时间历程

解 我们把问题分三个阶段来研究。

第一阶段：$0 \leqslant t \leqslant T_1$，

$$f(t) = f_0 \frac{t}{T_1}$$

由式 (1.7.5) 和式 (1.7.3) 得 (利用分部积分法)

$$x(t) = \frac{f_0}{M\omega_\mathrm{n}} \int_0^t \frac{\tau}{T_1}\sin\omega_\mathrm{n}(t-\tau)\mathrm{d}\tau = \frac{f_0}{M\omega_\mathrm{n}^2}\left[\frac{\tau}{T_1}\cos\omega_\mathrm{n}(t-\tau) + \frac{1}{\omega_\mathrm{n}T_1}\sin\omega_\mathrm{n}(t-\tau)\right]\Big|_0^t$$

$$= \frac{f_0}{M\omega_\mathrm{n}^2}\left(\frac{t}{T_1} - \frac{1}{\omega_\mathrm{n}T_1}\sin\omega_\mathrm{n}t\right)$$

第二阶段：$T_1 < t \leqslant T_2$，

$$f(t) = f_0$$

但在此阶段的振动需考虑第一阶段的影响，杜哈姆积分为

$$x(t) = \frac{f_0}{M\omega_\mathrm{n}}\int_0^{T_1} \frac{\tau}{T_1}\sin\omega_\mathrm{n}(t-\tau)\mathrm{d}\tau + \frac{f_0}{M\omega_\mathrm{n}}\int_{T_1}^t \sin\omega_\mathrm{n}(t-\tau)\mathrm{d}\tau$$

$$= \frac{f_0}{M\omega_\mathrm{n}^2}\left[\frac{\tau}{T_1}\cos\omega_\mathrm{n}(t-\tau) + \frac{1}{\omega_\mathrm{n}T_1}\sin\omega_\mathrm{n}(t-\tau)\right]\Big|_0^{T_1} + \frac{f_0}{M\omega_\mathrm{n}^2}\cos\omega_\mathrm{n}(t-\tau)\Big|_{T_1}^t$$

$$= \frac{f_0}{M\omega_n^2}\left\{1 + \frac{1}{\omega_n T_1}[\sin\omega_n(t-T_1) - \sin\omega_n t]\right\}$$

第三阶段：$t > T_2$，

$$f(t) = 0$$

但在此阶段要考虑前两个阶段的影响，杜哈姆积分为

$$x(t) = \frac{f_0}{M\omega_n}\int_0^{T_1}\frac{\tau}{T_1}\sin\omega_n(t-\tau)\mathrm{d}\tau + \frac{f_0}{M\omega_n}\int_{T_1}^{T_2}\sin\omega_n(t-\tau)\mathrm{d}\tau$$

$$= \frac{f_0}{M\omega_n^2}\left[\frac{\tau}{T_1}\cos\omega_n(t-\tau) + \frac{1}{\omega_n T_1}\sin\omega_n(t-\tau)\right]\Big|_0^{T_1} + \frac{f_0}{M\omega_n^2}\cos\omega_n(t-\tau)\Big|_{T_1}^{T_2}$$

$$= \frac{f_0}{M\omega_n^2}\left\{\frac{1}{\omega_n T_1}[\sin\omega_n(t-T_1) - \sin\omega_n t] + \cos\omega_n(t-T_2)\right\}$$

1.7.2 冲击振动

当任意激励函数的作用时间很短时，称此类激励为冲击型激励。例如，船舶所受的波浪拍击、爆炸冲击波对船体的作用、船舶碰撞载荷等均属于此类。冲击载荷一般都具有短时、强载的特点，由冲击型激励引起的振动称为冲击振动。

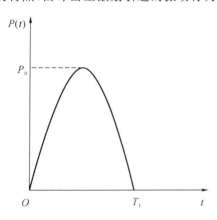

图 1.7.4 半周期正弦脉冲

实际工程中的冲击载荷，往往含有多个脉冲，但其中总包含一个主要脉冲，且持续时间极短，人们往往取主要脉冲进行冲击振动计算。例如在水下爆炸脉动压力与时间的关系中，主脉冲持续时间一般均在 10^{-1} s 的量级或以下。

在许多冲击振动问题中，人们感兴趣的仅是冲击振动位移的最大值，而不是整个非稳态的或暂态的振动过程。由于冲击激励的作用时间短，峰值的出现比较早，因此，阻尼对峰值的影响比较小。故在一般的计算中均不计阻尼的影响。

正弦脉冲是一种常用的冲击试验测试脉冲，如图 1.7.4 所示。正弦脉冲中最重要的参数是脉冲幅值、脉冲时长和脉冲波形。

正弦脉冲的数学表达式为

$$P(t) = \begin{cases} P_0\sin\dfrac{\pi t}{T_1} = P_0\sin\omega t & 0 \leqslant t \leqslant T_1 \\ 0 & t < 0, t > T_1 \end{cases} \quad (1.7.9)$$

式中：$\omega = \pi/T_1$。

方便起见，不计系统阻尼，求单自由度系统对半正弦脉冲的响应。取无阻尼杜哈姆积分表达式，分区段进行积分运算。

(1) 第 I 阶段（$0 \leqslant t \leqslant T_1$，$P(\tau) = P_0\sin(\omega\tau)$）。按杜哈姆积分有

$$x(t) = \frac{P_0}{M\omega_n}\int_0^t \sin\omega\tau \cdot \sin\omega_n(t-\tau)\mathrm{d}\tau = \frac{P_0}{K}\frac{1}{1-\gamma^2}\left(\sin\omega t - \frac{\omega}{\omega_n}\sin\omega_n t\right) \quad (\omega \neq \omega_n)$$

(1.7.10)

式中：$\gamma = \omega/\omega_n$。

(2) 第 II 阶段（$t > T_1$，$P(\tau) = 0$），按杜哈姆积分有

$$x(t) = \frac{P_0}{M\omega_n} \int_0^{T_1} \sin\omega\tau \cdot \sin\omega_n(t-\tau)\mathrm{d}\tau = \frac{\frac{P_0}{K}\gamma}{1-\gamma^2}[\sin\omega_n t + \sin\omega_n(t-T_1)]$$

$$= \frac{P_0}{K}\frac{2\gamma}{\gamma^2-1}\cos\frac{\pi}{2\gamma}\sin\left(\omega_n t - \frac{\pi}{2\gamma}\right) \quad (\omega \neq \omega_n) \tag{1.7.11}$$

响应 $x(t)$ 的最大值取决于 ω_n 和 ω 的大小,即取决于振动系统的固有频率和脉冲的持续时间,有时最大值出现在脉冲持续的过程中,有时在脉冲结束后方出现最大值。当 $\omega_n/\omega > 0.5$ 时,最大值出现在脉冲作用过程中。

按各种 ω_n/ω 值计算系统的最大位移响应,并将此关系用以动力放大系数 α 为纵轴、T_1/T ($T_1/T = \omega_n/\omega$) 为横轴的图线表示,如图 1.7.5 所示。这种曲线称为冲击谱或冲击响应谱。

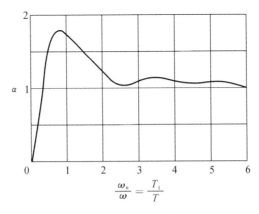

图 1.7.5 冲击谱

1.8 阻抗与导纳概念

1. 定义

式(1.4.2)表示了单自由度系统的强迫振动:

$$M\ddot{\bar{x}} + C\dot{\bar{x}} + K\bar{x} = P_0 \mathrm{e}^{\mathrm{i}\omega t} \tag{1.8.1}$$

对于稳态强迫振动,可设位移也具有简谐形式:

$$\bar{x} = X\mathrm{e}^{\mathrm{i}\omega t} \tag{1.8.2}$$

式中:X 是复数量,称为复位移量,有

$$X = |X|\mathrm{e}^{-\mathrm{i}\theta}$$

则速度和加速度的形式为

$$\dot{\bar{x}} = \mathrm{i}\omega X\mathrm{e}^{\mathrm{i}\omega t}, \quad \ddot{\bar{x}} = (\mathrm{i}\omega)^2 X\mathrm{e}^{\mathrm{i}\omega t}$$

将式(1.8.2)代入式(1.8.1),微分方程化为代数方程:

$$(-\omega^2 M + \mathrm{i}\omega C + K)X = P_0$$

或化为以下两种形式:

$$\left(\mathrm{i}\omega M + C + \frac{K}{\mathrm{i}\omega}\right)\mathrm{i}\omega X = P_0, \quad \left(M + \frac{C}{\mathrm{i}\omega} - \frac{K}{\omega^2}\right)(\mathrm{i}\omega)^2 X = P_0$$

令 $V = \mathrm{i}\omega X$,$A = (\mathrm{i}\omega)^2 X = -\omega^2 X$,分别称为复速度矢和复加速度矢,于是由以上三式得到

$$Z_D = \frac{P_0}{X} = K - \omega^2 M + i\omega C \qquad (1.8.3)$$

$$Z_V = \frac{P_0}{V} = C + i\omega M + \frac{K}{i\omega} \qquad (1.8.4)$$

$$Z_A = \frac{P_0}{A} = M - \frac{K}{\omega^2} + \frac{C}{i\omega} \qquad (1.8.5)$$

式中：Z_D、Z_V、Z_A 分别称为位移阻抗、速度阻抗、加速度阻抗，分别表示产生单位位移响应、速度响应和加速度响应所需提供的激振力。在静力学问题中，阻抗等效于静刚度。

阻抗的倒数称为导纳，因此相应地有位移导纳 Y_D、速度导纳 Y_V 和加速度导纳 Y_A：

$$Y_D = 1/Z_D = X/P_0 \qquad (1.8.6)$$
$$Y_V = 1/Z_V = V/P_0 \qquad (1.8.7)$$
$$Y_A = 1/Z_A = A/P_0 \qquad (1.8.8)$$

从物理意义上说，导纳代表单位激振力所产生的运动量，阻抗和导纳一般都是复数。在静力学问题中，导纳等效于柔度。

对于同一系统来说，以上六种表达式是等价的，知道其中一个就能推知其他五个。实际应用中采取哪一种形式的表达式原则上可以任意选择，但往往取决于某种应用条件，如取决于测量仪器条件或取决于机构的特殊性。目前，对于阻抗和导纳的不同表达形式，还使用着不同名称。表 1.8.1 所列的为其常用的符号、表达式及名称。

表 1.8.1　机械阻抗及导纳的符号、表达式、名称及单位

符号	表达式	英文名称	中文名称	单位
Y_D	X/P_0	dynamic compliance, receptance	动柔度，位移导纳	m/N，s^2/kg
Y_V	V/P_0	mobility, mechanical admittance	导纳，速度导纳	$m/(s \cdot N)$，s/kg
Y_A	A/P_0	accelerance	加速度导纳	$m/(s^2 \cdot N)$，$1/kg$
Z_D	P_0/X	dynamic stiffness	动刚度，位移阻抗	N/m，kg/s^2
Z_V	P_0/V	mechanical impedance	机械阻抗，速度阻抗	$s \cdot N/m$，kg/s
Z_A	P_0/A	dynamic mass, apparent mass, inertance	动质量，视在质量，加速度阻抗	$s^2 \cdot N/m$，kg

在复杂系统中，驱动力作用在系统的某一点，它所引起的各点的响应（包括各个方向的响应）是各不相同的。因此，需进一步扩展阻抗和导纳的定义。如作用力施加在结构 j 点，在结构任意一点 i 产生响应 X_i，我们定义传递阻抗 Z_{ij} 为使 i 点产生单位运动量（位移、速度或加速度）需在 j 点施加的作用力：

$$Z_{ij} = \frac{P_j}{X_i} \qquad (1.8.9)$$

式(1.8.9)即为 i、j 之间的位移传递阻抗的定义，i、j 两点之间的传递导纳为

$$Y_{ij} = \frac{X_i}{P_j} \qquad (1.8.10)$$

其物理意义为：在 j 点作用有单位力时在 i 点将产生运动量（位移、速度或加速度）。

若我们的研究仅限于线性系统，根据线性系统的互易性原理（如材料力学中的位移互等定

理),有
$$Z_{ij} = Z_{ji}, \quad Y_{ij} = Y_{ji} \tag{1.8.11}$$

只研究力的作用点与同一点的运动量之间的响应关系,则可定义原点阻抗(驱动点阻抗)和原点导纳(驱动点导纳):
$$Z_{jj} = \frac{P_j}{X_j}, \quad Y_{jj} = \frac{X_j}{P_j}$$

类似地,可写出速度阻抗和速度导纳以及加速度阻抗和加速度导纳的表达式。

2. 集中参数元件的阻抗和导纳

对于单自由度振动系统,它有三个参数,即集中质量 M、集中刚度 K 以及集中阻尼 C。我们可以把这三个参数看成组成这一单自由度系统的元件。当这三个元件都存在的时候,以复数表示的速度运动方程为
$$(i\omega M + C + \frac{K}{i\omega})V = P \tag{1.8.12}$$

现在考虑以上三个元件中只有一个单独存在时的特殊情况。

1) 阻尼元件 C 的阻抗和导纳(见图 1.8.1)

当激振力 P 作用在阻尼元件 C 上时,它所引起的 A 点相对于 B 点的速度为 $V = V_A - V_B$。由式(1.8.12)可知,只要令 M 及 K 等于 0,即可得到:

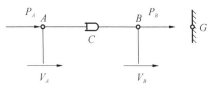

图 1.8.1 阻尼元件受力及其速度响应

$$CV = P$$

由此可得到阻尼元件的阻抗和导纳分别为
$$Z_C = P/V = C, \quad Y_C = 1/Z_C = \frac{1}{C} \tag{1.8.13}$$

2) 弹簧元件 K 的阻抗和导纳(见图 1.8.2)

与求阻尼元件的阻抗一样,只要令方程(1.8.12)中的 M 及 C 为零,即可得到
$$\frac{K}{i\omega}V = P$$

由此可得到弹簧元件的阻抗和导纳分别为
$$Z_K = P/V = \frac{K}{i\omega} = -i\frac{K}{\omega}, \quad Y_K = \frac{1}{Z_K} = i\omega/K \tag{1.8.14}$$

3) 质量元件 M 的阻抗及导纳

质量元件一般采用图 1.8.3 所示的画法。由于我们在考虑实际元件的加速度时,总是以地球作为惯性参考系,因此代表质量元件的示意图总是令其一端接地。接地端和质量块之间有一滑隙,表示质量块可以对地自由运动。质量元件是无弹性的。质量块只看作一个质点,只考虑其质量大小。

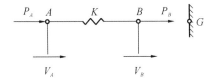

图 1.8.2 弹簧元件受力及其速度响应

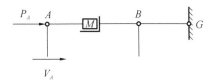

图 1.8.3 质量元件受力及响应

采用与前面相同的方法,可以得到质量元件的阻抗和导纳分别为

$$Z_M = \frac{P}{V} = i\omega M, \quad Y_M = \frac{1}{Z_M} = \frac{1}{i\omega M} \tag{1.8.15}$$

以上推导的是速度阻抗和速度导纳,采用类似的分析方法可以求得位移阻抗(导纳)和加速度阻抗(导纳)。表 1.8.2 列出了三种集中参数元件的不同类型的阻抗及导纳的表达式。

表 1.8.2 元件的阻抗及导纳表达式

类　　型	Z_K	Z_C	Z_M	Y_K	Y_C	Y_M
位移	K	$i\omega C$	$-\omega^2 M$	$1/K$	$1/(i\omega C)$	$-1/(\omega^2 M)$
速度	$K/(i\omega)$	C	$i\omega M$	$i\omega/K$	$1/C$	$1/(i\omega M)$
加速度	$-K/\omega^2$	$C/(i\omega)$	M	$-\omega^2/K$	$i\omega/C$	$1/M$

1.9 电-力系统类比

根据式(1.1.14)所描述的力学振动系统方程,可建立电-力系统元件的类比关系。设质点速度 $u = \dot{X}$,$\delta = 1/K$(称为弹簧力顺或柔度),则方程(1.1.14)可改写为

$$M\dot{u} + Cu + \frac{1}{\delta}\int u \, dt = P(t) \tag{1.9.1}$$

求解此微分方程,得到质点运动速度为

$$u = \frac{P}{Z} \tag{1.9.2}$$

式中:$Z = C + i\left(\omega M - \dfrac{1}{\omega\delta}\right)$,为系统的速度阻抗。

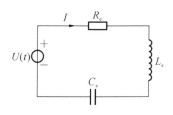

图 1.9.1　串联电路系统

在电路课程中,已建立图 1.9.1 所示恒压源串联系统的电路振荡方程:

$$L_e \dot{I} + R_e I + \frac{1}{C_e}\int I \, dt = U(t) \tag{1.9.3}$$

式中:$U(t)$、L_e、R_e、C_e、I 分别为源电压、电感、电阻、电容、电流。

求解微分方程(1.9.3),得到回路中的电流为

$$I = \frac{U}{Z_e} \tag{1.9.4}$$

式中:$Z_e = R_e + i\left(\omega L_e - \dfrac{1}{\omega C_e}\right)$,为回路的阻抗,实际上是三个元件串联后的阻抗之和。

将力学振动系统微分方程(1.9.1)及其解式(1.9.2)与电路微分方程(1.9.3)及其解式(1.9.4)进行对比,可以发现,似乎毫无关系的两种物理现象,它们的微分方程却有完全相同的数学形式,它们各自的函数变量 u、I 随时间也有类似的变化规律。这就反映了两种现象具有某些共同的规律。

微分方程(1.9.1)、(1.9.3)的相似性可揭示力学元件与串联电路元件的类比关系,如表 1.9.1 所示。由于电路知识的普及较为广泛,因此许多力学的概念常常采用电路类比的方法。在这种类比中,力学系统的力阻抗类比于电路中的电阻抗,称为阻抗型类比,也称为正类比。

表 1.9.1　电-力系统元件阻抗型类比关系

电　学	力　学
电压	力
电感	质量
电容	力顺
电阻	黏性阻尼
电流	速度
电阻抗	力阻抗

除了阻抗型类比外还有一种类比方法。如图 1.9.2 所示的恒流源并联电路,其电路振荡方程为

$$C_e\dot{E} + G_e E + \frac{1}{L_e}\int E\mathrm{d}t = I(t) \tag{1.9.5}$$

式中:$G_e = 1/R_e$,称为电导。

求解微分方程(1.9.5),得到回路中的电压为

$$E = \frac{I}{Y_e} \tag{1.9.6}$$

式中:$Y_e = G_e + \mathrm{i}\left(\omega C_e - \dfrac{1}{\omega L_e}\right)$,为回路的电导纳,实际上是三个元件并联后的导纳之和。

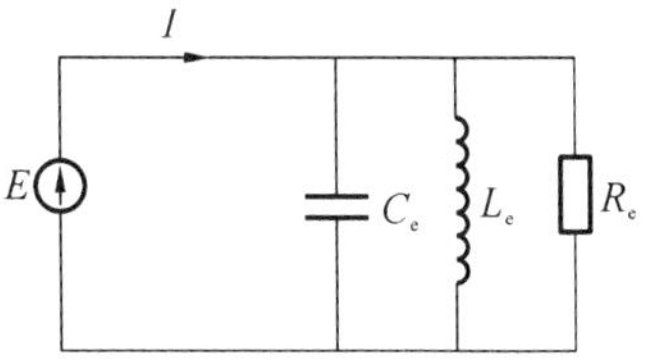

图 1.9.2　并联电路系统

微分方程(1.9.1)、(1.9.5)的相似性可揭示力学元件与并联电路元件的类比关系,如表 1.9.2 所示。在这种类比中,力学系统的力阻抗类比于电路中的电导纳,称为导纳型类比,也称为反类比。

表 1.9.2　电-力系统元件导纳型类比关系

电　学	力　学
电压	速度
电感	力顺
电容	质量
电导	黏性阻尼
电流	力
电导纳	力阻抗

测量一个电路元件电压的方法是把电压表与元件并联,不需要接入电路;而测量电流时电流表必须在断开电路后再串联接入电路。在力学振动系统中,用传感器测量振动速度时不必插入系统,而测力计测量力时要插入系统。因此,从实验测量的角度看,力更类似于电流,速度更类似于电压,导纳型类比比阻抗型类比更直观、更方便,工程中更多采用导纳型类比。

掌握了电-力类比关系,那么对于具体的力学振动系统,就可以画出相应的类比电路图,再根据熟知的电路定律,由类比电路图求解运动规律,这比直接研究力学系统的微分方程简单。

例 1.9.1　图 1.9.3(a)所示的质点振动系统,由质量、弹簧、黏性阻尼组成,试用导纳型类比方法绘出等效电路图。

解　按照导纳型类比方法,质量、弹簧、黏性阻尼分别类比为电容、电感和电导,在电路图中节点的电压是速度,力学系统中有几个不同的速度,电路图中就有几个对应的节点。力学系统有质点的速度 V(对应电路图中节点 1)、速度为零的固定点(对应电路图中节点 0,通常就是接地点)。由于质量的速度是相对固定点的,因此类比质量的电容一端与点 1 连接,另一端接

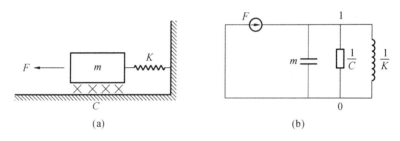

图 1.9.3 例 1.9.1 中的质点振动系统与等效电路

地。黏性阻尼的速度与质量相同,类比黏性阻尼的电导也连接节点 0、1。外力作用在有速度的元件上,因此对应的恒流源与节点 1 连接。这样得到的电路图如图 1.9.3(b)所示:恒流源输出的电流等于三个并联元件的电流,相当于力源的力等于质量、力顺、阻尼受力之和,电路问题的解式(1.9.6)即为力学振动问题的解:

$$V = \frac{F}{Z_V} = \frac{F}{C + i\left(\omega m - \frac{K}{\omega}\right)}$$

它与式(1.8.4)是一致的。

例 1.9.2 如图 1.9.4(a)所示的质点振动系统,试用导纳型类比方法绘出等效电路图。

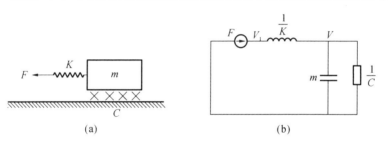

图 1.9.4 例 1.9.2 中的质点振动系统与等效电路

解 振动系统中有三个速度:力作用点的速度 V_1、质点的速度 V、静止参考点的速度 0。对应的等效电路有三个节点,通过与例 1.9.1 中类似的分析可得到图 1.9.4(b)所示的等效电路图。其等效电路方程为

$$F = (V_1 - V)\frac{K}{i\omega}, \quad F = CV + i\omega mV$$

两式合并后得到系统的振动方程:

$$m\ddot{x} + C\dot{x} + Kx = Kx_1$$

式中:x_1、x 是分别与 V_1、V 对应的点的位移。

本 章 习 题

1.1 如习题 1.1 图所示的无阻尼自由振动系统,弹簧分别串联、并联,试写出动力学方程,并求出振动系统的固有频率。

1.2 弹簧 K 与质量 M 构成无阻尼自由振动系统,固有频率为 ω_n。
(1)若要求固有频率降低到原来的一半,如何添加几只相同的弹簧?
(2)假设质量增加一倍,而要求固有频率不变,如何添加几只相同的弹簧?

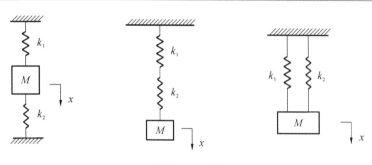

习题 1.1 图

1.3 弹簧与质量构成质点振动系统,固有频率 ω_n 已知,而质量 M、弹簧刚度 K 未知。在质量 M 上附加已知质量 m,此时测量得到系统的固有频率 ω_1。试求出质量 M、弹簧刚度 K 的表达式。

1.4 习题 1.4 图所示的立杆为无质量杆(与质量 M 相比可略去),其一端固定,另一端:①通过弹簧与端部的质量相连,弹簧一端固定,如图(a)所示;②通过弹簧将质量自由支承,如图(b)所示,并设其只能做竖直方向运动。试将其简化为 M-K 系统,并求出固有频率(提示:用静伸长法)。

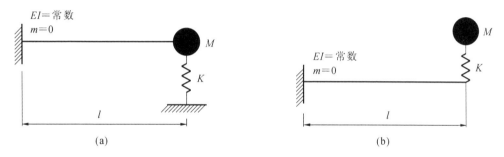

习题 1.4 图

1.5 在例 1.2.1 中,若在集中质量 M 与梁中点间加一刚度为 K 的减振弹簧,求该系统的固有频率,并与未安装减振弹簧的系统对比。

1.6 单自由度无阻尼自由振动系统如习题 1.6 图所示,试用基于能量方法的公式 (1.2.12) 求出其固有频率的表达式。

1.7 试用能量法求习题 1.7 图所示系统的固有频率计算式。图中 C 是平面板块的形心,M 为板块的质量,板块绕 C 点(在纸平面内)的转动惯量为 J_C。

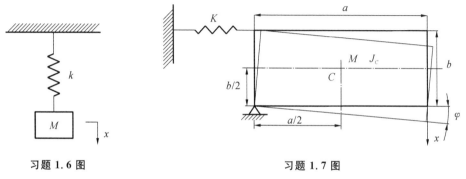

习题 1.6 图   习题 1.7 图

1.8 设有一绝对刚性的均匀直杆,其单位长度的质量为 m,长度为 l,C 点为一铰链支座,离支座左端 l_1 处有一刚度为 K 的弹簧支座,如习题 1.8 图所示。试求此系统的固有频率,又

问 C 点铰链位于何处时系统的固有频率最大？

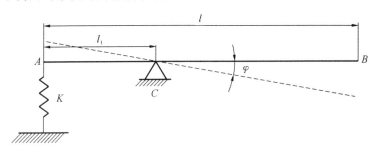

习题 1.8 图

1.9 如习题 1.9 图所示，一立置惯性摆（测振仪），质量为 m，杆长为 l，弹簧刚度为 K，若不计摆杆与弹簧的质量，试用能量法求其固有频率。

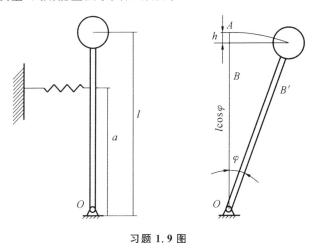

习题 1.9 图

1.10 已知钢质悬臂梁长度 $l=100$ cm，在端部装有重力 $W=1230$ N 的电动机，如习题 1.10 图所示。钢梁的弹性模量 $E=2.1×10^{11}$ Pa，梁的横截面惯性矩 $I=78$ cm^4，若梁的自重与电动机重量相比较，可以忽略不计，试求该梁的固有频率 ω_n 和周期 T。

1.11 如习题 1.11 图所示振动系统，其弹簧刚度 $k_1=29$ N/cm，阻尼系数 $C=0.6$ N·s/cm，物体重 9.8 N。设将物体从静平衡位置压低 1 cm，然后无初速度释放，求此后运动方程的稳态振动解。

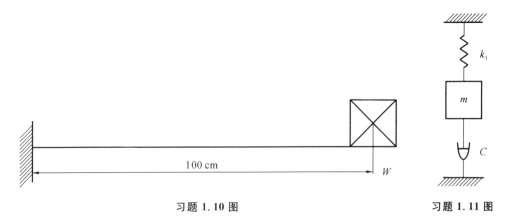

习题 1.10 图　　　　　　　　习题 1.11 图

1.12 有一个质量为 $M=10$ kg，弹簧刚度为 $K=20000$ N/m 的弹簧与阻尼器所组成的单自由度系统，阻尼系数未知。实验结果是，在自由振动时，每经过一周期，振幅就衰减一半。

求该系统的对数衰减率、阻尼比和阻尼系数。

1.13 某万吨货轮在海上进行总纵强度试验时,测得由波浪拍击引起的船体垂向总体振动的衰减曲线,其幅值在经过 23 个周期后由 5 单位减小到 2 单位,试求该船垂向总体振动的对数衰减率。

1.14 已知一简支钢梁,跨度 $l=100$ cm,弹性模量 $E=2.1\times10^5$ MPa,惯性矩 $I=80$ cm^4。在跨中有一重物 $W=1000$ N。若不计钢梁本身的质量,振动的初始条件为:初始位移 x_0 正好与中点的静位移相等,初始速度 $v_0=2.8$ cm/s,试求该梁的固有频率 ω_n 及振动的振幅 A 和初相位 β。

1.15 设有一个质量 M 悬挂在串联弹簧 K_1 和 K_2 的下端,如习题 1.15 图所示,干扰力 $P\sin\omega t$ 作用在两个弹簧的连接处,试列出其运动方程式。

1.16 要使无阻尼系统的稳态响应幅值是简谐作用力幅值 P_0 所产生的静变形的 1/5,则该激励频率与系统固有频率之比 ω/ω_n 应控制在什么范围?

1.17 如习题 1.17 图所示的无阻尼系统,已知当频率 $\omega=6$ rad/s 时系统达到共振。若再将 $m=1$ kg 的质量加到质量 M 上重复振动试验,此时在频率 $\omega=5.86$ rad/s 时系统达到共振,试求:①系统的固有频率;②质量 M 的值;③弹簧刚度 K。

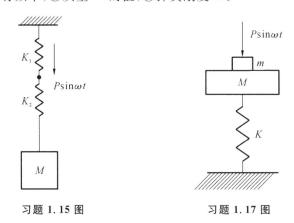

习题 1.15 图   习题 1.17 图

1.18 如习题 1.18 图所示,AB 为无质量杆,A 端由光滑铰链固定,在 B 端作用周期性干扰力 $P(t)=P_0\cos\omega t$。已知重物的质量为 m,弹簧的刚度为 K,阻尼系数为 C,试写出系统的运动微分方程,以及系统的固有频率、临界阻尼系数的表达式和共振时的振幅。

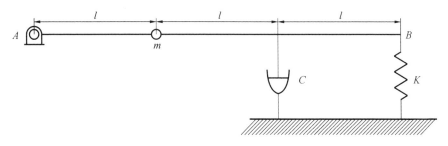

习题 1.18 图

1.19 求 $M\text{-}K$ 系统在习题 1.19 图所示激励作用下的响应:①正负两个方向的矩形载荷;②三角形载荷。已知系统初始时静止。

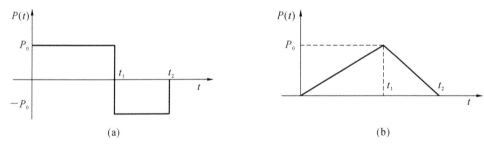

习题 1.19 图

1.20 在月球上,用弹簧秤称矿物样品的读数为 0.4 kg,测量其振动周期为 1 s。该秤在地球上校验时,压缩 0~100 mm 时可称 0~1 kg。试问月球表面的重力加速度为多少?该矿物样品的实际质量是多少?

第2章 多自由度系统的振动

多自由度系统是指自由度大于或等于 2,但数量有限的系统。工程中有很多振动系统的空间位置不能由一个坐标单值确定,而必须用多个坐标才能确定。如将水中的船舶视为刚体,则在直角坐标系下需要六个自由度才能确定其在空间的位置。复杂的工程结构物也可以用有限元法或别的方法近似地离散为多自由度系统,而且它又是实际结构的良好近似,同时多自由度系统也便于用计算机求解。因此研究多自由度系统的振动有重要的现实意义。

2.1 运动微分方程组的建立

下面介绍三种建立多自由度系统微分方程组的方法。

1. 刚度法(力法)

考虑图 2.1.1 的二自由度系统,如设 $x_2 > x_1$,则两个质量受到的力如图 2.1.1 所示。

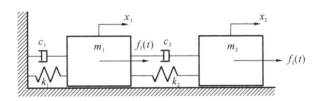

图 2.1.1 二自由度系统

两个质量 m_1、m_2 的运动微分方程为(假设 $x_2 < x_1$ 时运动微分方程不发生变化):

$$m_1 \ddot{x}_1 = -k_1 x_1 + k_2(x_2 - x_1) - c_1 \dot{x}_1 + c_2(\dot{x}_2 - \dot{x}_1) + f_1(t)$$
$$m_2 \ddot{x}_2 = -k_2(x_2 - x_1) - c_2(\dot{x}_2 - \dot{x}_1) + f_2(t)$$

整理后写成矩阵形式得:

$$\begin{bmatrix} m_1 & 0 \\ 0 & m_2 \end{bmatrix} \begin{bmatrix} \ddot{x}_1 \\ \ddot{x}_2 \end{bmatrix} + \begin{bmatrix} c_1 + c_2 & -c_2 \\ -c_2 & c_2 \end{bmatrix} \begin{bmatrix} \dot{x}_1 \\ \dot{x}_2 \end{bmatrix} + \begin{bmatrix} k_1 + k_2 & -k_2 \\ -k_2 & k_2 \end{bmatrix} \begin{bmatrix} x_1 \\ x_2 \end{bmatrix} = \begin{bmatrix} f_1(t) \\ f_2(t) \end{bmatrix} \quad (2.1.1)$$

可以看出,质量矩阵和刚度矩阵都是对称矩阵。这一结论对多自由度系统都成立。若用黑体字母表示矩阵和向量,则式(2.1.1)还可以写得更简洁些:

$$\boldsymbol{M}\ddot{\boldsymbol{x}} + \boldsymbol{C}\dot{\boldsymbol{x}} + \boldsymbol{K}\boldsymbol{x} = \boldsymbol{f}(t) \quad (2.1.2)$$

2. 柔度法(位移法)

在相关课程中已学习过弹性结构的柔度概念,如学习材料力学力法正则方程时就接触到了。柔度 γ_{ij} 表示仅在 j 点处作用单位广义力时,在 i 点处产生的广义位移。

考虑图 2.1.2 的三自由度系统。

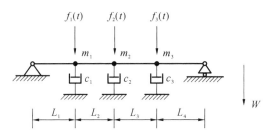

图 2.1.2 三自由度系统

记三个质量沿 W 方向的位移分别为 w_1、w_2、w_3，忽略梁自身的分布质量，梁仅提供弹性。作用在梁上的力为在质量 m_i 处的三个激振力 $f_i(t)$、三个阻尼力（$-c_i\dot{w}_i$）及三个惯性力（$-m_i\ddot{w}_i$），梁的位移 w_i 可用柔度系数写出为

$$\begin{cases} w_1 = \gamma_{11}(f_1 - c_1\dot{w}_1 - m_1\ddot{w}_1) + \gamma_{12}(f_2 - c_2\dot{w}_2 - m_2\ddot{w}_2) + \gamma_{13}(f_3 - c_3\dot{w}_3 - m_3\ddot{w}_3) \\ w_2 = \gamma_{21}(f_1 - c_1\dot{w}_1 - m_1\ddot{w}_1) + \gamma_{22}(f_2 - c_2\dot{w}_2 - m_2\ddot{w}_2) + \gamma_{23}(f_3 - c_3\dot{w}_3 - m_3\ddot{w}_3) \\ w_3 = \gamma_{31}(f_1 - c_1\dot{w}_1 - m_1\ddot{w}_1) + \gamma_{32}(f_2 - c_2\dot{w}_2 - m_2\ddot{w}_2) + \gamma_{33}(f_3 - c_3\dot{w}_3 - m_3\ddot{w}_3) \end{cases}$$

(2.1.3)

以上三个联立方程可简记成矩阵形式：

$$\boldsymbol{W} = \boldsymbol{\Gamma}(\boldsymbol{f} - \boldsymbol{C}\dot{\boldsymbol{W}} - \boldsymbol{M}\ddot{\boldsymbol{W}}) \tag{2.1.4}$$

其中：

$$\boldsymbol{W} = \begin{bmatrix} w_1 \\ w_2 \\ w_3 \end{bmatrix}, \quad \boldsymbol{f} = \begin{bmatrix} f_1 \\ f_2 \\ f_3 \end{bmatrix}, \quad \boldsymbol{M} = \begin{bmatrix} m_1 & 0 & 0 \\ 0 & m_2 & 0 \\ 0 & 0 & m_3 \end{bmatrix}$$

$$\boldsymbol{C} = \begin{bmatrix} c_1 & 0 & 0 \\ 0 & c_2 & 0 \\ 0 & 0 & c_3 \end{bmatrix}, \quad \boldsymbol{\Gamma} = \begin{bmatrix} \gamma_{11} & \gamma_{12} & \gamma_{13} \\ \gamma_{21} & \gamma_{22} & \gamma_{23} \\ \gamma_{31} & \gamma_{32} & \gamma_{33} \end{bmatrix}$$

$\boldsymbol{\Gamma}$ 是柔度系数矩阵，元素 γ_{ij} 为仅在 j 点处作用单位广义力时，在 i 点处产生的广义位移。由材料力学中的位移互等定理（结构力学中称互易定理）可知，$\boldsymbol{\Gamma}$ 是对称矩阵，其逆矩阵为刚度矩阵。因此，不难把式(2.1.4)改造成式(2.1.2)那样的标准形式。为此，在(2.1.4)两边左乘 $\boldsymbol{\Gamma}^{-1}$，并注意到 $\boldsymbol{\Gamma}^{-1} = \boldsymbol{K}$，得到

$$\boldsymbol{M}\ddot{\boldsymbol{W}} + \boldsymbol{C}\dot{\boldsymbol{W}} + \boldsymbol{K}\boldsymbol{W} = \boldsymbol{f}(t) \tag{2.1.5}$$

3. 第二类拉格朗日方程

从理论力学课程中知道，非保守系统的质点动力学方程可表达成拉格朗日方程：

$$\frac{\mathrm{d}}{\mathrm{d}t}\left(\frac{\partial T}{\partial \dot{q}_i}\right) - \frac{\partial T}{\partial q_i} + \frac{\partial V}{\partial q_i} = Q_i, \quad i = 1,2,\cdots,n$$

(2.1.6)

式中：q_i 是广义坐标；T 是动能；V 是势能；Q_i 是对应于广义坐标 q_i 的非有势广义力（也称为非保守力），n 是自由度数。

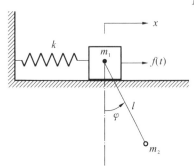

图 2.1.3 小车带摆示意图

研究图 2.1.3 所示的二自由度振动系统。取广义坐

标为 x、φ,取 $\varphi=90°$ 时 m_2 的势能为零。则

系统势能为
$$V = \frac{1}{2}kx^2 - m_2 gl\cos\varphi$$

系统动能为
$$T = \frac{1}{2}m_1\dot{x}^2 + \frac{1}{2}m_2(\dot{x}^2 + l^2\dot{\varphi}^2 + 2\dot{x}l\dot{\varphi}\cos\varphi)$$

动能表达式括号中的项是 m_2 的绝对速度的平方。对应于广义坐标 x 的广义力 Q_x 可用虚功原理导出:
$$\delta w = f(t)\delta x = Q_x\delta x$$

式中:δw、δx 分别表示虚功、虚位移。因此有
$$Q_x = f(t)$$

而对于广义坐标 φ,作用的重力是保守力,故对应的非保守力为
$$Q_\varphi = 0$$

把 T、V、Q_x、Q_φ 代入式(2.1.6),微分后得

$$\begin{cases}(m_1+m_2)\ddot{x} + m_2 l\ddot{\varphi}\cos\varphi - m_2 l\dot{\varphi}^2\sin\varphi + kx = f(t) \\ m_2 l^2\ddot{\varphi} + m_2 l\ddot{x}\cos\varphi + m_2 gl\sin\varphi = 0\end{cases} \quad (2.1.7)$$

这是非线性微分方程组。若只考虑微幅振动,即认为 φ、$\dot{\varphi}$ 都是小量,则 $\cos\varphi\approx 1$,$\sin\varphi\approx\varphi$,$m_2 l\dot{\varphi}^2\sin\varphi$ 是高阶小量,可以忽略,则式(2.1.7)简化为

$$\begin{cases}(m_1+m_2)\ddot{x} + m_2 l\ddot{\varphi} + kx = f(t) \\ m_2 l\ddot{x} + m_2 l^2\ddot{\varphi} + m_2 gl\varphi = 0\end{cases} \quad (2.1.8)$$

或写成矩阵形式:

$$\begin{bmatrix}m_2+m_1 & m_2 l \\ m_2 l & m_2 l^2\end{bmatrix}\begin{bmatrix}\ddot{x} \\ \ddot{\varphi}\end{bmatrix} + \begin{bmatrix}k & 0 \\ 0 & m_2 gl\end{bmatrix}\begin{bmatrix}x \\ \varphi\end{bmatrix} = \begin{bmatrix}f(t) \\ 0\end{bmatrix} \quad (2.1.9)$$

2.2 无阻尼自由振动

1. 二自由度系统

在图 2.1.1 所示的二自由度系统中,若阻尼为零,激振力也为零,则该系统成为图 2.2.1 的形式,方程(2.1.1)也变成:

$$\begin{bmatrix}m_1 & 0 \\ 0 & m_2\end{bmatrix}\begin{bmatrix}\ddot{x}_1 \\ \ddot{x}_2\end{bmatrix} + \begin{bmatrix}k_1+k_2 & -k_2 \\ -k_2 & k_2\end{bmatrix}\begin{bmatrix}x_1 \\ x_2\end{bmatrix} = \begin{bmatrix}0 \\ 0\end{bmatrix} \quad (2.2.1)$$

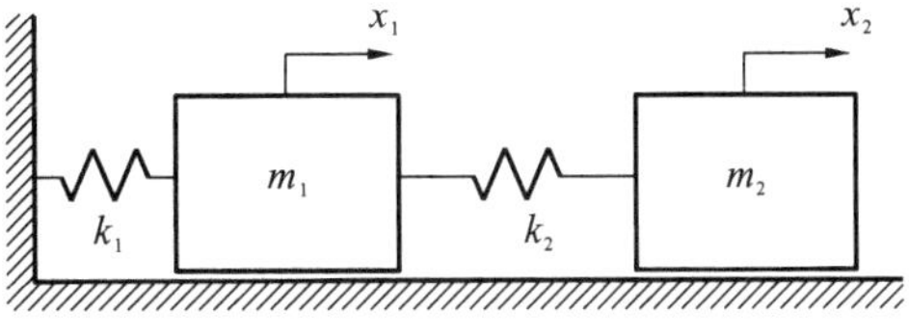

图 2.2.1 二自由度无阻尼振动系统

为下文推导方便,引入变量:

$$a = \frac{k_1 + k_2}{m_1}, \quad b = \frac{k_2}{m_1}, \quad c = \frac{k_2}{m_2} \tag{2.2.2}$$

从式(2.2.2)可知,三个变量都为实数。将式(2.2.2)代入式(2.2.1)中,有

$$\begin{cases} \ddot{x}_1 + ax_1 - bx_2 = 0 \\ \ddot{x}_2 - cx_1 + cx_2 = 0 \end{cases} \tag{2.2.3}$$

将常微分方程(2.2.3)的齐次解设为简谐形式:

$$\begin{cases} x_1 = \pm A_1 \sin(\omega t + \theta) \\ x_2 = \pm A_2 \sin(\omega t + \theta) \end{cases} \tag{2.2.4}$$

式中:A_1、A_2为振幅,一般而言是大于零的代数值。式(2.2.4)表示的解满足方程(2.2.3)。式中"$-$"号实际上表示反相振动。

将式(2.2.4)代入式(2.2.3)中,由于$\sin(\omega t + \theta)$不恒为零,则有方程:

$$\begin{bmatrix} a - \omega^2 & -b \\ -c & c - \omega^2 \end{bmatrix} \begin{bmatrix} \pm A_1 \\ \pm A_2 \end{bmatrix} = \begin{bmatrix} 0 \\ 0 \end{bmatrix} \tag{2.2.5}$$

这是关于A_1、A_2的齐次线性方程组。$A_1 = A_2 = 0$显然是方程(2.2.5)的一组解,它表示系统无振动,处于静止状态,这不是振动系统需要的解。我们希望得到非零解,而存在非零解的充要条件是方程的系数行列式为零,即

$$\begin{vmatrix} a - \omega^2 & -b \\ -c & c - \omega^2 \end{vmatrix} = 0 \tag{2.2.6}$$

将式(2.2.6)展开得多项式代数方程:

$$\omega^4 - (a + c)\omega^2 + c(a - b) = 0 \tag{2.2.7}$$

该方程称为频率特征方程。它是关于ω^2的一元二次代数方程,两个根为

$$\omega_{1,2}^2 = \frac{a + c}{2} \mp \sqrt{\left(\frac{a - c}{2}\right)^2 + bc} \tag{2.2.8}$$

按照多项式代数理论,方程(2.2.7)的根要么为实数,要么为成对出现的复数根。可以证明,式(2.2.8)必为正实根。从式(2.2.8)可知,两个根是由系统的本身参数决定的值,与其他条件无关,称为二自由度无阻尼系统的固有频率。较小的根记为ω_1,称首阶固有频率。较大的根ω_2称二阶固有频率。

将式(2.2.8)代入式(2.2.5),可以得到A_1、A_2的比值。例如,代入ω_1的表达式,有

$$\frac{A_2^{(1)}}{A_1^{(1)}} = \frac{-A_2^{(1)}}{-A_1^{(1)}} = \frac{a - \omega_1^2}{b} = \frac{c}{c - \omega_1^2} = \alpha \tag{2.2.9}$$

式中:下标表示振动系统的质点编号;上标表示对应固有频率的阶数。

代入ω_2的表达式,有

$$\frac{A_2^{(2)}}{-A_1^{(2)}} = \frac{-A_2^{(2)}}{A_1^{(2)}} = \frac{a - \omega_2^2}{b} = \frac{c}{c - \omega_2^2} = \beta \tag{2.2.10}$$

可以证明:

$$\begin{cases} \alpha = \frac{1}{b}\left[\frac{a - c}{2} + \sqrt{\left(\frac{a - c}{2}\right)^2 + bc}\right] > 0 \\ \beta = \frac{1}{b}\left[\frac{a - c}{2} - \sqrt{\left(\frac{a - c}{2}\right)^2 + bc}\right] < 0 \end{cases} \tag{2.2.11}$$

比值 α、β 不变且只与系统本身参数有关,分别称为第一阶主振型(固有振型、模态)、第二阶主振型。可以形象地把两个主振型表示成图 2.2.2 所示的形状(实际上每种主振型有两种画法,一种画法关于水平轴对称)。α、β 只决定 A_1、A_2(表示同相振动)或 $(-A_1)$、A_2(表示反相振动)的比值,而不能决定它们的实际大小。把图 2.2.2 的实线所表示的振型放大或缩小若干倍成为虚线的形状,其比值并未改变,它仍是系统的主振型。其特点是系统的各质量以同一固有频率做简谐振动,同时达到最大偏离位置(正或负),并同时经过静平衡位置。

主振型(模态)是多自由度振动系统中一个非常重要的概念。有时也用向量表示主振型,如第一阶主振型为 $\boldsymbol{\varphi}^{(1)} = [A_1^{(1)} \quad A_2^{(1)}]^\mathrm{T}$,第二阶主振型为 $\boldsymbol{\varphi}^{(2)} = [A_1^{(2)} \quad A_2^{(2)}]^\mathrm{T}$。

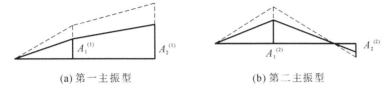

(a) 第一主振型　　　(b) 第二主振型

图 2.2.2　主振型形状

在下面的分析中,为便于与习惯一致并简化表达式,常假设简谐振动位移函数式不带"-"号,如主振型同时达到同一侧最大偏离位置则表示同相振动(相位角相差 0),如主振型同时达到异侧最大偏离位置则表示反相振动(相位角相差 π)。

例 2.2.1　不计质量的简支梁上带有两个集中质量,如图 2.2.3 所示,求此系统的固有频率和振型。

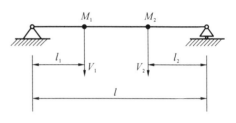

图 2.2.3　二自由度系统

解　取广义坐标为两个质量的垂向位移 V_1、V_2。用柔度系数可写成

$$\begin{cases} V_1 = -\gamma_{11} M_1 \ddot{V}_1 - \gamma_{12} M_2 \ddot{V}_2 \\ V_2 = -\gamma_{21} M_1 \ddot{V}_1 - \gamma_{22} M_2 \ddot{V}_2 \end{cases} \quad (2.2.12)$$

或

$$\begin{bmatrix} V_1 \\ V_2 \end{bmatrix} = -\begin{bmatrix} \gamma_{11} & \gamma_{12} \\ \gamma_{21} & \gamma_{22} \end{bmatrix} \begin{bmatrix} M_1 & 0 \\ 0 & M_2 \end{bmatrix} \begin{bmatrix} \ddot{V}_1 \\ \ddot{V}_2 \end{bmatrix}$$

设方程的齐次解为

$$\begin{cases} V_1 = A_1 \sin(\omega t + \theta) \\ V_2 = A_2 \sin(\omega t + \theta) \end{cases} \quad (2.2.13)$$

代入式(2.2.12)并消去不恒为零的 $\sin(\omega t + \theta)$ 得

$$\begin{cases} (1 - \gamma_{11} M_1 \omega^2) A_1 - \gamma_{12} M_2 \omega^2 A_2 = 0 \\ -\gamma_{21} M_1 \omega^2 A_1 + (1 - \gamma_{22} M_2 \omega^2) A_2 = 0 \end{cases} \quad (2.2.14)$$

欲得到非零解,关于未知数 A_1、A_2 的系数行列式必须为零,即

$$\begin{vmatrix} 1 - \gamma_{11} M_1 \omega^2 & -\gamma_{12} M_2 \omega^2 \\ -\gamma_{21} M_1 \omega^2 & 1 - \gamma_{22} M_2 \omega^2 \end{vmatrix} = 0 \quad (2.2.15)$$

展开得

$$M_1 M_2 (\gamma_{11} \gamma_{22} - \gamma_{12}^2) \omega^4 - (\gamma_{11} M_1 + \gamma_{22} M_2) \omega^2 + 1 = 0 \quad (2.2.16)$$

解得:

$$\omega_{1,2} = \sqrt{\frac{\gamma_{11}M_1 + \gamma_{22}M_2 \mp \sqrt{(\gamma_{11}M_1 + \gamma_{22}M_2)^2 - 4M_1M_2(\gamma_{11}\gamma_{22} - \gamma_{12}^2)}}{M_1M_2(\gamma_{11}\gamma_{22} - \gamma_{12}^2)}} \quad (2.2.17)$$

这就是系统的两个固有频率。把 $\omega_{1,2}$ 分别代入式(2.2.14)的第一式得

$$\frac{A_1^{(1)}}{A_2^{(1)}} = \frac{\gamma_{12}M_2\omega_1^2}{1 - \gamma_{11}M_1\omega_1^2}, \quad \frac{A_1^{(2)}}{A_2^{(2)}} = \frac{\gamma_{12}M_2\omega_2^2}{1 - \gamma_{11}M_1\omega_2^2} \quad (2.2.18)$$

该式表示了主振型的特点。

设 $M_1 = M_2 = M, l_1 = l_2 = l/3$,简支梁的弯曲刚度 $EI = $ 常数,由材料力学知识可计算出:

$$\gamma_{11} = \gamma_{22} = \frac{4}{243}\frac{l^3}{EI}, \quad \gamma_{12} = \gamma_{21} = \frac{7}{486}\frac{l^3}{EI}$$

把它们代入式(2.2.17)、式(2.2.18)得:

$$\omega_1 = 5.69\sqrt{\frac{EI}{Ml^3}}, \quad \omega_2 = 22\sqrt{\frac{EI}{Ml^3}}$$

$$\frac{A_1^{(1)}}{A_2^{(1)}} = 1, \quad \frac{A_1^{(2)}}{A_2^{(2)}} = -1$$

式中:正值表示同相(同侧)振动;负值表示反相(异侧)振动。两个固有振型如图 2.2.4 所示(注意每种振型实际上都有两种画法,如同相振型可画在轴线的下面,也可画在轴线的上面)。如设 $A_2^{(1)} = 1$、$A_2^{(2)} = 1$,则第一阶主振型向量可表示为 $\boldsymbol{\varphi}^{(1)} = [1 \quad 1]^T$,第二阶主振型向量可表示为 $\boldsymbol{\varphi}^{(2)} = [-1 \quad 1]^T$。

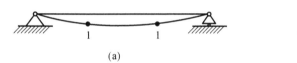

图 2.2.4 固有振型

例 2.2.2 求图 2.2.5(a)所示系统的固有频率。

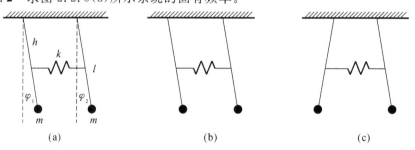

图 2.2.5 二自由度系统及其两个固有振型

解 取角坐标 φ_1、φ_2 为广义坐标,将 $\varphi_1 = \pi/2$ 时质点的势能设为零,则系统的机械能包括系统动能:

$$T = \frac{1}{2}m(l\dot{\varphi}_1)^2 + \frac{1}{2}m(l\dot{\varphi}_2)^2$$

系统势能:

$$V = \frac{1}{2}k(\varphi_2 h - \varphi_1 h)^2 - mgl\cos\varphi_1 - mgl\cos\varphi_2$$

利用拉格朗日方程法建立运动方程组,将以上两式代入拉格朗日方程:

$$\frac{d}{dt}\left(\frac{\partial T}{\partial \dot{q}_i}\right) - \frac{\partial T}{\partial q_i} + \frac{\partial V}{\partial q_i} = Q_i, \quad i = 1, 2$$

得到

$$\begin{cases} ml^2\ddot{\varphi}_1 + mgl\varphi_1 + kh^2(\varphi_1 - \varphi_2) = 0 \\ ml^2\ddot{\varphi}_2 + mgl\varphi_2 + kh^2(\varphi_2 - \varphi_1) = 0 \end{cases} \quad (2.2.19)$$

记 $a = \dfrac{g}{l} + \dfrac{kh^2}{ml^2}$，$b = \dfrac{kh^2}{ml^2}$，则式(2.2.19)可化为

$$\begin{cases} \ddot{\varphi}_1 + a\varphi_1 - b\varphi_2 = 0 \\ \ddot{\varphi}_2 + a\varphi_2 - b\varphi_1 = 0 \end{cases} \quad (2.2.20)$$

取齐次解为

$$\begin{cases} \varphi_1 = A_1 \sin(\omega t + \theta) \\ \varphi_2 = A_2 \sin(\omega t + \theta) \end{cases} \quad (2.2.21)$$

代入式(2.2.20)得

$$\begin{cases} (a - \omega^2)A_1 - bA_2 = 0 \\ (a - \omega^2)A_2 - bA_1 = 0 \end{cases} \quad (2.2.22)$$

由系数行列式为零可解出 $\omega_{1,2}^2 = a \mp b$，即

$$\omega_1^2 = \frac{g}{l}, \quad \omega_2^2 = \frac{g}{l} + 2\frac{kh^2}{ml^2}$$

把 $\omega_{1,2}$ 代入式(2.2.22)的任一个方程可得固有振型为

$$\frac{A_1^{(1)}}{A_2^{(1)}} = 1, \quad \frac{A_1^{(2)}}{A_2^{(2)}} = -1$$

分别表示同相振动、反相振动。两个固有振型如图 2.2.5(b)、(c)所示。

2. n 自由度系统

任意一个 n 自由度系统的无阻尼自由振动微分方程组都具有如下形式：

$$\boldsymbol{M}\ddot{\boldsymbol{q}} + \boldsymbol{K}\boldsymbol{q} = 0 \quad (2.2.23)$$

方程组中有 n 个联立的线性微分方程，其中 $\boldsymbol{M}$ 和 $\boldsymbol{K}$ 是 $n \times n$ 阶对称矩阵，$\boldsymbol{q}$ 是 n 个广义坐标的 n 维列向量(实际上是向量的坐标表达式)：

$$\boldsymbol{q} = \begin{bmatrix} q_1 \\ q_2 \\ \vdots \\ q_n \end{bmatrix}$$

寻求如下形式的齐次解：

$$\boldsymbol{q} = \boldsymbol{\varphi}\sin(\omega t + \theta) \quad (2.2.24)$$

其中 $\boldsymbol{\varphi}$ 也是 n 维列向量，$\boldsymbol{\varphi} = [\varphi_1 \quad \varphi_2 \quad \cdots \quad \varphi_n]^{\mathrm{T}}$。把式(2.2.24)代入式(2.2.23)，得到：

$$(\boldsymbol{K} - \omega^2\boldsymbol{M})\boldsymbol{\varphi} = 0 \quad (2.2.25)$$

这是关于 $\varphi_i(i=1,2,\cdots,n)$ 的线性齐次代数方程组，令其系数行列式为零即得频率方程：

$$|\boldsymbol{K} - \omega^2\boldsymbol{M}| = 0 \quad (2.2.26)$$

这是一个关于 ω^2 的 n 阶代数方程，可解出 n 个固有频率的平方：

$$0 \leqslant \omega_1^2 \leqslant \omega_2^2 \cdots \leqslant \omega_n^2$$

即 n 个自由度振动系统就有对应的 n 个固有频率。把 $\omega_r(r=1,2,\cdots,n)$ 代入式(2.2.25)，得

$$(\boldsymbol{K} - \omega_r^2 \boldsymbol{M})\boldsymbol{\varphi}^{(r)} = 0 \qquad (2.2.27)$$

由于其系数行列式为零,这 n 个线性方程不是独立的,可随意去掉其中的一个方程,例如去掉第 n 个方程,得到有 n 个未知量 $\varphi_i^{(r)}$ 的 $n-1$ 个线性齐次方程。可取任一个未知量为自由未知量,例如取 $\varphi_n^{(r)}$ 为自由未知量,$\varphi_n^{(r)}$ 为第 r 主振型中的第 n 个广义坐标的值,把它移到方程右边,得到

$$\left[\begin{bmatrix} k_{1,1} & \cdots & k_{1,n-1} \\ k_{2,1} & & k_{2,n-1} \\ \vdots & & \vdots \\ k_{n-1,1} & \cdots & k_{n-1,n-1} \end{bmatrix} - \omega_r^2 \begin{bmatrix} m_{1,1} & \cdots & m_{1,n-1} \\ m_{2,1} & & m_{2,n-1} \\ \vdots & & \vdots \\ m_{n-1,1} & \cdots & m_{n-1,n-1} \end{bmatrix}\right] \begin{bmatrix} \varphi_1^{(r)} \\ \varphi_2^{r} \\ \vdots \\ \varphi_{n-1}^{(r)} \end{bmatrix} = -\begin{bmatrix} (k_{1,n} - \omega_r^2 m_{1,n})\varphi_n^{(r)} \\ (k_{2,n} - \omega_r^2 m_{2,n})\varphi_n^{(r)} \\ \vdots \\ (k_{n-1,n} - \omega_r^2 m_{n-1,n})\varphi_n^{(r)} \end{bmatrix}$$

由此式可解出

$$\begin{cases} \varphi_1^{(r)} = \rho_1^{(r)} \varphi_n^{(r)} \\ \varphi_2^{(r)} = \rho_2^{(r)} \varphi_n^{(r)} \\ \vdots \\ \varphi_{n-1}^{(r)} = \rho_{n-1}^{(r)} \varphi_n^{(r)} \end{cases} \qquad (2.2.28)$$

这样就得到了一组比值:

$$\frac{\varphi_1^{(r)}}{\varphi_n^{(r)}} = \rho_1^{(r)}, \quad \cdots, \quad \frac{\varphi_{n-1}^{(r)}}{\varphi_n^{(r)}} = \rho_{n-1}^{(r)} \qquad (2.2.29)$$

共可决定 n 个固有振型:

$$\boldsymbol{\varphi}^{(r)} = \begin{bmatrix} \varphi_1^{(r)} & \varphi_2^{(r)} & \cdots & \varphi_n^{(r)} \end{bmatrix}^{\mathrm{T}}, \quad r = 1, 2, \cdots, n$$

因为 $\varphi_n^{(r)}$ 是自由未知量,其值可任意给定(但不应等于零),所以若 $\boldsymbol{\varphi}^{(r)}$ 是第 r 个固有振型,则 $p_r \boldsymbol{\varphi}^{(r)}$ 也是第 r 个固有振型,p_r 是任意的非零常数。通常把固有频率按从小到大的次序排列,称为第一、第二、…、第 n 阶固有频率,相应的固有振型则称为第一、第二、…、第 n 阶固有振型。

2.3 固有频率与固有振型特性

1. 瑞利法

为方便推导,下文用 $\boldsymbol{\varphi}_r$ 表示 $\boldsymbol{\varphi}^{(r)}$。设 n 自由度系统按固有振型 $\boldsymbol{\varphi}_r$、固有频率 ω_r 做主振动,则

$$\boldsymbol{q} = \boldsymbol{\varphi}_r \sin(\omega_r t + \theta_r) \qquad (2.3.1)$$

当各广义坐标同时达到最大值 $\boldsymbol{\varphi}_r$ 时,势能达最大值:

$$V_{\max} = \frac{1}{2} \boldsymbol{\varphi}_r^{\mathrm{T}} \boldsymbol{K} \boldsymbol{\varphi}_r \qquad (2.3.2)$$

当各广义速度 $\dot{\boldsymbol{q}}$ 同时达到最大值 $\boldsymbol{\varphi}_r \omega_r$ 时,动能达到最大值。理论力学中已证明动能为 $T = \frac{1}{2} \dot{\boldsymbol{q}}^{\mathrm{T}} \boldsymbol{M} \dot{\boldsymbol{q}}$,因此最大动能为

$$T_{\max} = \frac{1}{2} \omega_r^2 \boldsymbol{\varphi}_r^{\mathrm{T}} \boldsymbol{M} \boldsymbol{\varphi}_r \qquad (2.3.3)$$

此时机械能守恒:

$$V_{\max} = T_{\max} \qquad (2.3.4)$$

将式(2.3.2)和式(2.3.3)代入式(2.3.4),有

$$\omega_r^2 = \frac{\boldsymbol{\varphi}_r^{\mathrm{T}} \boldsymbol{K} \boldsymbol{\varphi}_r}{\boldsymbol{\varphi}_r^{\mathrm{T}} \boldsymbol{M} \boldsymbol{\varphi}_r} \qquad (2.3.5)$$

一般而言,$\boldsymbol{\varphi}_r$ 的准确值不易得到,如果我们假定系统的固有振型近似值为 $\boldsymbol{\psi}$,将其代入式

(2.3.5),则得到近似的固有频率的平方:

$$R = \frac{\boldsymbol{\psi}^{\mathrm{T}} \boldsymbol{K} \boldsymbol{\psi}}{\boldsymbol{\psi}^{\mathrm{T}} \boldsymbol{M} \boldsymbol{\psi}} \tag{2.3.6}$$

此式称为瑞利商式。显然瑞利商式的值 R 是位移向量 $\boldsymbol{\psi}$ 的函数。对于瑞利商式,有下列结论:

(1) 固有频率是瑞利商式的驻值。
(2) 在一切可能的 $\boldsymbol{\psi}$ 中,第一阶固有振型 $\boldsymbol{\varphi}_1$ 使 R 达到极小值。
(3) 在一切可能的 $\boldsymbol{\psi}$ 中,第 n 阶固有振型 $\boldsymbol{\varphi}_n$ 使 R 达到极大值。

相对而言,实践中比较容易给出近似的第一阶固有振型,所以常用式(2.3.6)计算近似的第一阶固有频率。此方法称为瑞利法。瑞利法算出的固有频率总是大于真实的第一阶固有频率,同时小于系统的最高固有频率。

2. 约束定理

n 自由度系统有 n 个固有频率,从小到大排列为 $\omega_1, \omega_2, \cdots, \omega_n$。在此系统上加一约束,变成 $n-1$ 自由度系统,则有 $n-1$ 个固有频率,从小到大排列为 $\omega'_1, \omega'_2, \cdots, \omega'_{n-1}$。可以证明:

$$\omega_i \leqslant \omega'_i \leqslant \omega_{i+1} \tag{2.3.7}$$

即加约束会使系统的固有频率提高。约束系统的第 i 阶固有频率大于或等于原系统的第 i 阶固有频率,但小于或等于原系统的第 $i+1$ 阶固有频率。

3. 刚体模态

一般而言,n 自由度振动系统的 n 个固有频率是正实数,且互不相等。在特殊情况下,有可能等于零,也可能有两个或两个以上的频率相等。

例 2.3.1 带两个刚性圆盘的弹性轴如图 2.3.1 所示,分析该二自由度系统的固有频率。

解 取圆盘绕轴线的转角 φ_1、φ_2 为广义坐标,则轴的相对扭转角为 $(\varphi_2 - \varphi_1)$。记轴的扭转刚度为 K_t,圆盘的转动惯量分别为 I_1、I_2,则运动微分方程组为

$$\begin{cases} I_1 \ddot{\varphi}_1 - K_t (\varphi_2 - \varphi_1) = 0 \\ I_2 \ddot{\varphi}_2 + K_t (\varphi_2 - \varphi_1) = 0 \end{cases} \tag{a}$$

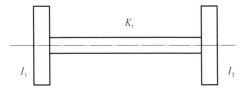

图 2.3.1 具有刚体位移的系统

假设齐次解为

$$\begin{cases} \varphi_1 = A_1 \sin(\omega t + \theta) \\ \varphi_2 = A_2 \sin(\omega t + \theta) \end{cases} \tag{b}$$

将式(b)代入式(a)得:

$$\left[\begin{bmatrix} K_t & -K_t \\ -K_t & K_t \end{bmatrix} - \omega^2 \begin{bmatrix} I_1 & 0 \\ 0 & I_2 \end{bmatrix} \right] \begin{bmatrix} A_1 \\ A_2 \end{bmatrix} = \begin{bmatrix} 0 \\ 0 \end{bmatrix} \tag{c}$$

由系数行列式等于零解得固有频率为

$$\omega_1^2 = 0; \quad \omega_2^2 = \frac{(I_1 + I_2) K_t}{I_1 I_2} \tag{d}$$

可见,第一阶固有频率为零,其原因是系统受到的约束不足,存在着绕轴转动的刚体位移。把 $\omega_1^2 = 0$ 代入式(c)的第一式得 $A_1 = A_2$,表明第一阶固有振型为两个圆盘转动相同的角度,这是一个刚体转动,系统没有弹性变形,势能为零,因而频率也为零。

一般来说,特征方程(2.2.26)的 n 个根,可以是单根或复根,也可以是实根或重根。但是,当系统的质量矩阵为正定(此处矩阵 $\boldsymbol{M}$ 正定的含义为:设 $\boldsymbol{M}$ 是 n 阶方阵,如果对任何非零向

量 $\boldsymbol{Z}$,都有 $\boldsymbol{Z}^T\boldsymbol{M}\boldsymbol{Z}>0$,其中 $\boldsymbol{Z}^T$ 表示 $\boldsymbol{Z}$ 的转置,就称 $\boldsymbol{M}$ 为正定矩阵。)实对称矩阵,刚度矩阵为正定或半正定实对称矩阵时,根据线性代数理论,方程对应的特征值都是实数,为正数或 0。其中,只有半正定系统(在物理上为可能发生刚体运动的振动系统)才有特征值 0。

4. 固有振型的正交性

设 ω_r、$\boldsymbol{\varphi}_r$ 是第 r 阶固有频率和相应的固有振型,ω_s、$\boldsymbol{\varphi}_s$ 是第 s 阶固有频率和相应的固有振型,则它们分别满足式(2.2.25),即

$$(\boldsymbol{K} - \omega_r^2 \boldsymbol{M})\boldsymbol{\varphi}_r = 0 \tag{2.3.8}$$

$$(\boldsymbol{K} - \omega_s^2 \boldsymbol{M})\boldsymbol{\varphi}_s = 0 \tag{2.3.9}$$

式(2.3.8)左乘 $\boldsymbol{\varphi}_s^T$,式(2.3.9)左乘 $\boldsymbol{\varphi}_r^T$,然后两式相减得

$$\boldsymbol{\varphi}_s^T \boldsymbol{K} \boldsymbol{\varphi}_r - \boldsymbol{\varphi}_r^T \boldsymbol{K} \boldsymbol{\varphi}_s - \omega_r^2 \boldsymbol{\varphi}_s^T \boldsymbol{M} \boldsymbol{\varphi}_r + \omega_s^2 \boldsymbol{\varphi}_r^T \boldsymbol{M} \boldsymbol{\varphi}_s = 0 \tag{2.3.10}$$

由于 $\boldsymbol{K}$ 和 $\boldsymbol{M}$ 都是对称矩阵,故:

$$\begin{cases} \boldsymbol{\varphi}_s^T \boldsymbol{K} \boldsymbol{\varphi}_r = \boldsymbol{\varphi}_r^T \boldsymbol{K} \boldsymbol{\varphi}_s \\ \boldsymbol{\varphi}_s^T \boldsymbol{M} \boldsymbol{\varphi}_r = \boldsymbol{\varphi}_r^T \boldsymbol{M} \boldsymbol{\varphi}_s \end{cases} \tag{2.3.11}$$

故式(2.3.10)可简化为

$$(\omega_s^2 - \omega_r^2) \boldsymbol{\varphi}_s^T \boldsymbol{M} \boldsymbol{\varphi}_r = 0 \tag{2.3.12}$$

因此:

$$\begin{cases} \boldsymbol{\varphi}_s^T \boldsymbol{M} \boldsymbol{\varphi}_r = 0 & s \neq r \\ \boldsymbol{\varphi}_r^T \boldsymbol{M} \boldsymbol{\varphi}_r > 0 & s = r \end{cases} \tag{2.3.13}$$

式中:$\boldsymbol{\varphi}_r^T \boldsymbol{M} \boldsymbol{\varphi}_r > 0$ 是因为系统以第 r 阶振型做主振动时的最大动能为 $\omega_r^2 \boldsymbol{\varphi}_r^T \boldsymbol{M} \boldsymbol{\varphi}_r /2$,它是大于零的。令 $\boldsymbol{\varphi}_r^T \boldsymbol{M} \boldsymbol{\varphi}_r = M_r$。

由于固有振型只确定了各点振幅之间的比例关系,而其大小并未确定下来,为了把固有振型完全确定下来,可以人为地给定一个附加条件,例如令 $\boldsymbol{\varphi}_r^T \boldsymbol{M} \boldsymbol{\varphi}_r = 1$,这样振型的大小就完全确定了。这样的振型称为对质量归一化的固有振型(也可对刚度归一化),也叫正则振型。

式(2.3.9)左乘 $\boldsymbol{\varphi}_r^T$ 得

$$\boldsymbol{\varphi}_r^T \boldsymbol{K} \boldsymbol{\varphi}_s = \omega_s^2 \boldsymbol{\varphi}_r^T \boldsymbol{M} \boldsymbol{\varphi}_s \tag{2.3.14}$$

由式(2.3.13)可得:

$$\begin{cases} \boldsymbol{\varphi}_r^T \boldsymbol{K} \boldsymbol{\varphi}_s = 0 & s \neq r \\ \boldsymbol{\varphi}_r^T \boldsymbol{K} \boldsymbol{\varphi}_r > 0 & s = r \end{cases} \tag{2.3.15}$$

令 $\boldsymbol{\varphi}_r^T \boldsymbol{K} \boldsymbol{\varphi}_r = K_r$。$M_r$ 和 K_r 分别为第 r 主振动的模态质量和模态刚度。式(2.3.13)和式(2.3.15)分别表示固有振型对质量矩阵和刚度矩阵的正交性(也称为加权正交性)。如 $\boldsymbol{\varphi}_r$ 是正则振型,则式(2.3.5)中的分母为 1,$\boldsymbol{\varphi}_r^T \boldsymbol{K} \boldsymbol{\varphi}_r = \omega_r^2$。

n 自由度系统的 n 个固有振型 $\boldsymbol{\varphi}_r (r=1,2,\cdots,n)$ 组成一个固有振型矩阵,称为模态矩阵 $\boldsymbol{\Phi} = [\boldsymbol{\varphi}_1 \quad \boldsymbol{\varphi}_2 \quad \cdots \quad \boldsymbol{\varphi}_n]$。由正交关系有

$$\begin{cases} \boldsymbol{\Phi}^T \boldsymbol{K} \boldsymbol{\Phi} = \mathrm{diag}(K_r) \\ \boldsymbol{\Phi}^T \boldsymbol{M} \boldsymbol{\Phi} = \mathrm{diag}(M_r) \end{cases} \tag{2.3.16}$$

第一式表示对角元素为 $K_r(r=1,2,\cdots,n)$ 而其他元素为 0 的矩阵,第二式表示对角元素为 $M_r(r=1,2,\cdots,n)$ 而其他元素为 0 的矩阵。

例 2.3.2 设在光滑水平面上有质点 m,分别有三个刚度均为 k 的弹簧连结于三个固定点,如图 2.3.2 所示,静平衡时各弹簧无势能,试考察系统的主振动。

解 以质点平衡位置为原点,取图 2.3.2 所示平面坐标系 x_1、x_2。首先令 $x_2=0$,此时 x_2 方向的弹簧不提供水平弹性力,x_1 方向的弹簧提供的水平弹性力为

$$F_1 = kx_1$$

斜置弹簧的变形如图 2.3.3 所示。由于是小幅振动,可近似认为 $\angle ABC=45°$。设 $\overline{AB}=x_1$,则斜置弹簧的变形近似为 $\overline{CB}=\overline{AB}\cdot\cos 45°=x_1\cdot\cos 45°$,水平变形为 $\overline{DB}\approx\overline{CB}\cdot\cos 45°$,其提供的水平弹性力为

$$F_2 = k\cdot\overline{DB} = (kx_1\cos 45°)\cos 45° = kx_1/2$$

然后令 $x_1=0$,同样分析可得此时只有斜置弹簧提供水平弹性力:

$$F_3 = kx_2/2$$

则质点在 x_1 方向的自由振动方程为

$$m\ddot{x}_1 + F_1 + F_2 + F_3 = 0$$

即

$$m\ddot{x}_1 + \frac{k}{2}(3x_1 + x_2) = 0$$

同理可得质点在 x_2 方向的自由振动方程为

$$m\ddot{x}_2 + \frac{k}{2}(x_1 + 3x_2) = 0$$

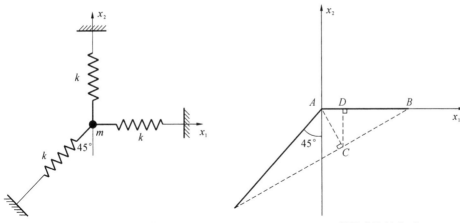

图 2.3.2 平面振动模型　　　　图 2.3.3 斜置弹簧的变形

系统运动微分方程写成矩阵形式为

$$m\begin{bmatrix} 1 & 0 \\ 0 & 1 \end{bmatrix}\begin{bmatrix} \ddot{x}_1 \\ \ddot{x}_2 \end{bmatrix} + \frac{k}{2}\begin{bmatrix} 3 & 1 \\ 1 & 3 \end{bmatrix}\begin{bmatrix} x_1 \\ x_2 \end{bmatrix} = \begin{bmatrix} 0 \\ 0 \end{bmatrix}$$

按照式(2.2.26),相应的特征方程为

$$\begin{vmatrix} \frac{3}{2}k - m\omega^2 & \frac{1}{2}k \\ \frac{1}{2}k & \frac{3}{2}k - m\omega^2 \end{vmatrix} = 0$$

系统的两个固有频率分别为

$$\omega_1^2 = \frac{k}{m}; \quad \omega_2^2 = \frac{2k}{m}$$

相应的两个主振型为

$$A^{(1)} = \begin{bmatrix} 1 \\ -1 \end{bmatrix}; \quad A^{(2)} = \begin{bmatrix} 1 \\ 1 \end{bmatrix}$$

由此可见,系统的第一主振型始终沿着直线 $x_1+x_2=0$ 运动,系统的第二主振型始终沿着 $x_1-x_2=0$ 运动,故在 x_1-x_2 二维空间,主振型矢量是相互正交的。

此例说明了如果动力系统中只包含一个质点,则其有可能是单自由度系统,也可能是多自由度系统。

5. 振型叠加法

n 自由度系统有 n 个固有振型 $\boldsymbol{\varphi}_r(r=1,2,\cdots,n)$,每个固有振型可表示为一个有 n 个元素的向量。由固有振型的正交性可以推断,各个固有振型都是互相独立即线性无关的。从线性代数的分析可知,任意振型是 n 维向量空间的一个向量,而 n 个固有振型是该空间中的一组基,任一振型可由固有振型叠加得到。对于 n 自由度系统,任何一个 n 维向量 $\boldsymbol{q}$(振型)都可按固有振型展开成和式:

$$\boldsymbol{q} = \sum_{i=1}^{n} \boldsymbol{\varphi}_i p_i = \boldsymbol{\Phi} \boldsymbol{p} \tag{2.3.17}$$

此式也可看作坐标变换式,它把 n 自由度系统中原有的广义坐标(物理坐标)$q_1,q_2,\cdots,q_n$ 变换成新的广义坐标 $p_1,p_2,\cdots,p_n$,也称为主坐标(或称为模态坐标、在固有振型上的投影坐标)。从原来的坐标系变换到主坐标系的一个最大好处是可以使原有的 n 个耦合的振动方程(每个方程含有 $q_1,q_2,\cdots,q_n$ 这 n 个未知数)解耦成 n 个独立的单自由度方程(每个方程仅有 p_i 这一个未知数)。这样就可以单独在各个主坐标系下求解系统的自由振动响应(或强迫振动响应),然后再将在主坐标系中得到的解通过坐标变换变回到原坐标系中。这种方法称为振型叠加法(模态叠加法)。

假定多自由度系统的无阻尼运动微分方程组为(每个方程含有 n 个未知数)

$$\boldsymbol{M}\ddot{\boldsymbol{q}} + \boldsymbol{K}\boldsymbol{q} = \boldsymbol{f} \tag{2.3.18}$$

作坐标变换 $\boldsymbol{q}=\boldsymbol{\Phi}\boldsymbol{p}$,代入式(2.3.18)有

$$\boldsymbol{M}\boldsymbol{\Phi}\ddot{\boldsymbol{p}} + \boldsymbol{K}\boldsymbol{\Phi}\boldsymbol{p} = \boldsymbol{f} \tag{2.3.19}$$

上式左乘 $\boldsymbol{\Phi}^\mathrm{T}$,得

$$\boldsymbol{\Phi}^\mathrm{T} \boldsymbol{M}\boldsymbol{\Phi}\ddot{\boldsymbol{p}} + \boldsymbol{\Phi}^\mathrm{T}\boldsymbol{K}\boldsymbol{\Phi}\boldsymbol{p} = \boldsymbol{\Phi}^\mathrm{T} \boldsymbol{f} \tag{2.3.20}$$

由式(2.3.16)得

$$\begin{bmatrix} M_1 & & 0 \\ & \ddots & \\ 0 & & M_n \end{bmatrix} \begin{bmatrix} \ddot{p}_1 \\ \ddot{p}_2 \\ \vdots \\ \ddot{p}_n \end{bmatrix} + \begin{bmatrix} K_1 & & 0 \\ & \ddots & \\ 0 & & K_n \end{bmatrix} \begin{bmatrix} p_1 \\ p_2 \\ \vdots \\ p_n \end{bmatrix} = \begin{bmatrix} \boldsymbol{\varphi}_1^\mathrm{T} \\ \boldsymbol{\varphi}_2^\mathrm{T} \\ \vdots \\ \boldsymbol{\varphi}_n^\mathrm{T} \end{bmatrix} \boldsymbol{f} \tag{2.3.21}$$

展开来就是:

$$\begin{cases} M_1\ddot{p}_1 + K_1 p_1 = \boldsymbol{\varphi}_1^\mathrm{T} \boldsymbol{f} = \sum_{i=1}^{n} \varphi_i^{(1)} f_i \\ M_2\ddot{p}_2 + K_2 p_2 = \boldsymbol{\varphi}_2^\mathrm{T} \boldsymbol{f} = \sum_{i=1}^{n} \varphi_i^{(2)} f_i \\ \vdots \\ M_n\ddot{p}_n + K_n p_n = \boldsymbol{\varphi}_n^\mathrm{T} \boldsymbol{f} = \sum_{i=1}^{n} \varphi_i^{(n)} f_i \end{cases} \tag{2.3.22}$$

在主坐标中,n 自由度的振动方程就变成 n 个独立的单自由度方程了,于是可用求解单自由度系统的方法求解,解出 $p_i(i=1,2,\cdots,n)$ 后,代回式(2.3.17)中,即得到在原有的广义坐标中的解。

模态叠加法的实质是一种坐标变换,其目的在于把原来在物理坐标系中描述的响应向量,转换到模态坐标系中来描述。模态坐标系中每一个基向量就是振动系统中的一个特征向量,利用各特征向量之间的正交特性,可使描述响应向量的各个坐标互相独立而无耦合。换句话说,在模态坐标系中,振动方程是一组互无耦合的方程,每一个坐标均可独立求解。

由物理模型到模态模型的转换,是式(2.3.18)解耦的数学变换过程。从物理意义上认识,这是一种将力的平衡方程变换为能量平衡方程的过程。式(2.3.18)是根据牛顿第二定律和胡克定律建立的,其质量矩阵、刚度矩阵一般有一个,或两个都是非对角阵,使动力方程不能解耦。而在模态坐标系中,模态坐标 p_i 代表在位移向量中第 i 阶模态振型所作的贡献,方程(2.3.22)实质上是能量平衡方程,任何一阶固有振型的存在,并不依赖其他固有振型是否同时存在。这就是模态坐标得以解耦的原因,位移响应向量是各阶模态贡献叠加的结果,但不是模态耦合的结果,因为模态间是不耦合的。

2.4 由初始条件确定自由振动的解

设 n 自由度系统的初始条件为

$$\boldsymbol{q}(0) = \begin{bmatrix} q_{10} & q_{20} & \cdots & q_{n0} \end{bmatrix}^\mathrm{T} \tag{2.4.1}$$

$$\dot{\boldsymbol{q}}(0) = \begin{bmatrix} \dot{q}_{10} & \dot{q}_{20} & \cdots & \dot{q}_{n0} \end{bmatrix}^\mathrm{T} \tag{2.4.2}$$

n 自由度系统的自由振动方程为

$$\boldsymbol{M}\ddot{\boldsymbol{q}} + \boldsymbol{K}\boldsymbol{q} = 0 \tag{2.4.3}$$

若已解出其固有频率和固有振型,则可以利用模态矩阵把式(2.4.3)变换成主坐标形式,得到 n 个单自由度方程:

$$\begin{cases} M_1 \ddot{p}_1 + K_1 p_1 = 0 \\ M_2 \ddot{p}_2 + K_2 p_2 = 0 \\ \quad\vdots \\ M_n \ddot{p}_n + K_n p_n = 0 \end{cases} \tag{2.4.4}$$

初始条件也可按主振型分解为

$$\begin{cases} \boldsymbol{q}(0) = \sum_{i=1}^n \boldsymbol{\varphi}_i p_i(0) \\ \dot{\boldsymbol{q}}(0) = \sum_{i=1}^n \boldsymbol{\varphi}_i \dot{p}_i(0) \end{cases} \tag{2.4.5}$$

左乘 $\boldsymbol{\varphi}_r^\mathrm{T} \boldsymbol{M}$ 并利用正交性得

$$\begin{cases} p_r(0) = \dfrac{\boldsymbol{\varphi}_r^\mathrm{T} \boldsymbol{M} \boldsymbol{q}(0)}{\boldsymbol{\varphi}_r^\mathrm{T} \boldsymbol{M} \boldsymbol{\varphi}_r} \\ \dot{p}_r(0) = \dfrac{\boldsymbol{\varphi}_r^\mathrm{T} \boldsymbol{M} \dot{\boldsymbol{q}}(0)}{\boldsymbol{\varphi}_r^\mathrm{T} \boldsymbol{M} \boldsymbol{\varphi}_r} \end{cases}, \quad r = 1, 2, \cdots, n \tag{2.4.6}$$

由 n 个单自由度振动方程(2.4.4)及初始条件式(2.4.6)可解出主坐标系下的响应为

$$p_r(t) = p_r(0)\cos\omega_r t + \frac{\dot{p}_r(0)}{\omega_r}\sin\omega_r t \tag{2.4.7}$$

代入变换式 $q = \sum_{i=1}^{n}\boldsymbol{\varphi}_i p_i$，得

$$\boldsymbol{q}(t) = \sum_{i=1}^{n}\boldsymbol{\varphi}_i\left[p_i(0)\cos\omega_i t + \frac{\dot{p}_i(0)}{\omega_i}\sin\omega_i t\right] \tag{2.4.8}$$

例 2.4.1 研究例 2.2.1 的二自由度系统。前面已解出其质量矩阵 $\boldsymbol{M}$ 及两个固有频率和固有振型为

$$\boldsymbol{M} = \begin{bmatrix} M & 0 \\ 0 & M \end{bmatrix}$$

$$\omega_1 = 5.69\sqrt{\frac{EI}{Ml^3}}; \quad \omega_2 = 22\sqrt{\frac{EI}{Ml^3}}$$

$$\frac{A_1^{(1)}}{A_2^{(1)}} = 1; \quad \frac{A_1^{(2)}}{A_2^{(2)}} = -1$$

从上面的分析可知，固有振型对振幅的大小是没有限制的，当取两个振型为如下形式时可得到相应的模态质量：

$$\boldsymbol{\varphi}_1 = \begin{bmatrix} 1 \\ 1 \end{bmatrix}; \quad \boldsymbol{\varphi}_2 = \begin{bmatrix} 1 \\ -1 \end{bmatrix}$$

$$\boldsymbol{\varphi}_1^\mathrm{T}\boldsymbol{M}\boldsymbol{\varphi}_1 = 2M; \quad \boldsymbol{\varphi}_2^\mathrm{T}\boldsymbol{M}\boldsymbol{\varphi}_2 = 2M$$

将 $t=0$ 时的初始条件设为

$$\boldsymbol{q}(0) = \begin{bmatrix} 1 \\ 0 \end{bmatrix}; \quad \dot{\boldsymbol{q}}(0) = \begin{bmatrix} 1 \\ 1 \end{bmatrix}$$

则由式(2.4.6)得到：

$$p_1(0) = \begin{bmatrix} 1 & 1 \end{bmatrix}\begin{bmatrix} M & 0 \\ 0 & M \end{bmatrix}\begin{bmatrix} 1 \\ 0 \end{bmatrix}/(2M) = \frac{1}{2}$$

$$p_2(0) = \begin{bmatrix} 1 & -1 \end{bmatrix}\begin{bmatrix} M & 0 \\ 0 & M \end{bmatrix}\begin{bmatrix} 1 \\ 0 \end{bmatrix}/(2M) = \frac{1}{2}$$

$$\dot{p}_1(0) = \begin{bmatrix} 1 & 1 \end{bmatrix}\begin{bmatrix} M & 0 \\ 0 & M \end{bmatrix}\begin{bmatrix} 1 \\ 1 \end{bmatrix}/(2M) = 1$$

$$\dot{p}_2(0) = \begin{bmatrix} 1 & -1 \end{bmatrix}\begin{bmatrix} M & 0 \\ 0 & M \end{bmatrix}\begin{bmatrix} 1 \\ 1 \end{bmatrix}/(2M) = 0$$

由式(2.4.8)得：

$$\begin{bmatrix} q_1 \\ q_2 \end{bmatrix} = \begin{bmatrix} 1 \\ 1 \end{bmatrix}\left(\frac{1}{2}\cos\omega_1 t + \frac{1}{\omega_1}\sin\omega_1 t\right) + \begin{bmatrix} 1 \\ -1 \end{bmatrix}\frac{1}{2}\cos\omega_2 t$$

例 2.4.2 若要使 N 自由度无阻尼系统仅产生第 $m(1\leqslant m\leqslant N)$ 主振动(自由振动)，则应该给出什么样的初始条件？试给出表达式。

解 假定系统的模态矩阵为 $\boldsymbol{\Phi}$，则系统的响应 $\boldsymbol{u}(t)$ 可以表示为

$$\boldsymbol{u}(t) = \boldsymbol{\Phi}\boldsymbol{\eta}(t) = \sum_{r=1}^{N}\boldsymbol{\varphi}_r\eta_r(t)$$

其中第 r 阶主振动 $\eta_r(t)$ 为

$$\eta_r(t) = \eta_r(0)\cos\omega_r t + \frac{\dot{\eta}_r(0)}{\omega_r}\sin\omega_r t$$

不失一般性,假设 $M_r=1$,据式(2.4.6)可得到第 r 阶主振动下的初始条件为

$$\eta_r(0) = \boldsymbol{\varphi}_r^{\mathrm{T}}\boldsymbol{M}\boldsymbol{u}(0)$$

$$\dot{\eta}_r(0) = \boldsymbol{\varphi}_r^{\mathrm{T}}\boldsymbol{M}\dot{\boldsymbol{u}}(0)$$

对自由振动而言,如果初始条件(位移和速度)都为零,则没有运动。因此如果系统只存在第 m 阶主振动,根据以上公式可以发现,仅当 $r=m$ 时,主振动下的初始条件不全为零,而其他阶振动($r\neq m$)的初始条件均为零。也就是说,系统给出的初始条件 $\boldsymbol{u}(0)$、$\dot{\boldsymbol{u}}(0)$ 应该满足以下等式:

$$\begin{cases} \eta_r(0) = \boldsymbol{\varphi}_r^{\mathrm{T}}\boldsymbol{M}\boldsymbol{u}(0) = 0 \\ \dot{\eta}_r(0) = \boldsymbol{\varphi}_r^{\mathrm{T}}\boldsymbol{M}\dot{\boldsymbol{u}}(0) = 0 \end{cases}, \quad r \neq m$$

同时,当 $r=m$ 时,$\eta_m(0)$ 和 $\dot{\eta}_m(0)$ 不能同时为零。上式意味着给出的初始条件必须和所有的第 $r(r\neq m)$ 阶振型正交。根据振型正交性,可知初始条件 $\boldsymbol{u}(0)$、$\dot{\boldsymbol{u}}(0)$ 必须和第 m 阶振型成正比,才可能满足如上条件,即

$$\begin{cases} \boldsymbol{u}(0) = a\boldsymbol{\varphi}_m \\ \dot{\boldsymbol{u}}(0) = b\boldsymbol{\varphi}_m \end{cases}$$

其中:a、b 为任意的常数,但不同时为零。

也可从能量叠加观点来理解和认识。系统振动的总能量是各阶主振动能量之和。每一主振动表现为一种特定的能量平衡状态,各阶主振动之间,能量互相独立,没有能量交换。在各阶主振动内部,其势能和动能互相转化,其和保持为常数,类似单自由度系统振动。此题中,系统仅产生第 m 阶主振动,即仅有第 m 阶主振动的能量,该能量是由初始条件输入的。

2.5 强迫振动

2.5.1 无阻尼系统

无阻尼系统强迫振动微分方程为

$$\boldsymbol{M}\ddot{\boldsymbol{q}} + \boldsymbol{K}\boldsymbol{q} = \boldsymbol{f} \tag{2.5.1}$$

此方程可用模态叠加法求解。为此进行变换 $\boldsymbol{q}=\boldsymbol{\Phi}\boldsymbol{p}$ 并左乘 $\boldsymbol{\Phi}^{\mathrm{T}}$ 得

$$\boldsymbol{\Phi}^{\mathrm{T}}\boldsymbol{M}\boldsymbol{\Phi}\ddot{\boldsymbol{p}} + \boldsymbol{\Phi}^{\mathrm{T}}\boldsymbol{K}\boldsymbol{\Phi}\boldsymbol{p} = \boldsymbol{\Phi}^{\mathrm{T}}\boldsymbol{f} \tag{2.5.2}$$

由于正交性,$\boldsymbol{\Phi}^{\mathrm{T}}\boldsymbol{M}\boldsymbol{\Phi}$ 和 $\boldsymbol{\Phi}^{\mathrm{T}}\boldsymbol{K}\boldsymbol{\Phi}$ 分别是由模态质量 M_i 和模态刚度 K_i 组成的对角矩阵。$\boldsymbol{\Phi}^{\mathrm{T}}\boldsymbol{f}$ 称为模态力向量,其元素为 $F_i(t)$。因此式(2.5.2)变成了 n 个互相独立的方程,分开来写就是:

$$\begin{cases} M_1\ddot{p}_1 + K_1 p_1 = \boldsymbol{\varphi}_1^{\mathrm{T}}\boldsymbol{f} \\ M_2\ddot{p}_2 + K_2 p_2 = \boldsymbol{\varphi}_2^{\mathrm{T}}\boldsymbol{f} \\ \quad\vdots \\ M_n\ddot{p}_n + K_n p_n = \boldsymbol{\varphi}_n^{\mathrm{T}}\boldsymbol{f} \end{cases} \tag{2.5.3}$$

这是 n 个无阻尼单自由度系统强迫振动的微分方程,可用分析无阻尼单自由度系统的方法来求解 p_i。利用杜哈姆积分式(1.7.4)得到:

$$p_r(t) = p_r(0)\cos\omega_r t + \frac{\dot{p}_r(0)}{\omega_r}\sin\omega_r t + \frac{1}{\omega_r}\int_0^t \frac{F_r(\tau)}{M_r}\sin\omega_r(t-\tau)\mathrm{d}\tau$$

求出 p_i 后回代得到：

$$q = \sum_{i=1}^{n} \boldsymbol{\varphi}_i p_i = \boldsymbol{\Phi} p \tag{2.5.4}$$

即得到物理坐标下的解。

例 2.5.1 如图 2.5.1 所示的三质量弹簧系统。

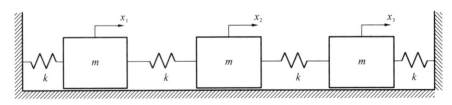

图 2.5.1 三质量弹簧系统

（1）列出振动方程，求固有频率、振型矩阵、正则振型矩阵。

（2）若初值 $\boldsymbol{X}_0 = \begin{bmatrix} 0 \\ 0 \\ 0 \end{bmatrix}$，$\dot{\boldsymbol{X}}_0 = \begin{bmatrix} V \\ 0 \\ -V \end{bmatrix}$，求振动响应。

（3）若第一个质量受力为阶跃函数 p，求系统响应值（初值为0）。

（4）若第一个质量受力为 $p_1 \sin\omega t$，第二个质量受力为 $p_2 \sin\omega t$，求系统响应（初值为0）。

解 （1）振动方程为

$$\begin{bmatrix} m & 0 & 0 \\ 0 & m & 0 \\ 0 & 0 & m \end{bmatrix} \ddot{X} + \begin{bmatrix} 2k & -k & 0 \\ -k & 2k & -k \\ 0 & -k & 2k \end{bmatrix} X = 0$$

其特征方程为

$$\begin{vmatrix} 2k - m\omega^2 & -k & 0 \\ -k & 2k - m\omega^2 & -k \\ 0 & -k & 2k - m\omega^2 \end{vmatrix} = 0$$

解得：

$$\omega_1^2 = (2 - \sqrt{2})\frac{k}{m}; \quad \omega_1 = \sqrt{(2 - \sqrt{2})\frac{k}{m}}$$

$$\omega_2^2 = 2\frac{k}{m}; \quad \omega_2 = \sqrt{2\frac{k}{m}}$$

$$\omega_3^2 = (2 + \sqrt{2})\frac{k}{m}; \quad \omega_3 = \sqrt{(2 + \sqrt{2})\frac{k}{m}}$$

振型矩阵为

$$\boldsymbol{\Phi}_1 = \begin{bmatrix} 1 & \sqrt{2} & 1 \\ \sqrt{2} & 0 & -\sqrt{2} \\ 1 & -\sqrt{2} & 1 \end{bmatrix}$$

固有振型乘任意常数后仍为固有振型，可把振型矩阵对质量进行归一化处理：乘以常数 $1/(2\sqrt{m})$，得到新的固有振型矩阵：

$$\boldsymbol{\Phi} = \frac{1}{\sqrt{m}} \begin{bmatrix} \frac{1}{2} & \frac{\sqrt{2}}{2} & \frac{1}{2} \\ \frac{\sqrt{2}}{2} & 0 & -\frac{\sqrt{2}}{2} \\ \frac{1}{2} & -\frac{\sqrt{2}}{2} & \frac{1}{2} \end{bmatrix}$$

此固有振型矩阵称为正则振型矩阵,其特点是

$$\boldsymbol{\Phi}^\mathrm{T} \boldsymbol{M} \boldsymbol{\Phi} = \boldsymbol{I}; \quad \boldsymbol{\Phi}^\mathrm{T} \boldsymbol{K} \boldsymbol{\Phi} = \boldsymbol{\Lambda}$$

其中:M 是质量矩阵;I 是单位矩阵;$\boldsymbol{\Lambda}$ 是由固有频率平方组成的对角阵。

(2) 振型正则化后,根据式(2.4.6),主坐标下的初值条件为

$$\boldsymbol{p}(0) = \frac{\boldsymbol{\Phi}^\mathrm{T} \boldsymbol{M} \boldsymbol{X}(0)}{\boldsymbol{\Phi}^\mathrm{T} \boldsymbol{M} \boldsymbol{\Phi}} = \boldsymbol{\Phi}^\mathrm{T} \boldsymbol{M} \boldsymbol{X}(0) = \begin{bmatrix} 0 \\ 0 \\ 0 \end{bmatrix}$$

$$\dot{\boldsymbol{p}}(0) = \frac{\boldsymbol{\Phi}^\mathrm{T} \boldsymbol{M} \dot{\boldsymbol{X}}(0)}{\boldsymbol{\Phi}^\mathrm{T} \boldsymbol{M} \boldsymbol{\Phi}} = \boldsymbol{\Phi}^\mathrm{T} \boldsymbol{M} \dot{\boldsymbol{X}}(0) = \begin{bmatrix} 0 \\ \sqrt{\frac{2}{m}} V \\ 0 \end{bmatrix}$$

由主坐标初值求得的主坐标解为

$$\begin{cases} \ddot{p}_1 + \omega_1^2 p_1 = 0 \\ p_1(0) = 0; \quad \dot{p}_1(0) = 0 \end{cases} \Rightarrow p_1 = 0$$

$$\begin{cases} \ddot{p}_2 + \omega_2^2 p_2 = 0 \\ p_2(0) = 0; \quad \dot{p}_2(0) = \sqrt{\frac{2}{m}} V \end{cases} \Rightarrow p_2 = \sqrt{\frac{2}{m}} \frac{V}{\omega_2} \sin\omega_2 t$$

$$\begin{cases} \ddot{p}_3 + \omega_3^2 p_3 = 0 \\ p_3(0) = 0; \quad \dot{p}_3(0) = 0 \end{cases} \Rightarrow p_3 = 0$$

则物理坐标下的解为

$$\boldsymbol{X} = \boldsymbol{\Phi} \boldsymbol{p} = \frac{1}{\sqrt{m}} \begin{bmatrix} \frac{1}{2} & \frac{\sqrt{2}}{2} & \frac{1}{2} \\ \frac{\sqrt{2}}{2} & 0 & -\frac{\sqrt{2}}{2} \\ \frac{1}{2} & -\frac{\sqrt{2}}{2} & \frac{1}{2} \end{bmatrix} \begin{bmatrix} 0 \\ \sqrt{\frac{2}{m}} \frac{V}{\omega_2} \sin\omega_2 t \\ 0 \end{bmatrix} = \begin{bmatrix} \frac{V}{m\omega_2} \sin\omega_2 t \\ 0 \\ -\frac{V}{m\omega_2} \sin\omega_2 t \end{bmatrix}$$

(3) 外力向量为 $\boldsymbol{F} = \begin{bmatrix} p \\ 0 \\ 0 \end{bmatrix}$,则广义激振力为

$$\boldsymbol{f} = \boldsymbol{\Phi}^\mathrm{T} \boldsymbol{F} = \frac{1}{\sqrt{m}} \begin{bmatrix} \frac{1}{2} & \frac{\sqrt{2}}{2} & \frac{1}{2} \\ \frac{\sqrt{2}}{2} & 0 & -\frac{\sqrt{2}}{2} \\ \frac{1}{2} & -\frac{\sqrt{2}}{2} & \frac{1}{2} \end{bmatrix} \begin{bmatrix} p \\ 0 \\ 0 \end{bmatrix} = \frac{p}{\sqrt{m}} \begin{bmatrix} \frac{1}{2} \\ \frac{\sqrt{2}}{2} \\ \frac{1}{2} \end{bmatrix}$$

主坐标下的解为

$$\ddot{p}_1 + \omega_1^2 p_1 = \frac{1}{2}\frac{p}{\sqrt{m}} \quad \Rightarrow p_1(t) = \frac{p}{2\sqrt{m}\omega_1^2}(1-\cos\omega_1 t)$$

$$\ddot{p}_2 + \omega_2^2 p_2 = \frac{\sqrt{2}}{2}\frac{p}{\sqrt{m}} \quad \Rightarrow p_2(t) = \frac{\sqrt{2}\,p}{2\sqrt{m}\omega_2^2}(1-\cos\omega_2 t)$$

$$\ddot{p}_3 + \omega_3^2 p_3 = \frac{1}{2}\frac{p}{\sqrt{m}} \quad \Rightarrow p_3(t) = \frac{p}{2\sqrt{m}\omega_3^2}(1-\cos\omega_3 t)$$

物理坐标下的响应为

$$X = \Phi p = \frac{1}{\sqrt{m}}\begin{bmatrix} \frac{1}{2} & \frac{\sqrt{2}}{2} & \frac{1}{2} \\ \frac{\sqrt{2}}{2} & 0 & -\frac{\sqrt{2}}{2} \\ \frac{1}{2} & -\frac{\sqrt{2}}{2} & \frac{1}{2} \end{bmatrix}\begin{bmatrix} \frac{p}{2\sqrt{m}\omega_1^2}(1-\cos\omega_1 t) \\ \frac{\sqrt{2}\,p}{2\sqrt{m}\omega_2^2}(1-\cos\omega_2 t) \\ \frac{p}{2\sqrt{m}\omega_3^2}(1-\cos\omega_3 t) \end{bmatrix}$$

$$= \frac{p}{8k}\begin{bmatrix} 6-(2+\sqrt{2})\cos\omega_1 t - 2\cos\omega_2 t - (2-\sqrt{2})\cos\omega_3 t \\ 4-(2+2\sqrt{2})\cos\omega_1 t - (2-2\sqrt{2})\cos\omega_3 t \\ 2-(2+\sqrt{2})\cos\omega_1 t + 2\cos\omega_2 t - (2-\sqrt{2})\cos\omega_3 t \end{bmatrix}$$

（4）激励力向量为 $F = \begin{bmatrix} p_1 \\ p_2 \\ 0 \end{bmatrix}\sin\omega t$，因其是简谐激励力，可用直接代入法求解。此时线性代数方程组为

$$\begin{bmatrix} 2k-m\omega^2 & -k & 0 \\ -k & 2k-m\omega^2 & -k \\ 0 & -k & 2k-m\omega^2 \end{bmatrix}\begin{bmatrix} A_1 \\ A_2 \\ A_3 \end{bmatrix} = \begin{bmatrix} p_1 \\ p_2 \\ 0 \end{bmatrix}$$

式中：A_1、A_2、A_3 分别是三个质量点的振动幅值。

按照线性代数知识，可得到系统响应：

$$\Delta = \begin{vmatrix} 2k-m\omega^2 & -k & 0 \\ -k & 2k-m\omega^2 & -k \\ 0 & -k & 2k-m\omega^2 \end{vmatrix} = (2k-m\omega^2)(m^2\omega^4 - 4km\omega^2 + 2k^2)$$

$$A_1 = \frac{\begin{vmatrix} p_1 & -k & 0 \\ p_2 & 2k-m\omega^2 & -k \\ 0 & -k & 2k-m\omega^2 \end{vmatrix}}{\Delta} \Rightarrow x_1 = A_1 \sin\omega t$$

$$A_2 = \frac{\begin{vmatrix} 2k-m\omega^2 & p_1 & 0 \\ -k & p_2 & -k \\ 0 & 0 & 2k-m\omega^2 \end{vmatrix}}{\Delta} \Rightarrow x_2 = A_2 \sin\omega t$$

$$A_3 = \frac{\begin{vmatrix} 2k - m\omega^2 & -k & p_1 \\ -k & 2k - m\omega^2 & p_2 \\ 0 & 0 & 0 \end{vmatrix}}{\Delta} \Rightarrow x_3 = A_3 \sin\omega t$$

2.5.2 有阻尼系统

若系统具有黏性阻尼,则振动方程为

$$M\ddot{q} + C\dot{q} + Kq = f(t)$$

变换到主坐标系后得到

$$\boldsymbol{\Phi}^{\mathrm{T}} M \boldsymbol{\Phi} \ddot{p} + \boldsymbol{\Phi}^{\mathrm{T}} C \boldsymbol{\Phi} \dot{p} + \boldsymbol{\Phi}^{\mathrm{T}} K \boldsymbol{\Phi} p = \boldsymbol{\Phi}^{\mathrm{T}} f(t) \qquad (2.5.5)$$

在一般情况下,固有振型对阻尼矩阵不正交,$\boldsymbol{\Phi}^{\mathrm{T}} C \boldsymbol{\Phi}$ 不是对角矩阵,式(2.5.5)不能解耦。为了仍能利用模态叠加法求解有阻尼系统的强迫振动,必须对阻尼矩阵作一些限制,如将它表达为刚度矩阵和质量矩阵的线性组合,即

$$C = \alpha M + \beta K$$

式中:α、β 是常数。具有上述形式的阻尼称比例阻尼。

在此限制下,$\boldsymbol{\Phi}^{\mathrm{T}} C \boldsymbol{\Phi}$ 就变为对角矩阵。于是式(2.5.5)可以解耦为 n 个单自由度方程求解:

$$M_i \ddot{p}_i + C_i \dot{p}_i + K_i p_i = \boldsymbol{\Phi}_i^{\mathrm{T}} f(t) \quad (i = 1, 2, \cdots, n) \qquad (2.5.6)$$

或展开为

$$\ddot{p}_r + 2\zeta_r \omega_r \dot{p}_r + \omega_r^2 p_r = \frac{F_r(t)}{M_r} \qquad (2.5.7)$$

其解为

$$p_r(t) = \mathrm{e}^{-\zeta_r \omega_r t} \left[p_r(0) \cos\omega_{\mathrm{dr}} t + \frac{\dot{p}_r(0) + \zeta_r \omega_r p_r(0)}{\omega_{\mathrm{dr}}} \sin\omega_{\mathrm{dr}} t \right] + \frac{1}{\omega_{\mathrm{dr}}} \int_0^t \frac{F_r(\tau)}{M_r} \sin\omega_{\mathrm{dr}}(t - \tau) \mathrm{d}\tau$$

将其代换即可得到物理坐标下的响应。

2.5.3 系统对简谐激励力的稳态响应

若是简谐激振力 $f_0 \mathrm{e}^{\mathrm{i}\omega t}$ 作用,式(2.5.7)可表示为

$$\ddot{p}_r + 2\zeta_r \omega_r \dot{p}_r + \omega_r^2 p_r = \frac{1}{M_r} F_r \mathrm{e}^{\mathrm{i}\omega t} \qquad (2.5.8)$$

式中:$F_r = \boldsymbol{\varphi}_r^{\mathrm{T}} f_0$。

主坐标 p_r 的稳态解可设为式(1.4.12)的形式:

$$p_r = H_r(\omega) F_r(t) \mathrm{e}^{\mathrm{i}\omega t} \qquad (2.5.9)$$

将式(2.5.9)代入式(2.5.8),即有

$$H_r(\omega) = \frac{1}{K_r} \cdot \frac{1}{(1 - \gamma_r^2) + \mathrm{i}(2\zeta_r \gamma_r)} \qquad (2.5.10)$$

$H_r(\omega)$ 称为第 r 个主坐标的频率响应函数。进行代换得到物理坐标下的响应为

$$q = \boldsymbol{\Phi} p = \sum_{r=1}^{n} \boldsymbol{\varphi}_r p_r = \boldsymbol{H}(\omega) f_0 \mathrm{e}^{\mathrm{i}\omega t} \qquad (2.5.11)$$

式中:

$$\boldsymbol{H}(\omega) = \sum_{r=1}^{N} \left[\frac{\boldsymbol{\varphi}_r \boldsymbol{\varphi}_r^{\mathrm{T}}}{K_r} \cdot \frac{1}{(1 - \gamma_r^2) + \mathrm{i}(2\zeta_r \gamma_r)} \right]$$

称为频率响应函数矩阵。其元素 $H_{ij}(\omega)$ 为

$$H_{ij}(\omega) = \sum_{r=1}^{N}\left[\frac{\varphi_{ri}\varphi_{rj}}{K_r} \cdot \frac{1}{(1-\gamma_r^2)+\mathrm{i}(2\zeta_r\gamma_r)}\right] \tag{2.5.12}$$

2.6 高频模态及低频模态对激振频段频响函数的影响

假定我们只对某一频段的响应感兴趣,例如,激振力的频率正好分布在这一频段内,让我们来研究各阶模态对该频段的贡献。若第 l 阶到第 m 阶模态频率正好在该频段内,我们可将频率响应函数的元素写成下面的形式:

$$H_{ij} = \sum_{r=1}^{l-1}\left(-\frac{\varphi_{ri}\varphi_{rj}}{\omega^2 M_r}\right)\frac{1}{\left[1-\frac{1}{\gamma_r^2}-\mathrm{i}\left(\frac{2\zeta_r}{\gamma_r}\right)\right]} + \sum_{r=l}^{m}\frac{\varphi_{ri}\varphi_{rj}}{K_r - \omega^2 M_r + \mathrm{i}\omega C_r}$$

$$+ \sum_{r=m+1}^{N}\frac{\varphi_{ri}\varphi_{rj}}{K_r}\frac{1}{(1-\gamma_r^2)+\mathrm{i}(2\zeta_r\gamma_r)} \tag{2.6.1}$$

式中:M_r、C_r、K_r 分别表示第 r 阶模态的模态质量、阻尼和刚度。$r=1$ 到 $l-1$ 的模态为低频段模态,其 ω_r 远小于感兴趣的频段的频率,即有 $\gamma_r=\omega/\omega_r \gg 1$;而对于高频段模态来说,其固有模态频率 ω_r 远大于研究频段的频率,即有 $\gamma_r=\omega/\omega_r \ll 1$,于是式(2.6.1)可化为

$$H_{ij} = \sum_{r=1}^{l-1}\left(-\frac{\varphi_{ri}\varphi_{rj}}{\omega^2 M_r}\right) + \sum_{r=l}^{m}\frac{\varphi_{ri}\varphi_{rj}}{-\omega^2 M_r + K_r + \mathrm{i}\omega C_r} + \sum_{r=m+1}^{N}\frac{\varphi_{ri}\varphi_{rj}}{K_r} \tag{2.6.2}$$

令

$$-\frac{1}{\omega^2 M_{ij}} = \sum_{r=1}^{l-1}\left(-\frac{\varphi_{ri}\varphi_{rj}}{\omega^2 M_r}\right),\quad \frac{1}{K_{ij}} = \sum_{r=m+1}^{N}\frac{\varphi_{ri}\varphi_{rj}}{K_r}$$

分别称为修正质量项和修正刚度项,式(2.6.2)可重写成

$$H_{ij} = -\frac{1}{\omega^2 M_{ij}} + \sum_{r=l}^{m}\frac{\varphi_{ri}\varphi_{rj}}{K_r - \omega^2 M_r + \mathrm{i}\omega C_r} + \frac{1}{K_{ij}} \tag{2.6.3}$$

图 2.6.1 所示为引入修正质量项和修正刚度项的原理示意图。

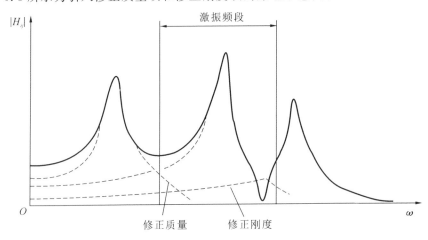

图 2.6.1 激振频段以外的模态对该频段以内的频响函数的影响

从式(2.6.3)可见,修正项只影响频响函数的实部。由于修正质量项反比于 ω^2,它对我们感兴趣的频段(激振频段、计算频段或测量频段)的低频部分的影响大于其对高频部分的影响。而修正刚度项提供的是一种恒定的影响,它的作用是把实频曲线整个地上移或下移,而与 ω 无关。

本 章 习 题

2.1 习题 2.1 图所示为无阻尼二自由度振动系统，试用达朗贝尔原理建立其运动微分方程。

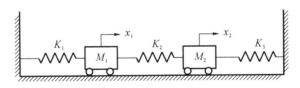

习题 2.1 图

2.2 应用拉格朗日方程导出习题 2.2 图所示系统的运动微分方程。

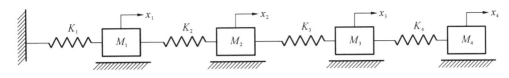

习题 2.2 图

2.3 刚性杆上有两个集中质量，该杆用两个垂向弹簧支承，如习题 2.3 图所示，设此杆的水平方向移动很小，可以略去。试用牛顿达朗贝尔原理列出其运动微分方程。

2.4 质量可以不计的刚性杆，可绕杆端的水平轴 O 转动，如习题 2.4 图所示。杆的另一端附有质点，并用弹簧吊挂另一质点。中点支以弹簧使杆水平。设弹簧的刚度均为 k，质点的质量均为 m，试求系统的固有频率。

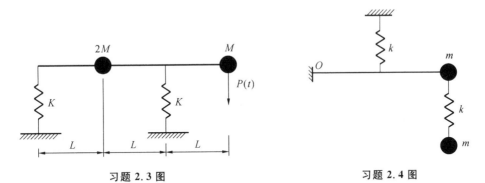

习题 2.3 图　　　　　　　　习题 2.4 图

2.5 求习题 2.5 图所示系统在纸面内自由振动的固有频率及主振型。设 $k_1 = k_2 = k_3 = k$。

2.6 试证明习题 2.6 图中(a)所示的双弹簧质量系统中，如果 k_1 和 k_2 为同一数量级，且 $m_1 \ll m_2$，则系统的第一阶固有频率接近(b)所示的单自由度系统的固有频率，第二阶固有频率接近(c)所示的单自由度系统的固有频率。如果 $m_1 \gg m_2$，结果又如何？从这两方面的结果，你能得出什么一般性的结论？

2.7 应用振型叠加法求习题 2.7 图所示系统对初始条件 $\boldsymbol{x}^\mathrm{T} = [0 \quad x_0]$，$\dot{\boldsymbol{x}}^\mathrm{T} = [0 \quad 0]$ 的响应。

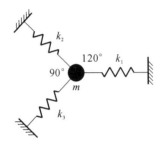

习题 2.5 图

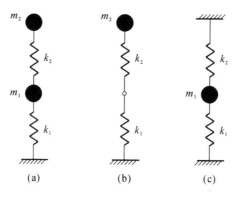

习题 2.6 图

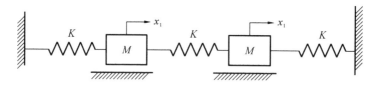

习题 2.7 图

2.8 在习题 2.8 图所示的双质量梁(弯曲刚度为 EI)上的一个质量上作用一简谐激励力 $Q_1(t)=Q_{10}\sin\omega t$,试求出无阻尼稳态强迫振动。

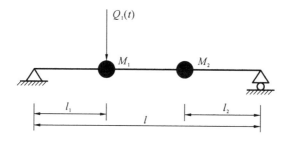

习题 2.8 图

2.9 二自由度系统受到习题 2.9 图所示的简谐激励:
(1) 求出系统的刚度矩阵、质量矩阵和传递函数矩阵(动柔度矩阵);
(2) 对 $\omega^2=0.2K/M, \omega^2=0.5K/M, \omega^2=3K/M$ 三种情况,分别写出稳态响应中两质量块位移幅值的比值。

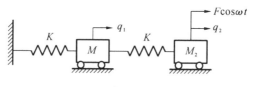

习题 2.9 图

第 3 章 连续弹性体的振动

本章讨论杆这类简单弹性体的振动。它们的质量和弹性都是连续分布的,质点的位置是空间坐标的连续函数,也是时间的函数。描述这样的系统要用偏微分方程。弹性体变形是连续的,确定系统中无限多个质点的位置要有无限多个参数。因此,弹性体具有无限多个自由度。

3.1 杆的纵向振动

研究图 3.1.1 所示的均匀直杆,其弹性模量为 E,截面积为 A,材料密度为 $\rho=\gamma/g$,γ 为单位体积重力,$u(x,t)$ 表示 t 时刻截面 x 的纵向位移。

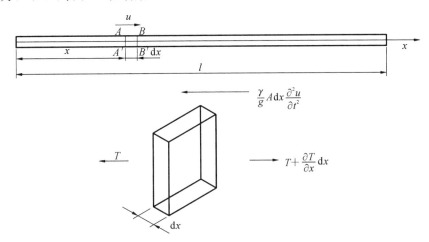

图 3.1.1 杆的纵向振动

考察 x 和 $x+\mathrm{d}x$ 两个横截面间的微元。横截面 x 的位移为 u,轴向力为 T,横截面 $x+\mathrm{d}x$ 的位移为 $u+\dfrac{\partial u}{\partial x}\mathrm{d}x$,轴向力为 $T+\dfrac{\partial T}{\partial x}\mathrm{d}x$,微元的轴向应变为

$$\varepsilon_x = \frac{\left(u+\dfrac{\partial u}{\partial x}\mathrm{d}x\right)-u}{\mathrm{d}x} = \frac{\partial u}{\partial x} \tag{3.1.1}$$

轴向力为

$$T = AE\varepsilon_x = AE\,\frac{\partial u}{\partial x} \tag{3.1.2}$$

考虑微元 $\mathrm{d}x$ 在轴向力及惯性力作用下的平衡:

$$T+\frac{\partial T}{\partial x}\mathrm{d}x - T = \rho A\,\frac{\partial^2 u}{\partial t^2}\mathrm{d}x \tag{3.1.3}$$

把式(3.1.2)代入式(3.1.3)得

$$EA\,\frac{\partial^2 u}{\partial x^2} = m\,\frac{\partial^2 u}{\partial t^2}$$

式中：$m=\rho A$，是杆单位长度质量（又称为线密度）。

记 $C_R^2 = E/\rho$（C_R 是杆中纵向振动波的传播速度），则有

$$C_R^2 \frac{\partial^2 u}{\partial x^2} = \frac{\partial^2 u}{\partial t^2} \tag{3.1.4}$$

这就是直杆纵向振动的微分方程。用分离变量法求解，设：

$$u(x,t) = \varphi(x) p(t) \tag{3.1.5}$$

代入式(3.1.4)得：

$$\frac{C_R^2 \varphi''(x)}{\varphi(x)} = \frac{\ddot{p}(t)}{p(t)} \tag{3.1.6}$$

式(3.1.6)左边与 t 无关，右边与 x 无关。要使等式成立，两边应等于同一个常数。为得到振动形式的解，将此常数设为 $-\omega^2$，于是得到两个方程。其一为

$$\ddot{p} + \omega^2 p = 0 \tag{3.1.7}$$

它的解为

$$p(t) = A\cos\omega t + B\sin\omega t = H\sin(\omega t + \alpha) \tag{3.1.8}$$

式中：参数 A、B、H、α 由初始条件决定。从式(3.1.8)可知，ω 是直杆的固有频率。

另一个方程为

$$\varphi''(x) + \mu^2 \varphi(x) = 0 \tag{3.1.9}$$

式中：

$$\mu = \frac{\omega}{C_R} \tag{3.1.10}$$

式(3.1.9)的解为

$$\varphi(x) = C\cos\mu x + D\sin\mu x \tag{3.1.11}$$

式中：常数 C、D 及参数 μ 由边界条件确定。

例 3.1.1 如图 3.1.2 所示，长为 l 的均匀直杆，两端刚性固定，求固有振型和固有频率。

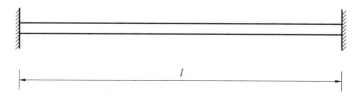

图 3.1.2 两端固定杆纵振

解 边界条件为

$$u(0,t) = 0; \quad u(l,t) = 0 \tag{3.1.12}$$

代入式(3.1.5)得：

$$\varphi(0) = 0; \quad \varphi(l) = 0 \tag{3.1.13}$$

代入式(3.1.11)有：

$$C = 0; \quad \sin\mu l = 0 \tag{3.1.14}$$

在 $C=0$ 的情况下，D 不应为零，否则 $\varphi(x) \equiv 0$，它对应杆的静止状态，不是我们想要的解。由 $\sin\mu l = 0$ 解出：

$$\mu_j = \frac{j\pi}{l} \quad j = 1, 2, \cdots \tag{3.1.15}$$

$j=0$ 对应杆的静止状态，也不是我们需要的解。结合式(3.1.10)与式(3.1.15)，得固有

频率：
$$\omega_j = \frac{j\pi}{l}C_R \quad j=1,2,\cdots \tag{3.1.16}$$

把式(3.1.15)代入式(3.1.11)得固有振型：
$$\varphi_j(x) = D_j \sin\frac{j\pi x}{l} \quad j=1,2,\cdots \tag{3.1.17}$$

式中：D_j 是任意常数。函数 $\sin(j\pi x/l)$ 决定了杆作固有振动的形状，而常数因子 D_j 只是把此形状放大或缩小若干倍，这和多自由度系统固有振型的情况是一致的。频率方程(3.1.16)有无限多个根，相应地就有无限多个固有频率和固有振型。两端固定均匀直杆的固有振型如图3.1.3所示。

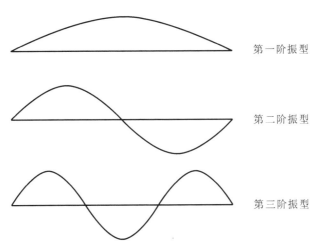

图 3.1.3 两端固定均匀直杆纵振的固有振型

$\varphi_j(x)$ 上振幅为零的点称为节点(边界点除外)。随着固有振型阶数的增加，节点数也增多。振型增高一阶，节点也增加一个。而且相邻阶数振型的节点是相互交错分布的。这个结论对各种边界条件都成立。

将式(3.1.8)、式(3.1.17)代入式(3.1.5)得到固有振动为
$$u_j(x,t) = \sin\frac{j\pi x}{l} H_j \sin(\omega_j t + \alpha_j) = \sin\frac{j\pi x}{l}(A_j\cos\omega_j t + B_j\sin\omega_j t) \tag{3.1.18}$$

式中：$\varphi_j(x)$ 中的 D_j 已并入常数 H_j 或 A_j、B_j 中。整个杆以同一个频率 ω_j 及相同的初相位 α_j 按固有振型 $\varphi_j(x)$ 做简谐振动。纵向自由振动的全解由固有振动叠加得到：
$$u(x,t) = \sum_{j=1}^{\infty} u_j(x,t) = \sum_{j=1}^{\infty} \sin\frac{j\pi x}{l}(A_j\cos\omega_j t + B_j\sin\omega_j t) \tag{3.1.19}$$

式中：常数 A_j、B_j 由初始条件确定。

均匀直杆的纵向强迫振动的方程为
$$EA\frac{\partial^2 u}{\partial x^2} - m\frac{\partial^2 u}{\partial t^2} = f(x,t) \tag{3.1.20}$$

式中：$f(x,t)$ 为直杆的轴向分布激振力。

例 3.1.2 以单自由度隔振系统(见图3.1.4)为例，把弹簧简化为均匀等直杆，利用杆的纵向振动模型推导弹簧的有效质量及系统的首阶固有频率。

解 杆纵向运动方程为

$$C_R^2 \frac{\partial^2 u}{\partial x^2} = \frac{\partial^2 u}{\partial t^2} \tag{a}$$

对于微段 dx,式(a)又可写成

$$m_r \frac{\partial^2 u}{\partial t^2} \cdot dx - r\frac{\partial^2 u}{\partial x^2} \cdot dx = 0 \tag{b}$$

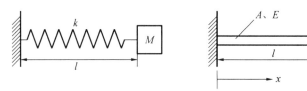

图 3.1.4　单自由度隔振系统及简化模型

式中:$m_r = \rho A$,是杆单位长度质量;$r = EA$ 是杆的轴向刚度。设杆的第 i 阶简谐振动为

$$u_i = X_i(A_i\cos\omega_i t + B_i\sin\omega_i t) \tag{c}$$

将式(c)代入式(b),有

$$m_r\omega_i^2 X_i + r\frac{\partial^2 X_i}{\partial x^2} = 0 \tag{d}$$

其解为

$$X_i = C_i\cos(\omega_i x/C_R) + D_i\sin(\omega_i x/C_R) \tag{e}$$

简化模型中杆的边界条件为

$$\begin{cases} u\big|_{x=0} = 0 \\ F\big|_{x=l} = r\frac{\partial u}{\partial x}\big|_{x=l} = -M\frac{\partial^2 u}{\partial t^2}\big|_{x=l} \end{cases} \tag{f}$$

式中:F 是轴力。把边界条件代入式(c)得频率方程:

$$\xi_i\tan\xi_i = \eta \tag{g}$$

式中:$\xi_i = \omega_i l/C_R$;$\eta = m_r l/M$。

由于两种模型是等效的,因而弹簧的质量 M_s 和杆的质量 $m_r l$ 应相等,另外弹簧刚度与杆的轴向刚度间还有如下关系:

$$k = \frac{EA}{l} \tag{h}$$

一般来说 $m_r l \ll M$,因而 $\eta \ll 1$。另外杆的首阶固有频率较小,而 C_R 较大,故 $\xi_1 \ll 1$,所以有 $\tan\xi_1 \approx \xi_1$,那么频率方程(g)可写作:

$$\xi_1 = \omega_1 l/C_R \approx \sqrt{\eta} = \sqrt{m_r l/M} \tag{i}$$

即

$$\omega_1 \approx \sqrt{EA/(Ml)} = \sqrt{k/M} \tag{j}$$

这就是单自由度隔振系统中忽略弹簧质量时系统的固有频率。

如果计及弹簧质量,则近似表达式 $\tan\xi_1 \approx \xi_1$ 中应计及高阶量:

$$\tan\xi_1 \approx \xi_1 + \frac{\xi_1^3}{3} \tag{k}$$

代入频率方程(g)有

$$\xi_1 = \sqrt{\eta/(1+\xi_1^2/3)} \tag{l}$$

将近似式(i)代入式(l)有

$$\xi_1 = \sqrt{\eta/(1+\eta/3)} \tag{m}$$

即

$$\omega_1 = \sqrt{k/[M+(M_s/3)]} \tag{n}$$

式(n)表明,在单自由度隔振系统中弹簧的有效质量是弹簧质量的三分之一(例1.2.6也已证明)。

3.2 轴的扭转振动

研究图 3.2.1 所示圆轴,扭矩和相对转角 θ 之间的关系为

$$T = GI_p \frac{\partial \theta}{\partial x} \tag{3.2.1}$$

式中:G 是剪切模量;I_p 是圆截面的极惯性矩。作用在微段 dx 两端的扭矩为 T 及 $T+(\partial T/\partial x)dx$,微段上的惯性力矩为 $-J_p(\partial^2\theta/\partial^2 t)$,$J_p$ 是微段的转动惯量。

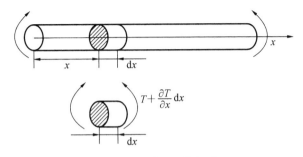

图 3.2.1 轴的扭转振动

由平衡条件得运动方程为

$$\left(T + \frac{\partial T}{\partial x}dx\right) - T - J_p\frac{\partial^2\theta}{\partial t^2} = 0$$

对于圆截面微段,可证明 $J_p = \rho I_p dx$,代入上式有

$$C_s^2 \frac{\partial^2 \theta}{\partial x^2} = \frac{\partial^2 \theta}{\partial t^2} \tag{3.2.2}$$

式中:$C_s^2 = G/\rho$,C_s 实际上是扭转振动波的传播速度。

方程(3.2.2)与式(3.1.4)的形式完全相同,其解可设为

$$\theta(x,t) = \varphi(x)p(t) \tag{3.2.3}$$

则解为

$$p(t) = A\cos\omega t + B\sin\omega t \tag{3.2.4}$$

$$\varphi(x) = C\cos\mu x + D\sin\mu x \tag{3.2.5}$$

式中:$\mu = \omega/C_s$。

例 3.2.1 求图 3.2.2 所示带圆盘的轴的固有频率及固有振型。

解 $x=0$ 处的边界条件为

$$\theta(0,t) = 0 \tag{3.2.6}$$

$x=l$ 处作用有圆盘的惯性力矩:

$$T = -J_0 \frac{\partial^2 \theta(l,t)}{\partial t^2}$$

式中:J_0 为圆盘的转动惯量。由式(3.2.1)得

$$GI_p \frac{\partial \theta(x,t)}{\partial x}\bigg|_{x=l} = -J_0 \frac{\partial^2 \theta(l,t)}{\partial t^2}$$

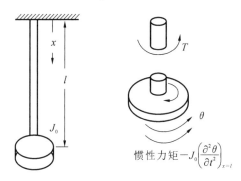

图 3.2.2　带圆盘的轴的扭转

代入式(3.2.3)、式(3.2.4)得

$$GI_p \varphi'(x)|_{x=l} = J_0 \omega^2 \varphi(l) \tag{3.2.7}$$

把边界条件式(3.2.6)及式(3.2.7)代入式(3.2.5)得

$$C = 0$$
$$GI_p \mu \cos\mu l = J_0 \omega^2 \sin\mu l$$

或

$$\beta \tan\beta = \frac{I_p \rho l}{J_0} \tag{3.2.8}$$

其中:

$$\beta = \mu l = \omega l \sqrt{\frac{\rho}{G}} \tag{3.2.9}$$

式(3.2.8)即为频率方程,从中可以解出无穷多个 β_j,进而由式(3.2.9)得到固有频率 ω_j 及由 $\varphi_j(x) = D\sin\mu_j x$ 得到固有振型。

3.3　直梁的弯曲自由振动

3.3.1　自由振动分析

取坐标系及弯矩、剪力的正方向,如图 3.3.1 所示。在材料力学及结构力学中我们已经得到直梁静强度的弯曲微分方程为

$$\frac{d^2}{dx^2}\left(EI \frac{d^2 w}{dx^2}\right) = F(x) \tag{3.3.1}$$

其中:E 为弹性模量;I 为横截面惯性矩;$F(x)$ 为分布载荷。

对于振动问题,位移 w 是坐标 x 和时间 t 的函数,即 $w = w(x,t)$。因而式(3.3.1)中对 x 的常微分应改为偏微分。同时考虑分布的横向力 $F(x,t)$ 和作用在梁上的惯性力 $-m\partial^2 w/\partial t^2$,振动方程为

$$\frac{\partial^2}{\partial x^2}\left(EI \frac{\partial^2 w}{\partial x^2}\right) + m \frac{\partial^2 w}{\partial t^2} = F(x,t) \tag{3.3.2a}$$

对于自由振动,此时没有横向力作用,即

$$\frac{\partial^2}{\partial x^2}\left(EI\,\frac{\partial^2 w}{\partial x^2}\right)+m\,\frac{\partial^2 w}{\partial t^2}=0 \qquad (3.3.2b)$$

式中:$m=\rho A$,是梁单位长度的质量。这就是梁弯曲自由振动的微分方程。

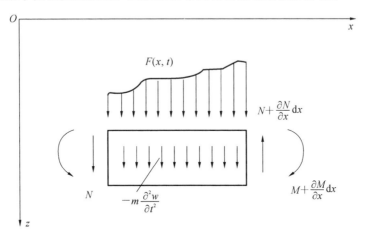

图 3.3.1　直梁的横向弯曲振动

用分离变量法对式(3.3.2)进行求解:

$$w(x,t)=\varphi(x)p(t) \qquad (3.3.3)$$

代入式(3.3.2)得:

$$\frac{(EI\varphi''(x))''}{m\varphi(x)}=-\frac{\ddot{p}(t)}{p(t)} \qquad (3.3.4)$$

此算式要成立,等式两边必须等于同一个常数,记此常数为 ω^2。于是由式(3.3.4)得两个常微分方程,其一为

$$\ddot{p}(t)+\omega^2 p(t)=0 \qquad (3.3.5)$$

其解为

$$p(t)=A_1\cos\omega t+A_2\sin\omega t=A\sin(\omega t+\alpha) \qquad (3.3.6)$$

另一个常微分方程为

$$(EI\varphi''(x))''-\omega^2 m\varphi(x)=0 \qquad (3.3.7)$$

若 E、I、m 都是常数,则式(3.3.7)成为

$$\varphi''''(x)-\frac{\omega^2 m}{EI}\varphi(x)=0 \qquad (3.3.8)$$

记

$$\mu^4=\frac{\omega^2 m}{EI} \qquad (3.3.9)$$

式(3.3.8)可改写为

$$\varphi''''(x)-\mu^4\varphi(x)=0 \qquad (3.3.10)$$

其解为

$$\varphi(x)=B_1\sin\mu x+B_2\cos\mu x+B_3\sinh\mu x+B_4\cosh\mu x \qquad (3.3.11)$$

式中:常数 $B_1\sim B_4$ 由边界条件确定。

例 3.3.1　求两端简支梁的固有频率和固有振型。

解 $x=0$ 处挠度、弯矩都为零，即

$$\begin{cases} \varphi(0) = 0 \\ \varphi''(0) = 0 \end{cases} \quad (3.3.12)$$

代入式(3.3.11)得

$$B_2 = B_4 = 0$$

因此

$$\varphi(x) = B_1 \sin\mu x + B_3 \sinh\mu x \quad (3.3.13)$$

$x=l$ 处的边界条件为

$$\begin{cases} \varphi(l) = 0 \\ \varphi''(l) = 0 \end{cases} \quad (3.3.14)$$

代入式(3.3.13)得

$$\begin{cases} B_1 \sin\mu l + B_3 \sinh\mu l = 0 \\ -B_1 \sin\mu l + B_3 \sinh\mu l = 0 \end{cases} \quad (3.3.15)$$

存在非零解的条件为

$$\begin{vmatrix} \sin\mu l & \sinh\mu l \\ -\sin\mu l & \sinh\mu l \end{vmatrix} = 0$$

即 $\sin\mu l \sinh\mu l = 0$。因 $\sinh\mu l \neq 0$，故得到

$$\sin\mu l = 0 \quad (3.3.16)$$

由此可以得到无穷多个根

$$\mu_j l = j\pi \quad j = 1, 2, \cdots \quad (3.3.17)$$

把式(3.3.9)代入式(3.3.17)得固有频率 ω_j。把式(3.3.17)代入式(3.3.15)的任一个方程，不难看出 $B_3 = 0$。于是由式(3.3.13)得固有振型为

$$\varphi_j(x) = B_1 \sin\mu_j x \quad (3.3.18)$$

简支梁的固有振型如图 3.3.2 所示。简支梁的固有振动为

$$w_j(x,t) = \varphi_j(x)(A_{1j}\cos\omega_j t + A_{2j}\sin\omega_j t)$$
$$= \varphi_j(x) A_j \sin(\omega_j t + \alpha_j) \quad (3.3.19)$$

简支梁的自由振动由固有振动叠加得到

$$w(x,t) = \sum_{j=1}^{\infty} \varphi_j(x)(A_{1j}\cos\omega_j t + A_{2j}\sin\omega_j t) \quad (3.3.20)$$

式中常数 A_{1j}、A_{2j} 由初始条件确定。

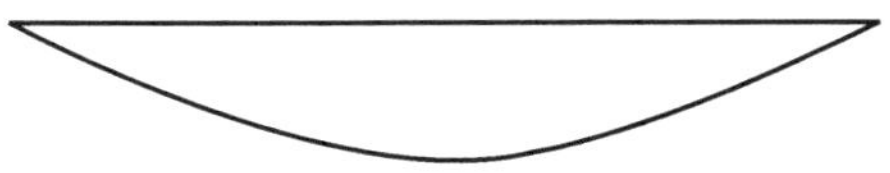

(a) 第一阶固有振型

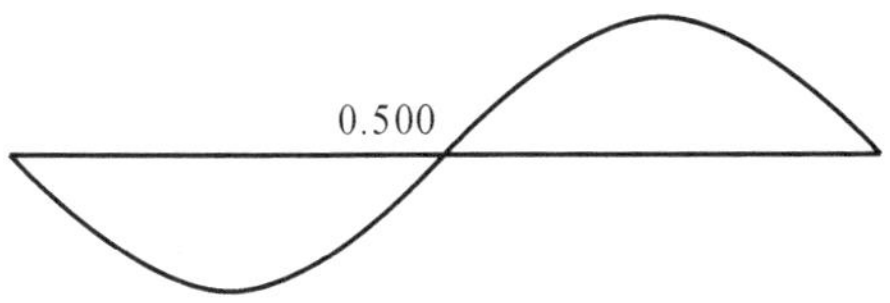

(b) 第二阶固有振型

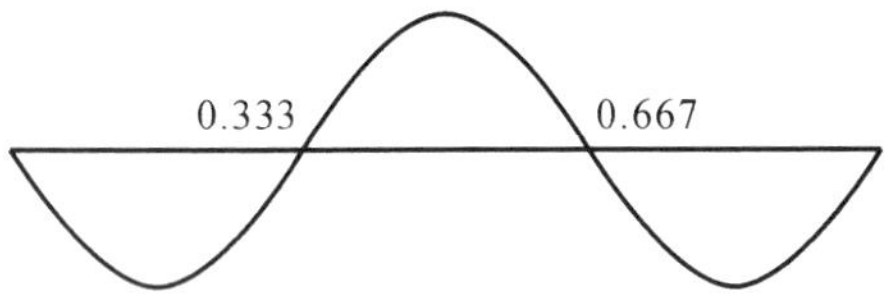

(c) 第三阶固有振型

图 3.3.2 简支梁的固有振型

例 3.3.2 求全自由梁的固有频率和固有振型。

解 $x=0$ 处剪力和弯矩都为零，即

$$\begin{cases} \varphi''(0) = 0 \\ \varphi'''(0) = 0 \end{cases} \quad (3.3.21)$$

代入式(3.3.11)得

$$B_2 = B_4; \quad B_1 = B_3 \quad (3.3.22)$$

故

$$\varphi(x) = B_1(\sin\mu x + \sinh\mu x) + B_2(\cos\mu x + \cosh\mu x) \quad (3.3.23)$$

$x=l$ 处的边界条件为

$$\begin{cases} \varphi'''(l) = 0 \\ \varphi''(l) = 0 \end{cases} \quad (3.3.24)$$

代入式(3.3.23)得

$$\begin{aligned} B_1(\sinh\mu l - \sin\mu l) + B_2(\cosh\mu l - \cos\mu l) &= 0 \\ B_1(\cosh\mu l - \cos\mu l) + B_2(\sinh\mu l + \sin\mu l) &= 0 \end{aligned} \quad (3.3.25)$$

存在非零解的条件为

$$\begin{vmatrix} \sinh\mu l - \sin\mu l & \cosh\mu l - \cos\mu l \\ \cosh\mu l - \cos\mu l & \sinh\mu l + \sin\mu l \end{vmatrix} = 0$$

化简后为

$$\cos\mu l = \frac{1}{\cosh\mu l} \quad (3.3.26)$$

这就是频率方程，可用作图法或其他数值方法求解。图 3.3.3 画出了 $y=1/\cosh\mu l$ 和 $y=\cos\mu l$ 两条曲线，其交点的横坐标即为频率方程的根，频率方程的根列于表 3.3.1 中。

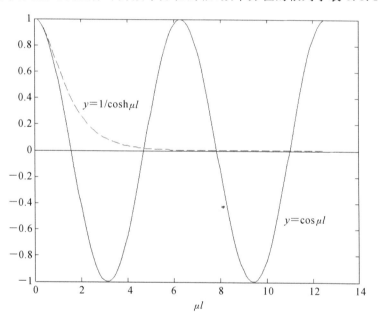

图 3.3.3 求频率方程的图解法

表 3.3.1 均匀全自由梁频率方程的根

根	$\mu_0 l$	$\mu_1 l$	$\mu_2 l$	$\mu_3 l$	$\mu_4 l$	$\mu_5 l$
数值	0	4.730	7.853	10.996	14.137	17.279

在 $\mu l=0$ 处两条曲线相切，此点为频率方程的二重根。它对应全自由梁的两个刚体运动。刚体平移的振型为

$$\varphi_{01}(x) = \alpha_0 \quad (3.3.27)$$

刚体转动的振型为

$$\varphi_{02}(x) = \theta_0 \left(x - \frac{1}{2}\right) \tag{3.3.28}$$

把频率方程的根 $\mu_j l$ $(j=1,2,\cdots)$ 代入式(3.3.25)的任一方程,可得 B_1 和 B_2 的比值,记为 S_j,则由式(3.3.23)得固有振型

$$\varphi_j(x) = B_j \left[(\sin\mu_j x + \sinh\mu_j x) + S_j(\cos\mu_j x + \cosh\mu_j x)\right] \tag{3.3.29}$$

式中:B_j 为任意常数因子。固有振型如图3.3.4所示。

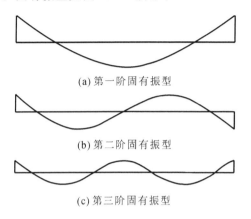

(a) 第一阶固有振型

(b) 第二阶固有振型

(c) 第三阶固有振型

图3.3.4 自由梁的固有振型

当 $j>5$ 时,由图3.3.3可看出,频率方程的根和 $\cos\mu l$ 的根接近,故可用近似公式 $\mu_j l = (2j+1)\pi/2$。

不难写出梁的其他边界条件。例如,在 $x=l$ 处有集中质量 M_0,右端横截面的剪力为(注意方向)

$$N = M_0 \frac{\partial^2 w(l,t)}{\partial t^2} \tag{3.3.30}$$

即边界条件为

$$\varphi''(l) = 0 \tag{3.3.31}$$

$$EI\varphi'''(l) = -M_0\omega^2\varphi(l) \tag{3.3.32}$$

式(3.3.32)利用了式(3.3.19)的关系,即

$$N = EIw''' = EI\varphi'''(l)P(t)$$

$$M_0 \frac{\partial^2 w}{\partial t^2} = M_0\varphi(l)\ddot{P}(t) = -M_0\omega^2\varphi(l)P(t)$$

若是梁的左端有集中质量,则边界条件为

$$EI\varphi'''(0) = M_0\omega^2\varphi(0)$$

它与式(3.3.32)的右边反号。这是因为左端面上的剪力的正向与右端面上的相反。

依照上述方法,不难获得端部有集中弹簧或端部弹性固定端的边界条件。

从上述例题的振型图可知,除全自由梁这一特例外,梁弯曲振动的第 j 阶固有振型的节点数为 $j-1$,且相邻固有振型的各节点位置不重合而呈交错状排列。只要梁有足够的约束而无刚体位移,该结论始终正确。

3.3.2 主振型的正交性

对于多自由度振动系统,固有振型的最重要性质就是正交性。连续弹性体振动的主振型也有类似性质,例如,梁弯曲振动时主振型具有正交性,这里只讨论具有简单边界条件的梁弯

曲振动的主振型的正交性,以等截面梁为例。由 3.3.1 节可知,在对梁的弯曲振动问题进行求解时有

$$(EI\varphi''(x))'' - \omega^2 m\varphi(x) = 0 \tag{3.3.33}$$

对于任意两个不同的固有频率 ω_i 和 ω_j,对应的振型函数分别为 $\varphi_i(x)$ 和 $\varphi_j(x)$,它们都满足式(3.3.33),代入有

$$(EI\varphi_i''(x))'' - \omega_i^2 m\varphi_i(x) = 0 \tag{3.3.34}$$

$$(EI\varphi_j''(x))'' - \omega_j^2 m\varphi_j(x) = 0 \tag{3.3.35}$$

将式(3.3.34)与式(3.3.35)分别乘以 $\varphi_j(x)$ 和 $\varphi_i(x)$ 然后由 0 到 l 进行积分可得

$$EI\int_0^l \varphi_j(x)\varphi_i^{(4)}(x)\mathrm{d}x - \omega_i^2 \int_0^l m\varphi_i(x)\varphi_j(x)\mathrm{d}x = 0 \tag{3.3.36}$$

$$EI\int_0^l \varphi_i(x)\varphi_j^{(4)}(x)\mathrm{d}x - \omega_j^2 \int_0^l m\varphi_j(x)\varphi_i(x)\mathrm{d}x = 0 \tag{3.3.37}$$

以式(3.3.36)为例进行分部积分得到:

$$EI\int_0^l \varphi_j(x)\varphi_i^{(4)}(x)\mathrm{d}x = EI\varphi_j(x)\varphi_i'''(x)\Big|_0^l - EI\varphi_j'(x)\varphi_i''(x)\Big|_0^l + EI\int_0^l \varphi_j''(x)\varphi_i''(x)\mathrm{d}x \tag{3.3.38}$$

对于经典的梁结构,在 $x=0$ 和 $x=l$ 处的边界条件总有挠度或剪力中的一个为零,转角或弯矩中的一个为零成立,所以式(3.3.38)右端的第一项、第二项总是等于零,式(3.3.38)改写为

$$\int_0^l \varphi_j(EI\varphi_i'')''\mathrm{d}x = \int_0^l EI\varphi_i''\varphi_j''\mathrm{d}x \tag{3.3.39}$$

将式(3.3.39)代入式(3.3.36),得到

$$\int_0^l EI\varphi_i''\varphi_j''\mathrm{d}x = \omega_i^2 \int_0^l m\varphi_i\varphi_j\mathrm{d}x \tag{3.3.40}$$

对式(3.3.37)采用同样的方法,得到

$$\int_0^l EI\varphi_j''\varphi_i''\mathrm{d}x = \omega_j^2 \int_0^l m\varphi_j\varphi_i\mathrm{d}x \tag{3.3.41}$$

式(3.3.40)和式(3.3.41)两式相减,得到

$$(\omega_i^2 - \omega_j^2)\, m\int_0^l \varphi_j(x)\varphi_i(x)\mathrm{d}x = 0 \tag{3.3.42}$$

如果 $i \neq j$ 时有 $\omega_i \neq \omega_j$,则应有

$$m\int_0^l \varphi_j(x)\varphi_i(x)\mathrm{d}x = 0 \quad i \neq j \tag{3.3.43}$$

式(3.3.43)即为梁的主振型关于质量的正交性。再将式(3.3.43)分别代回式(3.3.40)和式(3.3.39)得到

$$\int_0^l EI\varphi_i''\varphi_j''\mathrm{d}x = 0 \quad i \neq j \tag{3.3.44}$$

$$\int_0^l \varphi_j(EI\varphi_i'')''\mathrm{d}x = 0 \quad i \neq j \tag{3.3.45}$$

式(3.3.44)和式(3.3.45)即为梁的主振型关于刚度的正交性。

当 $i=j$ 时,$\omega_i=\omega_j$,式(3.3.42)总能成立,令

$$\int_0^l m\varphi_j^2 \mathrm{d}x = M_{\mathrm{p}j} \tag{3.3.46}$$

$$\int_0^l \varphi_j(EI\varphi_j'')''\mathrm{d}x = \int_0^l EI(\varphi_j'')^2 \mathrm{d}x = K_{\mathrm{p}j} \tag{3.3.47}$$

式中：M_{pj} 称为第 j 阶主质量；K_{pj} 称为第 j 阶主刚度。由式(3.3.41)有

$$\omega_j^2 = \frac{K_{pj}}{M_{pj}} \tag{3.3.48}$$

将主振型 $\varphi_j(x)$ 中的常数采用下列归一化条件来确定：

$$\int_0^l m\varphi_j^2 \mathrm{d}x = M_{pj} = 1 \quad j = 1,2,3,\cdots \tag{3.3.49}$$

则式(3.3.49)中的主振型 φ_j 称为正则振型，这时相应的第 j 阶主刚度 K_{pj} 等于第 j 阶固有频率的平方 ω_j^2。可以用下面的形式表示正则振型的正交性：

$$\int_0^l m\varphi_i\varphi_j \mathrm{d}x = \begin{cases} 0, & i \neq j \\ 1, & i = j \end{cases} \tag{3.3.50}$$

$$\int_0^l EI\varphi_i''\varphi_j'' \mathrm{d}x = \begin{cases} 0, & i \neq j \\ \omega_j^2, & i = j \end{cases} \tag{3.3.51}$$

$$\int_0^l \varphi_j (EI\varphi_i'')'' \mathrm{d}x = \begin{cases} 0, & i \neq j \\ \omega_j^2, & i = j \end{cases} \tag{3.3.52}$$

3.3.3　铁摩辛柯(Timoshenko)梁弯曲振动方程

3.3.1 节中直梁的弯曲自由振动没有考虑剪切变形及转动惯量的影响，这种梁模型称为欧拉(Euler)梁模型。对于高阶振动，必须考虑剪切变形及转动惯量的影响。对于低阶振动，若梁的横向尺寸与长度比较大，也要作此考虑。

取均匀梁上一个微段，如图 3.3.5 所示。图中采用右手坐标系，图示各力(力矩)和位移(转角)均为正方向。梁轴线的初始位置是一平行于 x 轴的直线，受剪力和弯矩作用发生变形，形成挠度曲线 $w(x,t)$。

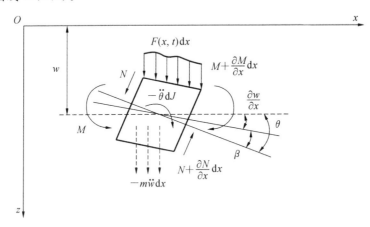

图 3.3.5　计及剪切变形和转动惯量的梁微段受力图

当截面剪力为 0 时，梁发生纯弯曲变形，纯弯曲变形时，$\mathrm{d}x$ 微段转动，转动角为 θ。由于转动，$\mathrm{d}x$ 微段的轴线与初始位置有夹角 θ，但轴线仍垂直于横截面。当剪力不为 0 时，剪力 N 使得微段产生剪切变形，剪切角为 β。剪切变形使微段的轴线发生偏转形成弯矩和剪力联合作用下的挠度曲线，梁轴线变形后的最终转角为 $\partial w/\partial x$。即有

$$\frac{\partial w}{\partial x} = \theta - \beta \tag{3.3.53}$$

据材料力学知识有

$$M = EI \frac{\partial \theta}{\partial x} \tag{3.3.54}$$

由弹性力学知,纯剪切引起的剪切角与剪力的关系为

$$N = A_s G \beta = kAG\beta \tag{3.3.55}$$

由梁段的垂向力平衡条件有

$$\frac{\partial N}{\partial x} = F(x,t) - m \frac{\partial^2 w}{\partial t^2} \tag{3.3.56}$$

由梁段的力矩平衡条件且忽略高阶微量有(注意 $dJ = mr^2 dx$)

$$\frac{\partial M}{\partial x} = N + mr^2 \frac{\partial^2 \theta}{\partial t^2} \tag{3.3.57}$$

式中:M 为横截面弯矩;N 为横截面剪力;A 为横截面面积;A_s 为横截面等效剪切面积;k 为与横截面形状有关的系数(例如,对于矩形 $k=0.833$,对于圆形 $k=0.900$);G 为剪切弹性模量;m 为梁的单位长度质量(含附连水质量);r 为横截面惯性半径;dJ 为 dx 长度微段对横截面水平中性轴的转动惯量。

将式(3.3.53)代入式(3.3.55)中,有

$$N = A_s G \left(\theta - \frac{\partial w}{\partial x} \right) \tag{3.3.58a}$$

将式(3.3.54) 和式(3.3.58a)代入式(3.3.56) 和式(3.3.57)中,消去 M、N 后有

$$A_s G \left(\frac{\partial \theta}{\partial x} - \frac{\partial^2 w}{\partial x^2} \right) = F(x,t) - m \frac{\partial^2 w}{\partial t^2} \tag{3.3.58b}$$

$$EI \frac{\partial^2 \theta}{\partial x^2} = A_s G \left(\theta - \frac{\partial w}{\partial x} \right) + mr^2 \frac{\partial^2 \theta}{\partial t^2} \tag{3.3.58c}$$

联立求解式(3.3.58b)和式(3.3.58c),便得

$$\underbrace{EI \frac{\partial^4 w}{\partial x^4} - \left(F - m \frac{\partial^2 w}{\partial t^2} \right)}_{\text{基本关系式}} - \underbrace{mr^2 \frac{\partial^4 w}{\partial x^2 \partial t^2}}_{\text{转动惯量项}} + \underbrace{\frac{EI}{A_s G} \frac{\partial^2}{\partial x^2} \left(F - m \frac{\partial^2 w}{\partial t^2} \right)}_{\text{剪切变形项}} - \\ \underbrace{\frac{mr^2}{A_s G} \frac{\partial^2}{\partial t^2} \left(F - m \frac{\partial^2 w}{\partial t^2} \right)}_{\text{剪切变形与转动惯量耦合项}} = 0 \tag{3.3.59}$$

这就是计及剪切变形和转动惯量的梁的弯曲振动方程,通常称为铁摩辛柯梁方程。令 $F(x,t)=0$ 得自由振动方程

$$\underbrace{EI \frac{\partial^4 w}{\partial x^4} + \rho A \frac{\partial^2 w}{\partial t^2}}_{\text{基本关系式}} - \underbrace{mr^2 \frac{\partial^4 w}{\partial x^2 \partial t^2}}_{\text{转动惯量项}} - \underbrace{\frac{EI}{A_s G} \frac{\partial^2}{\partial x^2} \left(m \frac{\partial^2 w}{\partial t^2} \right)}_{\text{剪切变形项}} + \\ \underbrace{\frac{mr^2}{A_s G} \frac{\partial^2}{\partial t^2} \left(m \frac{\partial^2 w}{\partial t^2} \right)}_{\text{剪切变形与转动惯量耦合项}} = 0 \tag{3.3.60}$$

例 3.3.3 长度为 l、弯曲刚度为 EI 的某简支均直梁产生弯曲振动,试分析剪切变形和转动惯量对固有频率的影响。

解 设主振动方程为

$$w_j(x,t) = \sin \frac{j\pi x}{l} \sin(\omega_{nj} t + \alpha_j)$$

满足梁的边界条件。代入式(3.3.60),经运算可得

$$\left(\frac{j\pi}{l}\right)^4 - \mu_j^4 - \mu_j^4 r^2 \left(\frac{j\pi}{l}\right)^2 \left(1 + \frac{E}{kG}\right) + \mu_j^4 r^2 \left(\mu_j^4 r^2 \frac{E}{kG}\right) = 0$$

式中:左边前两项表示不计剪切变形和转动惯量的情况;第三项表示剪切变形和转动惯量的影响;最后一项是剪切变形和转动惯量的耦合项,与前三项相比是高阶小量,可忽略。则有

$$\mu_j^4 = \left(\frac{j\pi}{l}\right)^4 \left[\frac{1}{1 + (j\pi r/l)^2 (1 + E/(kG))}\right]$$

当 jr/l 是小量时,由泰勒展开,上式可近似表示为

$$\mu_j^4 = \left(\frac{j\pi}{l}\right)^4 \left[1 - (j\pi r/l)^2 (1 + E/(kG))\right]$$

故

$$\lambda_i \approx \left(\frac{j\pi}{l}\right)^2 \sqrt{\frac{EI}{\rho A}} \cdot \left[1 - \frac{1}{2}(j\pi r/l)^2 (1 + E/(kG))\right]$$

对于泊松比 $\mu=0.25$ 的各向同性材料及矩形横截面情况($k=0.833$),$E/(kG)\approx 3$,因此剪切变形影响是转动惯量影响的三倍,两者都使梁的同阶固有频率有所下降。还可以看到,随着阶数上升(j 增大),它们的影响也增大。对于 $l/(jr)=40$、20、10 和 5 这几种情况,剪切变形和转动惯量影响分别使同阶固有频率下降 1.2%、4.7%、17.2% 和 54.4%。由于剪切变形使梁的总位移量增大,即意味着梁的等效刚度下降,而转动惯量使系统有效质量增加,因而同阶固有频率下降。

3.4 轴向力作用下梁弯曲自由振动

3.4.1 运动微分方程

设直梁长为 l,弯曲刚度为 $EI(x)$,质量密度为 ρ,横截面面积为 $A(x)$,梁受到横向分布载荷 $F(x,t)$ 和轴向力 T($T>0$ 表示压力)的作用,如图 3.4.1 所示。

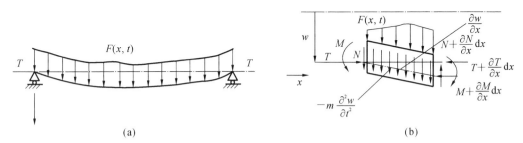

图 3.4.1 轴向力作用下的梁结构

对于图示梁结构,其垂向力和力矩的平衡条件为

$$\frac{\partial N}{\partial x} = F(x,t) - \rho A(x) \frac{\partial^2 w}{\partial t^2} \tag{3.4.1}$$

$$N = \frac{\partial M}{\partial x} + T \frac{\partial w}{\partial x} \tag{3.4.2}$$

弯矩的表达式为

$$M = EI(x) \frac{\partial^2 w}{\partial x^2} \tag{3.4.3}$$

综合上述方程,可得到在轴向力作用下梁的弯曲振动方程:

$$(EIw'')'' + Tw'' + \rho A \ddot{w} = F(x,t) \tag{3.4.4}$$

由式(3.4.4)可看出,轴向力对梁产生一附加横向力。如等式右端项为零,则梁的振动为自由振动。

3.4.2 轴向力对自由振动的影响

对于等直梁,有轴向力作用时梁的自由振动方程为

$$EIw^{(4)} + Tw'' + \rho A \ddot{w} = 0 \tag{3.4.5}$$

类似地,可得固有振型的方程为

$$EI\varphi^{(4)} + T\varphi'' - \rho A \omega_n^2 \varphi = 0 \tag{3.4.6}$$

其一般解为

$$\varphi(x) = B_1 \sin\eta x + B_2 \cos\eta x + B_3 \sinh\xi x + B_4 \cosh\xi x \tag{3.4.7}$$

式中:ξ 与 η 由式(3.4.6)的特征方程确定,即

$$\begin{cases} \xi = \sqrt{\sqrt{\dfrac{T^2}{4E^2 I^2} + \mu^4} - \dfrac{T}{2EI}} \\ \eta = \sqrt{\sqrt{\dfrac{T^2}{4E^2 I^2} + \mu^4} + \dfrac{T}{2EI}} \end{cases} \tag{3.4.8}$$

式中:$\mu^4 = \dfrac{\rho A \omega^2}{EI}$;常数 B_1、B_2、B_3、B_4 由边界条件确定。

例 3.4.1 求两端简支的均匀等直梁在常值轴向力作用下的固有频率。

解 以边界条件为基础,代入式(3.4.7)后,经整理可得频率方程:

$$(\xi^2 + \eta^2) \sin\eta l \sinh\xi l = 0$$

由于 $\xi \neq 0$,$\sinh\xi l \neq 0$,故上式可演化为

$$\sin\eta l = 0$$

因此,$\eta_j l = j\pi$ 或 $\eta_j = j\pi/l$ $(j=1,2,\cdots)$。最后可得振型表达式

$$\varphi_j(x) = B_j \sin\eta_j x = B_j \sin\frac{j\pi x}{l}$$

将 η_j 值代入式(3.4.8),得固有频率

$$\omega_j = \left(\frac{j\pi}{l}\right)^2 \sqrt{\frac{EI}{\rho A}} \cdot \sqrt{1 - \frac{Tl^2}{j^2 \pi^2 EI}} \tag{3.4.9}$$

将式(3.4.9)与无轴向力时简支梁固有频率相比较,可得以下结论:

(1) 当梁受轴向压力(相当于等效刚度减小)时,同阶固有频率将减小;
(2) 受轴向拉力($T<0$)(相当于等效刚度增大)时,同阶固有频率将提高;
(3) 当剖面惯性矩 $I \to 0$ 且 $T>0$ 时,得到的固有频率是受张力的弦的固有频率

$$\bar{\omega}_j = \frac{j\pi}{l} \sqrt{\frac{-T}{\rho A}} \tag{3.4.10}$$

(4) 对于受轴向压力的梁,若固有频率为零,则

$$1 - \frac{Tl^2}{j^2 \pi^2 EI} = 0 \tag{3.4.11}$$

式(3.4.11)表示的是压杆弹性失稳时的临界压力公式,$j=1$ 时对应屈曲的临界轴向压力

$$T_{cr} = \frac{\pi^2 EI}{l^2} \tag{3.4.12}$$

因此,可以从振动角度通过分析压力作用下的固有频率值来测定和预估屈曲压力,称为受压结构稳定性的无损检测分析方法。工程中常用这种方法间接计算屈曲载荷。

3.5 薄平板的弯曲自由振动

工程中将厚度远小于底面尺寸的扁平形的弹性体称为板,它是工程中一种常见的结构元件。常根据板厚度 h 与最小边长 b 之比将板划分为三类:

(1) 薄膜:$\dfrac{h}{b} < \left(\dfrac{1}{100} \sim \dfrac{1}{80}\right)$;

(2) 薄板:$\left(\dfrac{1}{100} \sim \dfrac{1}{80}\right) \leqslant \dfrac{h}{b} \leqslant \left(\dfrac{1}{8} \sim \dfrac{1}{5}\right)$;

(3) 厚板:$\dfrac{h}{b} > \left(\dfrac{1}{8} \sim \dfrac{1}{5}\right)$。

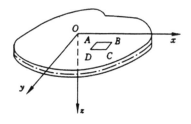

图 3.5.1　中面及坐标系

船舶与海洋工程结构中的板大多属于薄板范围。平分板厚的中间面称为中面,当薄板受横向载荷产生弯曲变形时,中面变形后的曲面称为薄板的弹性曲面。本节讨论中面为平面且等厚度的薄平板在垂直于中面方向的振动,即弯曲振动。如图 3.5.1 所示,在中面上建立空间直角坐标系 $Oxyz$,中面内各点在横向的(即垂直于中面方向的)位移称为挠度。板上任意一点沿 x、y、z 方向的位移分别用 u、v、w 表示。本节分析薄平板的小挠度弯曲理论,即最大挠度满足关系:$w_{\max}/t = 1/10 \sim 1/5$ 或 $w_{\max}/b \leqslant 1/50$。

3.5.1 薄平板的弯曲振动微分方程

克希霍夫的薄板理论有以下几个基本假设:

(1) 直法线假设:中面的法线在薄板弯曲后仍保持为直线并成为弹性曲面的法线。它表示由应力分量 τ_{xz}、τ_{yz}(第一、第二个下标分别表示作用面的法线方向、应力的指向)引起的应变 γ_{xz}、γ_{yz} 可以忽略不计,但横向剪应力 τ_{xz}、τ_{yz} 却是维持平衡所必需的,不能不计。

(2) 薄板弯曲时板内的应力以平面应力 σ_x、σ_y、τ_{xy} 为主。

(3) 薄板弯曲时厚度的变化略去不计,即 $\varepsilon_z = 0$,也即 w 与 z 无关,在中面的任一根法线上,薄板全厚度内的所有各点都具有相同的位移 w。

(4) 薄板的挠度 w 比板的厚度 h 小得多。薄板弯曲时中面内的各点都没有平行于中面的位移,即中面的任意一部分虽然弯曲成弹性曲面的一部分,但它在 Oxy 面上的投影形状却保持不变。

薄板弯曲振动微分方程是按位移求解的,取薄板的挠度 w 为基本未知函数。因此,要把所有的其他物理量都用 w 表示,并建立 w 的微分方程。首先把应变分量 ε_x、ε_y、γ_{xy} 用 w 来表示。

从中面取出一矩形微元 $ABCD$,弯曲变形后成为 $A'B'C'D'$,如图 3.5.2(a)所示,弹性曲面在 Oxz、Oyz 面内的转角分别为 $\partial w/\partial x$、$\partial w/\partial y$。取位于 Oxz 平面的某截面,如图 3.5.2(b)所示。设 A_1 是中面内 A 点法线上的一点,A_1 点与 A 点的距离是 z,当 A 点产生挠度 w 移至

A' 点时，A_1 点移至 A_1' 点，由假设(1)可知，$A'A_1'$ 仍与弹性曲面垂直，由假设(3)知 $A'A_1'=z$，由图 3.5.2(b)可以看出，A_1 点沿 x 方向的位移分量为 $u=-z \cdot \partial w/\partial x$。同理，可知 A_1 点沿 y 方向的位移分量为 $v=-z \cdot \partial w/\partial y$。

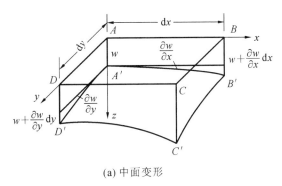
(a) 中面变形

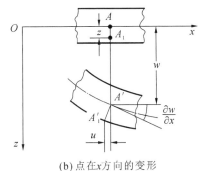
(b) 点在 x 方向的变形

图 3.5.2 点的变形关系

对于中面内的任意一点 P，沿 x 轴和 y 轴的方向取两个微小长度的线段 $PA=dx$ 和 $PB=dy$。假定弹性体受力以后，P、A、B 三点分别移动到 P'、A'、B'，如图 3.5.3 所示。

首先来求出线段 PA 和 PB 的正应变 ε_x 和 ε_y。设 P 点在 x 方向的位移是 u，则 A 点在 x 方向的位移分量将是 $u+\dfrac{\partial u}{\partial x}dx$，则线段 PA 在 x 方向的正应变是

$$\varepsilon_x = \frac{\left(u+\dfrac{\partial u}{\partial x}dx\right)-u}{dx} = \frac{\partial u}{\partial x} \quad (3.5.1)$$

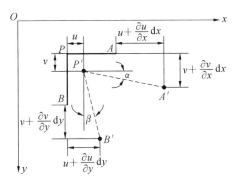

图 3.5.3 中面点的位移关系

同理，线段 PB 在 y 方向的正应变为

$$\varepsilon_y = \frac{\partial v}{\partial y} \quad (3.5.2)$$

现在来求线段 PA 与 PB 之间角度的改变量，也就是剪应变 γ_{xy}。由图可见，这个剪应变由两部分组成：一部分是由 y 方向的位移 v 引起的，即 x 方向线段 PA 的转角 α；另一部分是由 x 方向的位移 u 引起的，即 y 方向线段 PB 的转角 β。

P 点在 y 方向的位移是 v，则 A 点在 y 方向的位移分量将是 $v+\dfrac{\partial v}{\partial x}dx$。因此，线段 PA 的转角为

$$\alpha = \frac{\left(v+\dfrac{\partial v}{\partial x}dx\right)-v}{dx} = \frac{\partial v}{\partial x} \quad (3.5.3)$$

同样可得线段 PB 的转角为

$$\beta = \frac{\partial u}{\partial y} \quad (3.5.4)$$

则 PA 与 PB 之间角度的改变量(以减小时为正)，也就是剪应变 γ_{xy} 为

$$\gamma_{xy} = \alpha + \beta = \frac{\partial v}{\partial x} + \frac{\partial u}{\partial y} \quad (3.5.5)$$

综合式(3.5.1)、式(3.5.2)、式(3.5.5)，得出应变分量与位移分量之间的关系式，即几何方程：

$$\begin{cases} \varepsilon_x = \dfrac{\partial u}{\partial x} \\ \varepsilon_y = \dfrac{\partial v}{\partial y} \\ \gamma_{xy} = \dfrac{\partial v}{\partial x} + \dfrac{\partial u}{\partial y} \end{cases} \quad (3.5.6)$$

对于薄平板内任意一点，由应变与位移的几何关系，可以把应变分量 ε_x、ε_y、γ_{xy} 用 w 表示如下：

$$\begin{cases} \varepsilon_x = \dfrac{\partial u}{\partial x} = -z\dfrac{\partial^2 w}{\partial x^2} = z\kappa_x \\ \varepsilon_y = \dfrac{\partial v}{\partial y} = -z\dfrac{\partial^2 w}{\partial y^2} = z\kappa_y \\ \gamma_{xy} = \dfrac{\partial v}{\partial x} + \dfrac{\partial u}{\partial y} = -2z\dfrac{\partial^2 w}{\partial x \partial y} = 2z\kappa_{xy} \end{cases} \quad (3.5.7)$$

式中：

$$\begin{cases} \kappa_x = -\dfrac{\partial^2 w}{\partial x^2} \\ \kappa_y = -\dfrac{\partial^2 w}{\partial y^2} \\ \kappa_{xy} = -\dfrac{\partial^2 w}{\partial x \partial y} \end{cases} \quad (3.5.8)$$

κ_x、κ_y 分别表示弹性曲面在 x、y 方向的曲率；κ_{xy} 表示弹性曲面在 x 和 y 方向的扭率。若记向量 $\boldsymbol{\varepsilon}$、$\boldsymbol{\kappa}$ 为

$$\begin{cases} \boldsymbol{\varepsilon} = \begin{bmatrix} \varepsilon_x & \varepsilon_y & \dfrac{\gamma_{xy}}{2} \end{bmatrix}^{\mathrm{T}} \\ \boldsymbol{\kappa} = \begin{bmatrix} \kappa_x & \kappa_y & \kappa_{xy} \end{bmatrix}^{\mathrm{T}} \end{cases} \quad (3.5.9)$$

则式(3.5.7)可表示为

$$\boldsymbol{\varepsilon} = z\boldsymbol{\kappa} \quad (3.5.10)$$

由假设(2)可知，应力 σ_z 对变形的影响可以忽略不计，因而薄板弯曲问题可以看作平面应力问题，平面应力问题中的应力应变关系为

$$\begin{cases} \sigma_x = \dfrac{E}{1-\mu^2}(\varepsilon_x + \mu\varepsilon_y) \\ \sigma_y = \dfrac{E}{1-\mu^2}(\varepsilon_y + \mu\varepsilon_x) \\ \tau_{xy} = \dfrac{E}{2(1+\mu)}\gamma_{xy} \end{cases} \quad (3.5.11)$$

式中：E 为材料的弹性模量；μ 为泊松比。记：

$$\boldsymbol{\sigma} = \begin{bmatrix} \sigma_x \\ \sigma_y \\ \tau_{xy} \end{bmatrix}, \quad \boldsymbol{D}_1 = \begin{bmatrix} 1 & \mu & 0 \\ \mu & 1 & 0 \\ 0 & 0 & 1-\mu \end{bmatrix} \quad (3.5.12)$$

则式(3.5.11)可表示为下列矩阵形式：

$$\boldsymbol{\sigma} = \dfrac{E}{1-\mu^2}\boldsymbol{D}_1\boldsymbol{\varepsilon}$$

将式(3.5.10)代入上式,则上式可改写为

$$\boldsymbol{\sigma} = \frac{Ez}{1-\mu^2} \boldsymbol{D}_1 \boldsymbol{\kappa} \tag{3.5.13}$$

应力分量 σ_x、σ_y、τ_{xy} 沿板的厚度 z 呈线性分布,在中面上的值为零,同时它们又都是 z 的奇函数,因此在薄板全厚度上的面积积分都为零(无轴力与剪力),只可能合成为弯矩与扭矩。

从薄板内取出一个微小的平行六面体,其三边的长度分别为 $\mathrm{d}x$、$\mathrm{d}y$ 和 h。设微小六面体各截面上应力的分布情况如图 3.5.4(a)、(b)所示。由图 3.5.4 可以看出,在 x 为常量的截面上,正应力 σ_x 合成弯矩,剪应力 τ_{xy} 合成扭矩,若定义 M_x、M_{xy} 分别为单位宽度上的弯矩及扭矩,则得到

$$M_x = \int_{-h/2}^{h/2} \sigma_x z \mathrm{d}z; \quad M_{xy} = \int_{-h/2}^{h/2} \tau_{xy} z \mathrm{d}z$$

同理,在 y 为常量的截面上,也可得到单位宽度上的弯矩及扭矩:

$$M_y = \int_{-h/2}^{h/2} \sigma_y z \mathrm{d}z; \quad M_{yx} = \int_{-h/2}^{h/2} \tau_{yx} z \mathrm{d}z$$

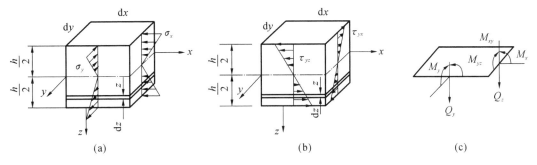

图 3.5.4 微小六面体上的应力分布

由于剪应力 τ_{xy} 与 τ_{yx} 大小相等,所以 $M_{xy}=M_{yx}$,若记:

$$\boldsymbol{M} = \begin{bmatrix} M_x & M_y & M_{xy} \end{bmatrix}^{\mathrm{T}} \tag{3.5.14}$$

则上面的内力分量与应力分量之间的关系可表示为

$$\boldsymbol{M} = \int_{-h/2}^{h/2} \boldsymbol{\sigma} z \mathrm{d}z \tag{3.5.15}$$

将式(3.5.13)代入式(3.5.15),得

$$\boldsymbol{M} = \frac{E}{1-\mu^2} \boldsymbol{D}_1 \boldsymbol{\kappa} \int_{-h/2}^{h/2} z^2 \mathrm{d}z = D_0 \boldsymbol{D}_1 \boldsymbol{\kappa} = \boldsymbol{D} \boldsymbol{\kappa} \tag{3.5.16}$$

其中:

$$\begin{cases} D_0 = \dfrac{Eh^3}{12(1-\mu^2)} \\ \boldsymbol{D} = D_0 \boldsymbol{D}_1 \end{cases} \tag{3.5.17}$$

D_0 称为薄板的弯曲刚度,矩阵 $\boldsymbol{D}$ 称为弹性矩阵。将式(3.5.16)写成具体的内力表达式,则有

$$\begin{cases} M_x = -D_0 \left(\dfrac{\partial^2 w}{\partial x^2} + \mu \dfrac{\partial^2 w}{\partial y^2} \right) \\ M_y = -D_0 \left(\dfrac{\partial^2 w}{\partial y^2} + \mu \dfrac{\partial^2 w}{\partial x^2} \right) \\ M_{xy} = -D_0 (1-\mu) \dfrac{\partial^2 w}{\partial x \partial y} \end{cases} \tag{3.5.18}$$

薄板截面上的横向剪应力 τ_{xz}、τ_{yz} 分别合成为横向剪力 Q_x、Q_y，即在单位宽度上，有

$$\left. \begin{aligned} Q_x &= \int_{-h/2}^{h/2} \tau_{xz} \, dz \\ Q_y &= \int_{-h/2}^{h/2} \tau_{yz} \, dz \end{aligned} \right\} \tag{3.5.19}$$

式中：Q_x、Q_y 分别是垂直于 x 轴及垂直于 y 轴的截面上单位宽度的横向剪力。

以上所提到的内力都是作用在薄板单位宽度上的内力，所以弯矩和扭矩的因次都是[力]，而不是[力][长度]；横向剪力的因次是[力][长度]$^{-1}$，而不是[力]。

根据达朗贝尔原理推导薄板弯曲振动方程。考虑薄板的任一微元，以中面上的矩形微元 $dxdy$ 代替微元体 $hdxdy$，并将载荷及截面上的内力表示在中面上，其中所有内力分量都按正方向规定画出，在坐标有增量的截面上，内力分量也有相应的增量。分布在单位面积上的垂向激振力记为 $p(x,y,t)$，薄板的体积密度为 ρ，则单位面积薄板上的惯性力为 $-\rho h \dfrac{\partial^2 w}{\partial t^2}$。微元的受力情况如图 3.5.5 所示。

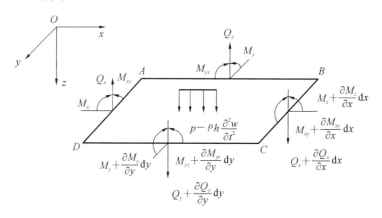

图 3.5.5　微元受力

分别以通过微元中心且平行于 y 轴及 x 轴的直线为矩轴，根据达朗贝尔原理分别列出力矩的平衡方程和 z 方向的力平衡方程，简化以后，略去高阶微量，得到

$$\begin{cases} \dfrac{\partial M_x}{\partial x} + \dfrac{\partial M_{yx}}{\partial y} - Q_x = 0 \\ \dfrac{\partial M_{xy}}{\partial x} + \dfrac{\partial M_y}{\partial y} - Q_y = 0 \\ \dfrac{\partial Q_x}{\partial x} + \dfrac{\partial Q_y}{\partial y} + p - \rho h \dfrac{\partial^2 w}{\partial t^2} = 0 \end{cases} \tag{3.5.20}$$

将式(3.5.18)代入式(3.5.20)的前两式，得到

$$\begin{cases} Q_x = -D_0 \dfrac{\partial}{\partial x}(\nabla^2 w) \\ Q_y = -D_0 \dfrac{\partial}{\partial y}(\nabla^2 w) \end{cases} \tag{3.5.21}$$

其中：∇^2 为调和算子，定义为

$$\nabla^2 = \dfrac{\partial^2}{\partial x^2} + \dfrac{\partial^2}{\partial y^2}$$

将式(3.5.21)表示的 Q_x、Q_y 代入式(3.5.20)的第三式，得到薄板弯曲振动微分方程：

$$D_0\left(\frac{\partial^4 w}{\partial x^4}+2\frac{\partial^4 w}{\partial x^2 \partial y^2}+\frac{\partial^4 w}{\partial y^4}\right)+\rho h\frac{\partial^2 w}{\partial t^2}=p(x,y,t) \qquad (3.5.22)$$

实际上,当薄板仅承受横向静载荷时,没有惯性力,式(3.5.22)就转化为静力弯曲平衡方程,这在船舶结构力学课程中已学习过。

式(3.5.22)也可以写为

$$D_0\nabla^4 w+\rho h\frac{\partial^2 w}{\partial t^2}=p(x,y,t) \qquad (3.5.23)$$

其中:∇^4 为重调和算子,定义为

$$\nabla^4=\nabla^2\nabla^2=\left(\frac{\partial^2}{\partial x^2}+\frac{\partial^2}{\partial y^2}\right)\left(\frac{\partial^2}{\partial x^2}+\frac{\partial^2}{\partial y^2}\right)$$

展开后为

$$\nabla^4=\frac{\partial^4}{\partial x^4}+2\frac{\partial^4}{\partial x^2\partial y^2}+\frac{\partial^4}{\partial y^4}$$

3.5.2 薄板的边界条件

薄板弯曲振动微分方程(3.5.22)的解必须满足所求问题的边界条件,本小节以矩形薄平板为例,讨论几种常见的边界条件。

边长分别为 a、b 的矩形薄板如图 3.5.6(a)所示,建立图示坐标系 Axy,以 AD 边为例讨论薄板的边界条件。典型的边界条件有图 3.5.6(b)所示的固定边、简支边及自由边三种类型。

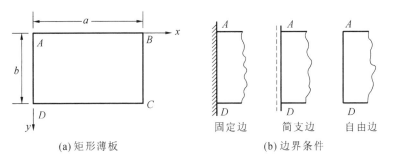

(a) 矩形薄板　　　　　　　　　(b) 边界条件

图 3.5.6　矩形薄板及其边界条件

(1) 固定边。AD 边上的挠度为零,弹性曲面在 x 方向的斜率 $\partial w/\partial x$(即绕 y 轴的转角)也等于零,因此 AD 边的边界条件为

$$w\big|_{x=0}=0,\quad \frac{\partial w}{\partial x}\bigg|_{x=0}=0 \qquad (3.5.24)$$

(2) 简支边。AD 边上的挠度为零,弯矩 M_x 也为零,由式(3.5.18)可得 AD 边的边界条件为

$$w\big|_{x=0}=0,\quad \left(\frac{\partial^2 w}{\partial x^2}+\mu\frac{\partial^2 w}{\partial y^2}\right)\bigg|_{x=0}=0$$

由于在 $x=0$ 的边上各点挠度都等于零,从而有 $\dfrac{\partial w}{\partial y}\bigg|_{x=0}=0$ 及 $\dfrac{\partial^2 w}{\partial y^2}\bigg|_{x=0}=0$,因此简支边 AD 上的边界条件可以改写为

$$w\big|_{x=0}=0,\quad \frac{\partial^2 w}{\partial x^2}\bigg|_{x=0}=0 \qquad (3.5.25)$$

(3) 自由边。AD 边上的弯矩 M_x、扭矩 M_{xy} 以及横向剪力 Q_x 都等于零,因而有下列三个边界条件:

$$M_x|_{x=0} = 0, \quad M_{xy}|_{x=0} = 0, \quad Q_x|_{x=0} = 0$$

克希霍夫指出,薄板任一边界上的扭矩可以变换为等效的横向剪力和原来的横向剪力合并,因而,上面后两式表示的边界条件可以合并为一个边界条件,分析如下:

假设 AD 边是任意边界,在上面取长为 dy 的两个相邻微段 EF 和 FG,如图 3.5.7(a)所示。在 EF 段上作用着扭矩 $M_{xy}dy$,这个扭矩可以等效为作用于 EF 段两端的一对横向剪力,其方向相反,大小都等于 M_{xy},如图 3.5.7(b)所示。同样,作用在 FG 段上的扭矩 $[M_{xy} + (\partial M_{xy}/\partial y)dy]dy$ 也可以等效为作用于 FG 段两端的一对横向剪力,其方向相反,大小都等于 $M_{xy} + (\partial M_{xy}/\partial y)dy$。这样在 F 点上就有对应于长度 dy 的一个合力$(\partial M_{xy}/\partial y)dy$,或认为长度 dy 上连续分布着横向剪力$\partial M_{xy}/\partial y$。如果将 AD 边分成许多微段作同样考虑,边界 AD 边上的分布扭矩就变换为等效的分布剪力$\partial M_{xy}/\partial y$,因此 AD 边上总的分布剪力为 $V_x = Q_x + (\partial M_{xy}/\partial y)$。

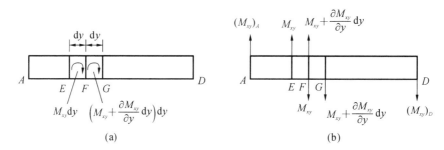

图 3.5.7 剪力等效

此外,由图 3.5.7(b)可见,在 A、D 两个角点,还存在未被抵消的集中剪力$(M_{xy})_A$ 与$(M_{xy})_D$。

根据圣维南原理,上述等效变换只影响 AD 边近处的应力分布,而其余各处的应力不会受到显著的影响,因而是允许的。所以当 AD 边为自由边时,按照以上所述的变换,边界条件就成为

$$M_x|_{x=0} = 0, \quad V_x|_{x=0} = \left(Q_x + \frac{\partial M_{xy}}{\partial y}\right)\bigg|_{x=0} = 0$$

其中前一个条件仍然表示弯矩等于零,而后一个条件则表示总的分布剪力等于零(但是 Q_x 和 M_{xy} 并不必分别等于零)。

将式(3.5.18)与(3.5.21)代入上面两式,自由边 AD 的边界条件可以用 w 表示成为

$$\left(\frac{\partial^2 w}{\partial x^2} + \mu \frac{\partial^2 w}{\partial y^2}\right)\bigg|_{x=0} = 0, \quad \left[\frac{\partial^3 w}{\partial x^3} + (2-\mu)\frac{\partial^3 w}{\partial x \partial y^2}\right]\bigg|_{x=0} = 0 \quad (3.5.26)$$

3.5.3 矩形薄板的自由振动

在薄板的弯曲振动方程(3.5.23)中,令激振力 $p(x,y,t)=0$,可以得到薄板弯曲自由振动方程:

$$D_0 \nabla^4 w + \rho h \frac{\partial^2 w}{\partial t^2} = 0 \quad (3.5.27)$$

采用分离变量法,假设主振动为

$$w(x,y,t) = W(x,y)\sin(\omega t + \varphi) \tag{3.5.28}$$

式中：$W(x,y)$ 为主振型，将式(3.5.28)代入式(3.5.27)，得到

$$\nabla^4 W - \beta^4 W = 0 \tag{3.5.29}$$

其中，

$$\beta^4 = \frac{\rho h}{D_0}\omega^2 \tag{3.5.30}$$

将式(3.5.28)代入边界条件时，形式不变，只要将其中的 w 改写成 W 即可。由 3.5.2 节矩形薄板边界条件的分析可知，在薄板的任一边上，边界条件总有挠度或总剪力中的一个为零、转角或弯矩中的一个为零同时成立，因此矩形薄板的边界条件可以概括为下列情况的组合。

(1) $x=0$ 或 $x=a$ 边界上，

$$W = 0 \quad 或 \quad \frac{\partial^3 W}{\partial x^3} + (2-\mu)\frac{\partial^3 W}{\partial x \partial y^2} = 0 \quad 与 \quad \frac{\partial W}{\partial x} = 0 \quad 或 \quad \frac{\partial^2 W}{\partial x^2} + \mu\frac{\partial^2 W}{\partial y^2} = 0 \tag{3.5.31}$$

(2) $y=0$ 或 $y=b$ 边界上，

$$W = 0 \quad 或 \quad \frac{\partial^3 W}{\partial y^3} + (2-\mu)\frac{\partial^3 W}{\partial x^2 \partial y} = 0 \quad 与 \quad \frac{\partial W}{\partial y} = 0 \quad 或 \quad \frac{\partial^2 W}{\partial y^2} + \mu\frac{\partial^2 W}{\partial x^2} = 0 \tag{3.5.32}$$

式(3.5.29)与式(3.5.31)、式(3.5.32)组成了矩形薄板弯曲振动微分方程的特征值问题，式(3.5.30)中的 ω^2 称为特征值，ω 为固有频率，主振型 $W(x,y)$ 又称为特征函数(振型函数)。

边界条件不同，薄板就有不同的主振型及相应的固有频率。在四边简支矩形薄板条件下可得到自由振动的精确解，其他边界条件下只能得到近似解。下面讨论四边简支矩形薄板的自由振动。

已知两端简支梁的主振型为 $C_i \sin \frac{i\pi x}{l} (i=1,2,\cdots)$，根据此式，可以将图 3.5.8 所示的四边简支板的主振型假设为

$$W_{i,j}(x,y) = A_{i,j}\sin\frac{i\pi x}{a}\sin\frac{j\pi y}{b}; \quad i=1,2,\cdots; \quad j=1,2,\cdots \tag{3.5.33}$$

式(3.5.33)应满足下列四边简支的边界条件：

$$\begin{cases} W\big|_{x=0} = \frac{\partial^2 W}{\partial x^2}\bigg|_{x=0} = 0, \quad W\big|_{x=a} = \frac{\partial^2 W}{\partial x^2}\bigg|_{x=a} = 0 \\ W\big|_{y=0} = \frac{\partial^2 W}{\partial y^2}\bigg|_{y=0} = 0, \quad W\big|_{y=b} = \frac{\partial^2 W}{\partial y^2}\bigg|_{y=b} = 0 \end{cases} \tag{3.5.34}$$

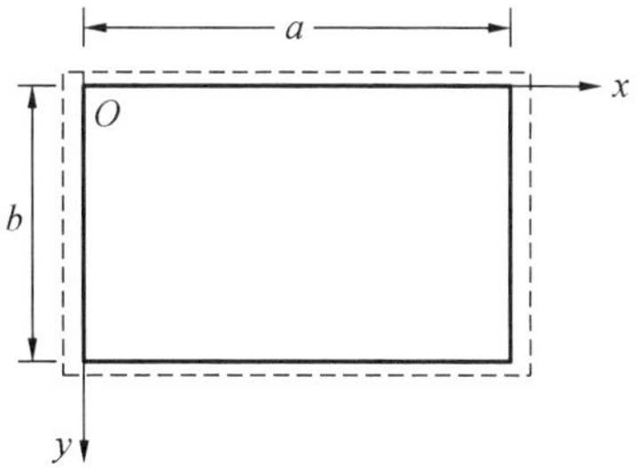

将式(3.5.33)代入式(3.5.29)，得到

$$\left\{\left[\left(\frac{i\pi}{a}\right)^2 + \left(\frac{j\pi}{b}\right)^2\right]^2 - \beta^4\right\} A_{i,j}\sin\frac{i\pi x}{a}\sin\frac{j\pi y}{b} = 0$$

图 3.5.8 简支板

为使在中面上的所有各点都能满足这一条件，也就是在 x 和 y 取任意值时都能满足，必须有

$$\left[\left(\frac{i\pi}{a}\right)^2 + \left(\frac{j\pi}{b}\right)^2\right]^2 - \beta^4 = 0 \tag{3.5.35}$$

式(3.5.35)即频率方程,将式(3.5.30)代入式(3.5.35),解出固有频率为

$$\omega_{i,j} = \pi^2 \left(\frac{i^2}{a^2} + \frac{j^2}{b^2} \right) \sqrt{\frac{D_0}{\rho h}}; \quad i = 1, 2, \cdots; \quad j = 1, 2, \cdots \quad (3.5.36)$$

下面讨论四边简支矩形薄板($a \neq b$)的前几阶固有频率及相应的主振型。

当 $i=j=1$ 时,由式(3.5.36)得到薄板的最低固有频率为

$$\omega_{1,1} = \pi^2 \left(\frac{1}{a^2} + \frac{1}{b^2} \right) \sqrt{\frac{D_0}{\rho h}}$$

由式(3.5.33)得到与此相应的主振型为

$$W_{1,1} = A_{1,1} \sin \frac{\pi x}{a} \sin \frac{\pi y}{b}$$

振型如图 3.5.9(a)所示,此时薄板沿 x 及 y 方向都只有一个正弦半波,最大挠度发生在薄板中心点。

当 $i=2, j=1$ 时,薄板的固有频率及相应的主振型为

$$\omega_{2,1} = \pi^2 \left(\frac{4}{a^2} + \frac{1}{b^2} \right) \sqrt{\frac{D_0}{\rho h}}, \quad W_{2,1} = A_{2,1} \sin \frac{2\pi x}{a} \sin \frac{\pi y}{b}$$

振型如图 3.5.9(b)所示,薄板沿 x 方向有两个正弦半波,沿 y 方向只有一个正弦半波,由节线方程 $W_{2,1}=0$,得到对称轴 $x=a/2$ 是一条节线,节线两侧板的挠度方向相反,图中的阴影部分及空白部分表示相反方向的挠度。同样可以得到其他不同 i, j 对应的固有频率及相应的主振型。$W_{1,2}$ 及 $W_{2,2}$ 的振型如图 3.5.9(c)及(d)所示。

由图 3.5.9 可以看到,四边简支矩形薄板前几阶主振型中出现的节线与周边平行,而且一个固有频率一般有对应的节线位置。

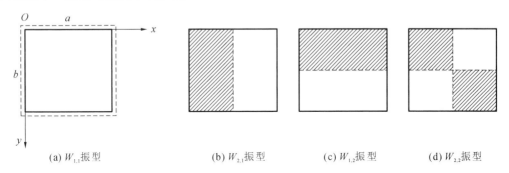

图 3.5.9 简支板振型

由式(3.5.35)可以看出,对于边长分别为 a、b 的矩形薄板,不同的 (i,j) 值可能有相同的固有频率。例如正方形板,此时 $b=a$,代入式(3.5.36),得到正方形板的固有频率为

$$\omega^2 = \pi^2 \left(\frac{i^2 + j^2}{a^2} \right) \sqrt{\frac{D_0}{\rho h}} \quad (3.5.37)$$

当 $i \neq j$ 时,每个固有频率均为频率方程(3.5.35)的二重根,即有 $\omega_{i,j} = \omega_{j,i}$,在二重根的情况下,$W_{i,j}$ 与 $W_{j,i}$ 都对应同一个固有频率的主振型,因此相应固有频率 $\omega_{i,j}$ 的主振型为 $W_{i,j}$ 与 $W_{j,i}$ 的线性组合,即

$$W = A W_{i,j} + B W_{j,i} \quad (3.5.38)$$

式中:A、B 为不同时为零的任意实数。

对于正方形板,由于每个固有频率都是重根,因此对应同一个固有频率的主振型会出现不

同的节线位置。

例如,对应二重固有频率 $\omega_{2,1}$ 的主振型为

$$W = A\sin\frac{2\pi x}{a}\sin\frac{\pi y}{a} + B\sin\frac{\pi x}{a}\sin\frac{2\pi y}{a}$$

当 $A=B$ 时,上式成为

$$W = 2A\sin\frac{\pi x}{a}\sin\frac{\pi y}{a}\left(\cos\frac{\pi x}{a} + \cos\frac{\pi y}{a}\right)$$

由节线方程 $W=0$,解得出现在正方形板内的节线为 $x+y=a$。

当 $A=-B$ 时,可以得到

$$W = 2A\sin\frac{\pi x}{a}\sin\frac{\pi y}{a}\left(\cos\frac{\pi x}{a} - \cos\frac{\pi y}{a}\right)$$

根据节线方程 $W=0$,解得节线为 $x-y=a$。

图 3.5.10 所示为对应固有频率 $\omega_{2,1}$ 的几种振型。

对应二重固有频率 $\omega_{3,1}$ 的主振型为

$$W = A\sin\frac{3\pi x}{a}\sin\frac{\pi y}{a} + B\sin\frac{\pi x}{a}\sin\frac{3\pi y}{a}$$

此时可能出现的几种振型如图 3.5.11 所示。

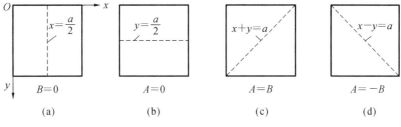

图 3.5.10 对应固有频率 $\omega_{2,1}$ 的振型

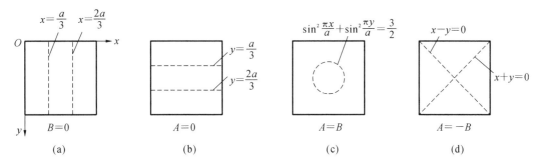

图 3.5.11 对应固有频率 $\omega_{3,1}$ 的振型

3.6 模态叠加法分析梁的弯曲强迫振动

前面已经得到了梁的弯曲强迫振动方程(3.3.2a):

$$\frac{\partial^2}{\partial x^2}\left(EI\frac{\partial^2 w}{\partial x^2}\right) + m\frac{\partial^2 w}{\partial t^2} = F(x,t)$$

利用模态叠加法思想,可设梁的强迫振动解为所有振型 φ_i 的叠加,即

$$w(x,t) = \sum_{i=1}^{\infty} \varphi_i(x) p_i(t) \tag{3.6.1}$$

式中：$p_i(t)$ 为主坐标。将式(3.6.1)代入强迫振动方程，得到

$$\sum_{i=1}^{\infty} (EI\varphi_i'')'' p_i + m \sum_{i=1}^{\infty} \varphi_i \ddot{p}_i = F(x,t)$$

上式两边乘以 φ_j 并沿梁长 l 对 x 进行积分，得到

$$\sum_{i=1}^{\infty} p_i \int_0^l \varphi_j (EI\varphi_i'')'' \mathrm{d}x + \sum_{i=1}^{\infty} \ddot{p}_i \int_0^l m \varphi_i \varphi_j \mathrm{d}x = \int_0^l F(x,t) \varphi_j \mathrm{d}x$$

将式(3.3.50)、式(3.3.52)的正交性条件代入上式，得到

$$\ddot{p}_j + \omega_j^2 p_j = q_j(t); \quad j = 1,2,\cdots \tag{3.6.2}$$

式(3.6.2)即为用正则坐标表示的振动方程。式中：

$$q_j(t) = \int_0^l F(x,t) \varphi_j \mathrm{d}x \tag{3.6.3}$$

称为第 j 个主坐标下的广义力。

如果已知梁横向强迫振动的初始条件为

$$y(x,0) = f(x); \quad \frac{\partial y(x,0)}{\partial t} = g(x) \tag{3.6.4}$$

代入式(3.6.1) 则有

$$y(x,0) = f(x) = \sum_{i=1}^{\infty} \varphi_i(x) p_i(0), \quad \frac{\partial y}{\partial t}(x,0) = g(x) = \sum_{i=1}^{\infty} \varphi_i(x) \dot{p}_i(0)$$

上式两边乘以 $m\varphi_j(x)$，并沿梁长 l 对 x 进行积分，将正交性条件代入后得到

$$p_j(0) = \int_0^l m f(x) \varphi_j(x) \mathrm{d}x, \quad \dot{p}_j(0) = \int_0^l m g(x) \varphi_j(x) \mathrm{d}x \tag{3.6.5}$$

式(3.6.5)为第 j 个正则坐标的初始条件，根据式(3.6.2)的方程和式(3.6.5)的初始条件，利用杜哈姆积分得到方程的解为

$$p_j(t) = p_j(0) \cos\omega_j t + \frac{\dot{p}_j(0)}{\omega_j} \sin\omega_j t + \frac{1}{M_{pj}\omega_j} \int_0^t q_j(\tau) \sin\omega_j(t-\tau) \mathrm{d}\tau \tag{3.6.6}$$

注意归一化处理后有 $M_{pj}=1$。将式(3.6.6)表示的正则坐标响应代入式(3.6.1)，得到梁在式(3.6.4)的初始条件下对任意激励的响应为

$$w(x,t) = \sum_{i=1}^{\infty} \varphi_j(x) \cdot \left[p_j(0) \cos\omega_j t + \frac{\dot{p}_j(0)}{\omega_j} \sin\omega_j t + \frac{1}{\omega_j} \int_0^t q_j(\tau) \sin\omega_j(t-\tau) \mathrm{d}\tau \right] \tag{3.6.7}$$

如果是零初始条件，则梁对任意激励的响应为

$$w(x,t) = \sum_{j=1}^{\infty} \varphi_j(x) \cdot \frac{1}{\omega_j} \int_0^t \int_0^l F(x,\tau) \varphi_j \mathrm{d}x \sin\omega_j(t-\tau) \mathrm{d}\tau$$

$$= \sum_{j=1}^{\infty} \frac{1}{\omega_j} \varphi_j(x) \cdot \int_0^l \varphi_j(x) \int_0^t F(x,\tau) \sin\omega_j(t-\tau) \mathrm{d}\tau \mathrm{d}x \tag{3.6.8}$$

例 3.6.1 图 3.6.1 所示均匀简支梁在 $x=l_1$ 处作用有一正弦激振力 $P\sin\omega t$，若梁的初始条件为零，试求出梁的横向强迫振动响应。

解 简支梁的固有频率为

$$\omega_i = \frac{i^2 \pi^2}{l^2} \sqrt{\frac{EI}{m}}$$

相应的主振型为
$$\varphi_i(x) = C_i \sin \frac{i\pi x}{l}; \quad i = 1, 2, \cdots$$

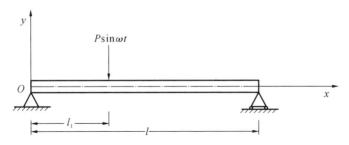

图 3.6.1 均匀简支梁的弯曲强迫振动

利用式(3.3.49)进行归一化,得到正则振型:
$$\int_0^l m\varphi_i^2 \mathrm{d}x = \int_0^l m\left(C_i \sin \frac{i\pi x}{l}\right)^2 \mathrm{d}x = M_{\text{p}i} = 1$$

得到
$$C_i = \sqrt{\frac{2}{ml}}$$

正则振型为
$$\varphi_i(x) = \sqrt{\frac{2}{ml}} \sin \frac{i\pi x}{l}$$

作用于 $x = l_1$ 处的集中力可以表示为
$$F(x,t) = P\sin\omega t \cdot \delta(x - l_1)$$

式中:$\delta(\cdot)$ 函数是英国物理学家狄拉克在量子力学研究中引入和定义的,可用于描述物理学中的一切点量,例如点质量、点力、脉冲等。运用 $\delta(\cdot)$ 函数,可以方便地处理有关的数学物理问题。$\delta(\cdot)$ 函数的定义及相关性质见本书附录。

由式(3.6.3)求出在 $x = l_1$ 处的正则广义力为
$$q_i(t) = \int_0^l F(x,t)\varphi_i(x)\mathrm{d}x = \int_0^l P\sin\omega t \cdot \delta(x-l_1) \cdot \sqrt{\frac{2}{ml}} \sin \frac{i\pi x}{l} \mathrm{d}x$$
$$= \sqrt{\frac{2}{ml}} P \sin \frac{i\pi l_1}{l} \sin\omega t$$

由于梁的初始条件为零,则梁横向强迫振动响应为
$$w(x,t) = \sum_{i=1}^{\infty} \frac{1}{\omega_i} \varphi_i(x) \cdot \int_0^l \varphi_i(x) \int_0^t F(x,\tau) \sin\omega_i(t-\tau) \mathrm{d}\tau \mathrm{d}x$$
$$= \frac{2P}{ml} \sum_{i=1}^{\infty} \frac{1}{\omega_i^2 - \omega^2} \cdot \sin \frac{i\pi l_1}{l} \sin \frac{i\pi x}{l} \left(\sin\omega t - \frac{\omega}{\omega_i}\sin\omega_i t\right)$$

例 3.6.2 图 3.6.2 所示的均匀简支桥梁,上面有一个以速度 v 匀速运动的载荷 P_0,在 $t = 0$ 时,载荷位于桥梁的左端,桥梁处于静止状态,试求载荷向右移动时桥梁的响应。

解 桥梁的固有频率和正则振型同例 3.6.1。当 $t = 0$ 时,载荷位于桥梁的左端,$t = t_1 = l/v$ 时,载荷位于桥梁右端,则分布载荷可以表示为
$$q(x,t) = \begin{cases} -P_0 \cdot \delta(x - vt) & 0 \leqslant t \leqslant t_1 \\ 0 & t > t_1 \end{cases}$$

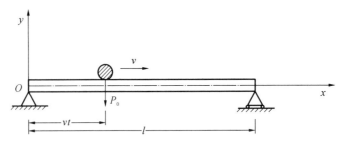

图 3.6.2 移动载荷下的简支梁

计算出正则广义力为

$$F_i(t) = \begin{cases} -C_i P_0 \sin\dfrac{i\pi v}{l}t & 0 \leqslant t \leqslant t_1 \\ 0 & t > t_1 \end{cases}$$

其中:$C_i = \sqrt{\dfrac{2}{ml}}$。

令 $\alpha_i = \dfrac{i\pi v}{l}$,当 $0 \leqslant t \leqslant t_1$,即载荷在桥梁上时,由式(3.6.6)得到主坐标响应为

$$p_i(t) = \dfrac{1}{\omega_i}\int_0^t (-C_i P_0)\sin\alpha_i\tau \sin\omega_i(t-\tau)\,\mathrm{d}\tau = -\dfrac{C_i P_0}{\omega_i^2 - \alpha_i^2}\left(\sin\alpha_i t - \dfrac{\alpha_i}{\omega_i}\sin\omega_i t\right)$$

当 $t > t_1$ 时,载荷已经通过桥梁,桥梁呈现自由振动状态,主响应是以 $p_i(t_1)$ 和 $\dot{p}_i(t_1)$ 为初始条件的自由振动,即

$$p_i(t) = p_i(t_1)\cos\omega_i(t-t_1) + \dfrac{\dot{p}_i(t_1)}{\omega_i}\sin\omega_i(t-t_1)$$

式中:$\omega_i = \dfrac{i^2\pi^2}{l^2}\sqrt{\dfrac{EI}{m}}$,是简支桥梁的固有频率。

将求出的主响应代入式(3.6.1),即得到桥梁的振动响应。讨论载荷在通过桥梁过程中桥梁的响应,即 $0 \leqslant t \leqslant t_1$ 时,桥梁的响应为

$$w(x,t) = -\dfrac{2P_0}{ml}\sum_{i=1}^\infty \dfrac{1}{\omega_i^2 - \alpha_i^2}\left(\sin\alpha_i t - \dfrac{\alpha_i}{\omega_i}\sin\omega_i t\right)\sin\dfrac{i\pi x}{l}$$

令 $\omega_i = \dfrac{\alpha_i}{\lambda_i}$,$\lambda_i = \dfrac{\alpha_i}{\omega_i}$,上式改写为

$$w(x,t) = -\dfrac{2P_0}{ml}\sum_{i=1}^\infty \dfrac{1}{\omega_i^2(1-\lambda_i^2)}(\sin\omega_i\lambda_i t - \lambda_i\sin\omega_i t)\sin\dfrac{i\pi x}{l}$$

由于 ω_i^2、α_i 分别与 i^4、i^2 成正比,上式级数收敛很快,因此在讨论共振情况时只取级数的第一项进行分析:

$$w(x,t) = -\dfrac{2P_0}{ml\omega_1^2}\dfrac{\sin\omega_1\lambda_1 t - \lambda_1\sin\omega_1 t}{1-\lambda_1^2}\sin\dfrac{\pi x}{l} \tag{3.6.9}$$

共振时 $\lambda_1 = 1$,$\omega_1 = \alpha_1$,即 $\dfrac{\pi v}{l} = \dfrac{\pi^2}{l^2}\sqrt{\dfrac{EI}{m}}$,可以求出引起共振的载荷移动速度为

$$v_r = \dfrac{\pi}{l}\sqrt{\dfrac{EI}{m}}$$

载荷通过桥梁的时间为

$$t_r = \frac{l}{v_r} = \frac{l^2}{\pi}\sqrt{\frac{m}{EI}}$$

对应一阶固有频率，桥梁的周期为

$$T_1 = \frac{2\pi}{\omega_1} = \frac{2l^2}{\pi}\sqrt{\frac{m}{EI}}$$

所以载荷 P_0 用 $T_1/2$ 的时间通过桥梁时，桥梁将发生共振，这时式(3.6.9)式为 0/0 型不定式，可以用洛必达法则求解。

例 3.6.3 两端简支的均匀弹性梁，已知梁长为 l，弯曲刚度为 EI，单位长度的质量为 m，固有频率为 $\omega_i = (i\pi/l)^2\sqrt{EI/m}$，模态振型为 $\varphi_i(x) = \sin(i\pi x/l)$, $i=1,2,\cdots$。梁中点作用有干扰力 $F(t) = F_0\sin\omega t$。试求 $\omega = \omega_1/2$ 时 $F(t)$ 引起的稳态位移响应。

解 应用模态叠加法时，假设：

$$w(x,t) = \sum_{i=1}^{\infty} \varphi_i(x) p_i(t) \tag{3.6.10}$$

求出模态坐标对应的广义参数。模态质量为

$$M_{pi} = \int_0^l m\varphi_i^2(x)\mathrm{d}x = \int_0^l m\sin^2\frac{i\pi x}{l}\mathrm{d}x = \frac{ml}{2}$$

模态刚度为

$$K_{pi} = \int_0^l EI\varphi_i''^2(x)\mathrm{d}x = \omega_i^2 M_{pi} = \frac{(i\pi)^4 EI}{2l^3}$$

模态广义力为

$$f_i = F(t)\varphi_i(x)|_{x=l/2} = \begin{cases} (-1)^{\frac{i-1}{2}}F_0\cos\omega t & i = 1,3,5\cdots \\ 0 & i = 2,4,6\cdots \end{cases}$$

模态坐标对外干扰力的稳态响应方程为

$$M_{pi}\ddot{p}_i(t) + K_{pi}p_i(t) = f_i(t)$$

由此求得模态坐标下的响应为

$$p_i(t) = \frac{f_i(t)}{K_{pi}\left[1-\left(\frac{\omega}{\omega_i}\right)^2\right]} = (-1)^{\frac{1-i}{2}}\frac{F_0\cos\omega t}{\frac{\pi^4 EI}{2l^3}(i)^4\left[1-\left(\frac{\omega}{\omega_i}\right)^2\right]}; \quad i=1,3,5,\cdots$$

梁对干扰力 $F(t)$ 的稳态位移响应，可将上式代入式(3.6.10)中得到：

$$w(x,t) = \sum_{i=1}^{\infty}\varphi_i(x)p_i(t) = \frac{2F_0 l^3}{\pi^4 EI}\left[\frac{\sin\frac{\pi x}{l}}{1-\frac{1}{4}} - \frac{\sin\frac{3\pi x}{l}}{3^4-\frac{1}{4}} - \frac{\sin\frac{5\pi x}{l}}{5^4-\frac{1}{4}} + \cdots\right]\cos\omega t$$

3.7 模态截断的概念及误差分析

对于连续系统，其理论上有无穷个固有频率和固有振型。在应用模态叠加法时，不可能叠加计算无穷个固有频率和相应的固有振型。当激励频率主要包含低频成分时，可以略去高阶振型及固有频率对响应的贡献，而只利用前面较低的若干阶固有频率及固有振型近似分析系统的响应，这就是工程上常采用的连续系统模态截断法的概念。

显然，模态截断后所得的结果作为一种近似的结果必然存在一定的误差，下面我们结合

3.6 节的例 3.6.3 的模型对此进行说明。

例 3.7.1 在例 3.6.3 中求了 $\omega=\omega_1/2$ 时 $F(t)$ 引起的稳态位移响应。当 $\delta_{\mathrm{st}}=F_0 l^3/(48EI)=1$ cm 时,求梁中点最大的稳态位移响应。

解 在例 3.6.3 中我们求得最终的稳态位移响应为

$$w(x,t)=\sum_{i=1}^{\infty}\varphi_i(x)p_i(t)=\frac{2F_0 l^3}{\pi^4 EI}\left(\frac{\sin\frac{\pi x}{l}}{1-\frac{1}{4}}-\frac{\sin\frac{3\pi x}{l}}{3^4-\frac{1}{4}}-\frac{\sin\frac{5\pi x}{l}}{5^4-\frac{1}{4}}+\cdots\right)\cos\omega t$$

故梁中点的最大稳态位移响应为

$$w(x,t)\big|_{x=\frac{l}{2}}=\frac{96}{\pi^4}\left(\frac{1}{1-\frac{1}{4}}-\frac{1}{3^4-\frac{1}{4}}-\frac{1}{5^4-\frac{1}{4}}+\cdots\right)\mathrm{cm}\approx 1.328\ \mathrm{cm}$$

若只取上式中的第一项,只考虑一阶模态对响应的贡献时有

$$w(x,t)\big|_{x=\frac{l}{2}}=\frac{96}{\pi^4}\left(\frac{1}{1-\frac{1}{4}}\right)\mathrm{cm}=1.314\ \mathrm{cm}$$

激振力频率仅为固有频率的 0.5 倍时,高阶模态对响应的贡献很小,只计入一阶模态便可以得到较为准确的结果,但是对于不同的激振力频率,高阶模态对响应的贡献要视具体情况具体分析。计算多个激振力频率下取不同截断项数时的梁均方振速,找出与收敛值误差在 1% 以内的截断项数作为所求的模态叠加项数,比较不同激振力频率下需要的截断项数。图 3.7.1 给出了与收敛结果误差在 1% 以内的不同激振力频率下所需的最少的截断项数。

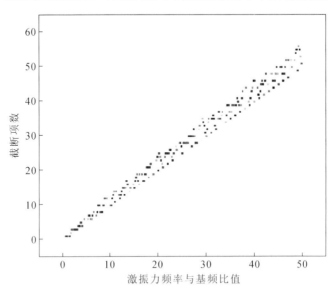

图 3.7.1 截断项数与激振力频率的关系

从图中我们可以看到,随着激振力频率与首阶固有频率比值的增大,满足误差在 1% 之内的截断项数随之增大。从数据中可以看出,本例中当激振力频率为首阶固有频率整数倍时,截断项数等于该整数,其他倍数时截断项数围绕该整数上下波动。

例 3.7.1 用一个特定的模型简要说明了激振力频率与截断项数对收敛性的影响,工程中,一直在寻求一个有效的、易于实现的模态截断的原则。

模态截断法的应用条件是:激振力向量中相应于高阶固有频率的成分较少,激振力频率较

小;对初始条件而言,初始位移向量中包含高阶固有振型的成分较少。当这些条件不满足或情况不明时,应慎用模态截断法,尽可能考虑较高阶模态的影响。对于冲击响应计算,最好采用直接数值积分法。此外,对于振动响应计算,模态叠加法也仅适用于比例阻尼系统。

模态截断的截断项数的准则根据不同的判断依据有多种,比如常见的方法有模态加速度法、频率截断法、模态响应分析法(对输出均方值的贡献程度)、能量判据等。此处选择一种合理实用的方法进行说明。

根据强迫振动运动方程,放大因子表达式为

$$\beta_i = [(1-\lambda_i^2)^2 + (2\zeta_i\lambda_i)^2]^{-\frac{1}{2}} \tag{3.7.1}$$

式中:$\lambda_i = \omega/\omega_i$,为激振力频率与第 i 阶主模态的固有频率之比。

当 $\lambda_i = \omega/\omega_i$ 为一小量,即激振力频率远小于第 i($i>k$,k 为截断项数)阶模态频率时,也就是激振力频率一定,对于高阶模态,式(3.7.1)按泰勒级数展开可以近似表示为

$$\beta_i \approx 1 + (1-2\zeta_i^2)\lambda_i^2; \quad i>k \tag{3.7.2}$$

式中:比例阻尼系数 ζ_i 一般取值在 $(0,1)$ 范围内。在进行多自由度体系模态分析时,外激振力频率范围是由已知条件给出的,远高于该频率范围最大值 $\omega_{\max}$ 的模态不被激发,自然可以截断。

假设从第 k 阶处截断,取高于该阶模态的幅频响应放大因子为 1,即按静变形计算:

$$q_i(t) = \varphi_i(x)F(t)/(\omega_i^2 M_i); \quad i>k \tag{3.7.3}$$

将式(3.7.3)代入完全主模态空间中的位移矢量表达式,得

$$w(x,t) = \sum_{i=1}^{\infty} \varphi_i(x)p_i(t) \approx \sum_{i=1}^{k} \varphi_i(x)p_i(t) + \sum_{i=k+1}^{\infty} \varphi_i(x)[\varphi_i(x)F(t)/(\omega_i^2 M_i)] \tag{3.7.4}$$

用式(3.7.4)进行模态叠加计算,所带来的计算误差是由于把高阶模态($i>k$)幅频响应放大因子取为 1,造成式(3.7.2)中放大因子误差小于 λ_i^2,位移矢量误差为

$$\sum_{i=1+k}^{\infty} \frac{\varphi_i(x)F(t)}{\omega_i^2 M_i}\lambda_i^2 \leqslant \sum_{i=k+1}^{\infty} \frac{\varphi_i(x)F(t)}{\omega_i^2 M_i}\left(\frac{\omega_{\max}}{\omega_i}\right)^2 \tag{3.7.5}$$

式中:$\omega_{\max}$ 为外激振力频率上限。

假设进行分析计算时,要求的计算误差为 δ,根据式(3.7.5)则有

$$\delta = \sum_{i=k+1}^{\infty} \frac{\varphi_i(x)F(t)}{\omega_i^2 M_i}\left(\frac{\omega_{\max}}{\omega_i}\right)^2 \leqslant (n-k)\frac{\varphi_k(x)F(t)}{\omega_k^2 M_k}\left(\frac{\omega_{\max}}{\omega_k}\right)^2 \tag{3.7.6}$$

其中:$\varphi_k(x)$ 为第 k 阶模态的振型;ω_k 为第 k 阶模态的固有频率;$\omega_{\max}$ 为外激振力频率上限。此式表示了,在对 n 自由度体系进行模态分析时,计算误差与所需模态数 k 之间的关系,即为要求的截断准则。在具体使用时,可以事先确定一个误差值,根据误差值,将各参数代入,即可得到模态叠加的项数 k。

本 章 习 题

3.1 一等直杆,长为 l,单位体积质量为 ρ,截面轴向刚度为 EA。现用一刚度为 k 的弹簧悬挂,下端自由。求系统纵向振动的频率方程。

3.2 列出梁的三种简单边界条件,分别求出该条件下梁的横向自由振动固有频率和振型。

3.3 某均匀等直梁，左端固定而右端固结某集中质量 M，试求其横向振动的频率方程。

3.4 使用瑞利法求均匀悬臂梁的基频，假设振型函数为以下表达式：

(1) $\varphi(x) = \dfrac{A_0}{24EI}(x^4 - 4lx^3 + 6l^2x^2)$。式中 A_0 为常数。此为静挠度曲线。

(2) $\varphi(x) = A_0 \left(1 - \cos\dfrac{\pi x}{2l}\right)$。

(3) $\varphi(x) = A_0 \dfrac{x^2}{l^2}$。

3.5 一等直的圆轴，左端固定，右端和扭转弹簧相连。已知轴的扭转刚度为 GI_p，单位体积的质量为 ρ，长度为 l；扭转弹簧的刚度为 k。求系统扭转振动的频率方程。

3.6 如习题 3.6 图所示，横截面面积为 A 的简支梁上作用有一集中力矩 $M(t) = M_0 \sin\theta t$，试求其稳态响应。

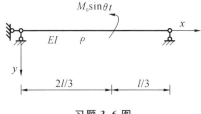

习题 3.6 图

3.7 某简支梁长为 l，弯曲刚度为 EI，单位长度上质量为 ρA_c，在其跨中有一集中质量 $M = \rho A_c l$。试用下列方法确定梁弯曲的基频。

(1) 从梁的微分方程出发，考虑半根梁并用对称性质；

(2) 用瑞利法或瑞利-里兹法。

3.8 某简支梁长为 l，弯曲刚度为 EI，单位长度上质量为 ρA，在 $x = c$ 点受谐集中干扰力 $F_0 \sin\omega t$ 作用，试求其稳态振动的动挠度。若 $c = l/2$，该干扰力频率可连续调整和扫描，问可以激起哪些谐调的振动？如果中点处改为谐干扰力矩 $M_0 \sin\omega t$ 作用，那么激起的共振谐调有何变化？

3.9 某均匀矩形板四端为简支，边长为 a 与 b，若在板上 $(a/3, b/3)$ 点处加上一集中质量 M，它等于板的总质量的 2%。如设 $a/b = 3$，试求附加此质量后，第一谐调固有频率改变的百分比。

第 4 章 船体总体振动

由于船体结构形状和质量分布很不规则,其振动非常复杂。通常,将船体振动分为总体振动和局部振动两大类,一般情况下研究总体振动时将船体视为一根两端完全自由的变截面梁,同时船体周围的附连水质量会对总体振动产生重要的影响。研究总体振动时,首先研究模态特性,以免发生总体共振现象;其次研究船体在激励下的振动响应,使其满足规范或建造要求。低频共振时,总体振动阻尼很小,共振响应峰值很高,故船舶设计者和建造者总是力求避免船体发生低阶总体共振;高频振动时,阻尼较大,共振响应峰值小。

4.1 船体总体振动概述

船体是一种复杂的弹性结构,船舶在服役过程中将受到各种外界激振力的作用而产生总体的振动,这种振动称为船体总体振动。只要外界存在着某种原因引起的激振力,船体都可能会发生某一个或几个谐调的共振,从而对船舶结构强度、船舶的正常运营、船员及乘客的舒适性等带来严重影响。或者即使不产生共振,由于外界激励过大而使其振动位移、速度、加速度等达到相当程度,这也会对船舶造成不利影响。因此,设计人员需要在设计阶段,计算总体振动固有频率及振型,来正确选择主机型号和螺旋桨叶数,从而避免共振,降低振动响应。

船体总体振动是全船性的振动,影响面较广。另外,对于船体来说,外界的激励是不可避免的,如螺旋桨在船尾产生的脉动压力,轴承力将通过轴系和推力轴承传递给船体梁,船舶主机和辅机在运转过程中产生激振力和力矩,波浪力的冲击,武器发射时的冲击,等等,都将不可避免地成为船体梁的外界激励。这些激励的存在总会引起船体的总体振动。

对于单体船,分析船体总体振动时,一般都是将船体视为一种特殊的梁——船体梁来处理的。船体总体振动主要分为如下几种形式。

(1) 垂向振动:船体在纵中剖面上所产生的垂向弯曲振动,如图 4.1.1(a)所示。

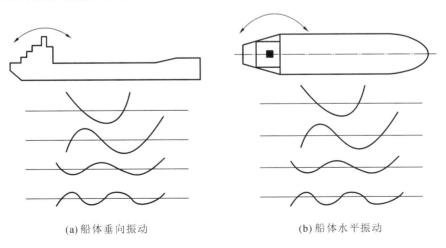

(a) 船体垂向振动　　　　　　　　　　(b) 船体水平振动

图 4.1.1　垂向振动和水平振动

(2) 水平振动:船体在水平面上所产生的水平弯曲振动,如图4.1.1(b)所示。
(3) 扭转振动:船体横剖面绕其纵轴扭转的振动,如图4.1.2所示。
(4) 纵向振动:船体横剖面沿其纵轴前后往复的振动,如图4.1.3所示。

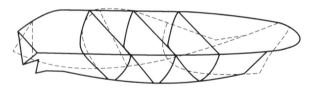

图 4.1.2　船体扭转振动

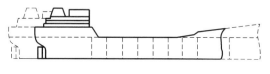

图 4.1.3　船体纵向振动

4.2　附连水质量概念

1. 基本概念和公式

下面讨论物体在水中做非匀速直线运动的问题。在这个问题中,推动物体的力不仅要为增加物体的动能做功,还要为增加周围流体的动能做功。因此,质量为 M 的物体要获得加速度 a,施加在它上面的力 F 将要大于 Ma,写成等式为

$$F = (M+m)a \tag{4.2.1}$$

称 m 为该物体的附加质量。将式(4.2.1)改写成

$$F - ma = Ma \tag{4.2.2}$$

式中:$(-ma)$ 表示周围流体给物体的反作用力,称为附加惯性力,此力和物体的加速度方向相反。

根据作用力和反作用力规律,物体加速运动时给流体的作用力就是 ma,或者写成 $m\mathrm{d}V/\mathrm{d}t$,其中,$V=V(t)$ 是物体的运动速度。在 $\mathrm{d}t$ 时间内,物体运动的距离是 $V\mathrm{d}t$,所做的功是 $(m\mathrm{d}V/\mathrm{d}t)\times(V\mathrm{d}t)$。对于理想流体,这些功全部转化为流体的动能 $\mathrm{d}T$,因而:

$$T = \int \mathrm{d}T = \int \left(m\frac{\mathrm{d}V}{\mathrm{d}t} \right) \times (V\mathrm{d}t) = \frac{1}{2}mV^2 \tag{4.2.3}$$

上式表明,如果能够计算流体所获得的动能,也就找到了计算附加质量的公式。

下面计算流体的动能。先考虑一个半径足够大的空间域,球形界面记为 Σ,物体在此空间以速度 $V=V(t)$ 做变速直线运动,物面记作 S(见图4.2.1)。流体密度为 ρ,物体加速运动时微元流体 $\mathrm{d}\tau$ 获得的速度为 v,则空间 τ 中流体的动能就是

$$T = \int_\tau \frac{1}{2}\rho v^2 \mathrm{d}\tau = \frac{\rho}{2} \int_\tau v^2 \mathrm{d}\tau \tag{4.2.4}$$

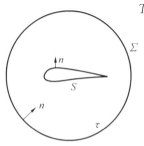

图 4.2.1　计算域示意图

理想不可压缩流体在重力场中由静止启动,其运动是无旋的,所以存在速度势 Φ,因而有

$$v^2 = (\nabla \Phi)^2 = \nabla \cdot (\Phi \nabla \Phi) - \Phi \nabla^2 \Phi = \nabla \cdot (\Phi \nabla \Phi)$$

即
$$v^2 = \frac{\partial}{\partial x}\left(\Phi \frac{\partial \Phi}{\partial x}\right) + \frac{\partial}{\partial y}\left(\Phi \frac{\partial \Phi}{\partial y}\right) + \frac{\partial}{\partial z}\left(\Phi \frac{\partial \Phi}{\partial z}\right) \tag{4.2.5}$$

将式(4.2.5)代入式(4.2.4),应用高斯定理,有

$$\begin{aligned} T &= \frac{\rho}{2}\int_\tau \left[\frac{\partial}{\partial x}\left(\Phi \frac{\partial \Phi}{\partial x}\right) + \frac{\partial}{\partial y}\left(\Phi \frac{\partial \Phi}{\partial y}\right) + \frac{\partial}{\partial z}\left(\Phi \frac{\partial \Phi}{\partial z}\right)\right]\mathrm{d}\tau \\ &= -\frac{\rho}{2}\int_{\Sigma+S}\left[\left(\Phi \frac{\partial \Phi}{\partial x}\right)\cos(n,x) + \left(\Phi \frac{\partial \Phi}{\partial y}\right)\cos(n,y) + \left(\Phi \frac{\partial \Phi}{\partial z}\right)\cos(n,z)\right]\mathrm{d}S \\ &= -\frac{\rho}{2}\int_{\Sigma+S}\Phi \frac{\partial \Phi}{\partial n}\mathrm{d}S \end{aligned} \tag{4.2.6}$$

式中:n 的方向均指向 τ 中的流体。因此,应用高斯定理时将出现负号。下面考虑 τ 的外部球形界面半径 r 趋于 ∞ 的情形,这时Σ上流体的运动速度趋于零,即 $\nabla \Phi|_\Sigma$趋于 0,式(4.2.6)中Σ界面上的积分趋于零。这样一来,无界空间中流体的动能仅由物面的积分给出,即

$$T = -\frac{\rho}{2}\int_S \Phi \frac{\partial \Phi}{\partial n}\mathrm{d}S$$

令:
$$\Phi = V(t)\Phi_0 \tag{4.2.7}$$

则:
$$T = -\frac{\rho V^2}{2}\int_S \Phi_0 \frac{\partial \Phi_0}{\partial n}\mathrm{d}S \tag{4.2.8}$$

比较式(4.2.8)和式(4.2.3),得附加质量公式:

$$m = -\rho \int_S \Phi_0 \frac{\partial \Phi_0}{\partial n}\mathrm{d}S \tag{4.2.9}$$

式中:$\Phi_0 = \Phi/V(t)$,表示单位速度势。

2. 绝对速度势、相对速度势和牵连速度势

速度势 Φ 指的是流体的绝对速度势,对应的速度是绝对速度v(见式(4.2.5))。在 t 瞬时,将坐标固连于物体,通过绝对运动、相对运动和牵连运动之间的关系可以找到相应的速度势之间的关系。如图 4.2.2 所示,在 t 瞬时,任意一点 A 处,流体质点的相对速度为v^*(与流线相切),$\boldsymbol{V}(t)$是动坐标系的运动速度(牵连速度),绝对速度v是两者的矢量和,因此:

$$\boldsymbol{v} = \boldsymbol{V}(t) + \boldsymbol{v}^* \tag{4.2.10}$$

或
$$\nabla \Phi = \nabla \Phi_e + \nabla \Phi^* = \nabla(\Phi_e + \Phi^*)$$

所以:
$$\Phi = \Phi_e + \Phi^* \tag{4.2.11}$$

式中:Φ_e 表示牵连速度势;Φ^* 表示相对速度势。

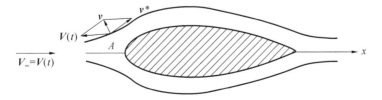

图 4.2.2 速度关系

相对运动坐标系中来流的速度势按直线均匀流公式为 $V(t)x$，牵连运动方向正好相反，所以牵连速度势可以写成

$$\Phi_e = -V(t)x \tag{4.2.12}$$

因而：

$$\Phi_0 = -x + \Phi_0^* \tag{4.2.13}$$

式中：$\Phi_0^* = \Phi^*/V(t)$，表示单位相对速度势。

从上面的关系中可以看出，单位绝对速度势与时间 t 无关，仅是空间位置的函数，这个函数关系取决于物体的形状和运动方向，由此可以推知，附加质量 m 也具有同样的性质。

3. 圆柱体的附加质量

无限长圆柱体沿垂直于本身轴线的方向在流体中做非匀速直线运动，求单位长度圆柱体的附加质量。设运动速度为 $V(t)$，按照流体力学公式，圆柱绕流的相对速度势可以写成

$$\Phi^* = V(t)\left(r + \frac{a^2}{r}\right)\cos\theta$$

式中：a 是圆柱体横截面半径。将此式代入式(4.2.13)得

$$\Phi_0 = -x + \left(r + \frac{a^2}{r}\right)\cos\theta = -r\cos\theta + \left(r + \frac{a^2}{r}\right)\cos\theta = \frac{a^2}{r}\cos\theta$$

按式(4.2.9)，当 S 取单位长度表面积时，计算单位长度圆柱体的流体附加质量公式为

$$m_a = -\rho \int_S \left[\frac{a^2}{r}\cos\theta\left(-\frac{a^2}{r^2}\cos\theta\right)\right]_{r=a} dS = -\rho \int_0^{2\pi} [-a\cos^2\theta] a\, d\theta$$

即

$$m_a = \rho\pi a^2 \tag{4.2.14}$$

这表明，圆柱体做变速直线运动时，单位长度圆柱体附加质量等于同体积的流体质量。

4.3 舷外水对船体总体振动的影响

1. 一般概念

舷外水对船体振动的影响是一个特殊而又重要的问题，其影响可以分为以下三个方面：重力影响、阻尼影响和惯性影响。

重力影响归结为漂浮于水中的船舶的浮力的变化，在垂向振动时，其作用类似于船体梁的弹性基础起的作用，但一般影响较小，可不计入。在水平振动和扭转振动时，这种影响并不存在。

对舷外水的阻尼影响研究尚少，这种影响可以分为两类：一是船体和流体摩擦所引起的阻尼；二是表面波和流体内部压力波的能量消耗。但这些阻尼力不易求得，而且也难以与船体结构内阻尼分开，因此常不单独考虑舷外水的阻尼而将其与船体内阻尼一并考虑。

舷外水的惯性影响反映在参与船体振动的等效质量的改变上。相当于有一部分舷外水与船体一起振动，这部分舷外水质量称为附连水质量或"虚质量"，它与船体本身质量为同一量级，因此这是必须考虑的重要问题。

2. 垂向振动的附连水质量

根据上面的流体力学分析，当无限长圆柱形剖面的主体全部浸没于无限的理想流体中，在垂直于纵轴方向做加速运动时，柱体单位长度周围的液体动能为

$$T = \frac{1}{2}\rho\pi a^2 v^2 \tag{4.3.1}$$

式中：a 为垂直于运动方向上柱体的半径（或半宽）；v 为柱体的运动速度；ρ 为流体密度。因此，单位长度上的附连水质量为

$$m_a = \rho\pi a^2 \tag{4.3.2}$$

对于任意的横剖面形状，可以引入修正系数 C_v，有

$$m_a = C_v \rho\pi a^2 \tag{4.3.3}$$

当柱体的一半浮在水面上振动时，附连水质量取式(4.3.3)的一半：

$$m_a = \frac{1}{2}C_v \rho\pi a^2 \tag{4.3.4}$$

1929 年，F. M. 刘易斯用保角变换法对一系列不同剖面形状的无限长圆柱体进行了研究，得出了系数 C_v 的值，刘易斯剖面形状如图 4.3.1 所示，每一剖面上注出了相应的 C_v 值。由图可见，垂向振动时附连水质量系数取决于剖面的形状及宽度吃水比 H。这些剖面形状有许多与船舶横剖面形状相近。将此成果用于船舶的垂向振动时，假设自由漂浮的船舶的附连水质量是船舶水下部分连同其"映像"完全浸没于无限水域中附连水质量之半。用刘易斯方法来确定 C_v 时，需要将每一剖面的形状加以目测比较，因而很不方便。

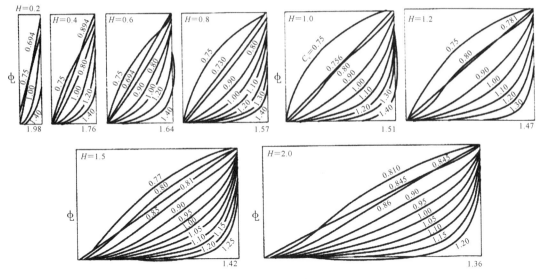

图 4.3.1 刘易斯剖面及垂向振动附连水质量系数 C_v

1935 年托德(F. H. Todd)证明，C_v 主要取决于剖面面积系数 β 和宽度吃水比，因而可以用一简单的图谱表达，如图 4.3.2 所示。图中还采用了蓝德韦勃(L. Landweber)的某些剖面面积系数小于 0.4 的数据。剖面面积应按实际计算状态下的水下半横剖面计算或者由邦戎曲线查得。对于刘易斯剖面形状所未包含的某些类型船舶剖面（见图 4.3.3），可用普洛哈斯卡(C. W. Prohaska)给出的图形查得系数 C_v 值，如表 4.3.1 所示。

由于实际船舶长度的有限性，船舶在垂向振动时，船体周围水的流动不再为二维流动，而是呈现三维流动，即周围流体沿船长也会流动。因而，附连水质量的值将小于二维流动时的值，故需引入三维流动系数 K。该系数取决于船长和船宽之比（垂向振动）或船长和吃水之比（水平振动）以及振动的阶数，如表 4.3.2 所示。当船舶在浅水中或者狭窄航道中航行时，浅水效应或航道效应使附连水质量增大，故应引入浅水修正系数 α_v 和狭航道修正系数 α_h，它们由水深和水线

半宽之比 H_z/b 或船舶离岸边的距离与吃水之比 H_y/d 来确定,如表 4.3.3 所示。

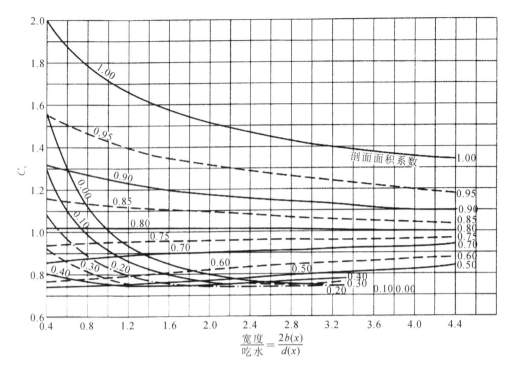

图 4.3.2 垂向振动的附连水质量系数 C_v

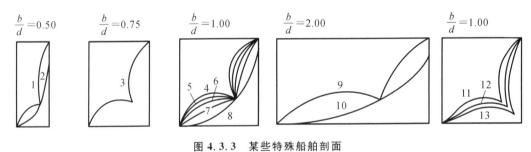

图 4.3.3 某些特殊船舶剖面

表 4.3.1 某些特殊船舶剖面垂向振动的附连水质量系数 C_v

剖面号	$\dfrac{b}{d}$	$\dfrac{B}{d}$	剖面面积系数	C_v
1	0.5	1.0	0.604	0.875
2	—	—	0.209	1.045
3	0.75	1.50	0.558	0.875
4	1.0	2.0	0.515	0.875
5	—	—	0.523	0.878
6	—	—	0.603	0.884
7	—	—	0.700	0.973
8	—	—	0.816	1.045
9	2.0	4.0	0.601	0.906
10	—	—	0.809	1.022
11	1.0	2.0	0.620	0.988
12	—	—	0.707	1.100
13	—	—	0.750	1.520

表 4.3.2 三维流动系数 K

L/B 或 L/d	第一谐调	第二谐调	第三谐调	第四谐调	第五谐调
5.0	0.700	0.624	0.551	0.494	0.447
6.0	0.748	0.678	0.614	0.560	0.515
7.0	0.785	0.719	0.661	0.611	0.563
8.0	0.815	0.756	0.698	0.653	0.611
9.0	0.839	0.784	0.733	0.687	0.647
10.0	0.858	0.808	0.759	0.716	0.677
11.0	0.874	0.828	0.782	0.742	0.706
12.0	0.888	0.845	0.802	0.763	0.730
13.0	0.890	0.859	0.820	0.783	0.751
14.0	0.909	0.870	0.835	0.803	0.770
15.0	0.917	0.883	0.848	0.818	0.788
20.0	0.947	0.920	0.895	0.876	0.857
25.0	0.968	0.944	0.925	0.909	0.894
30.0	0.980	0.958	0.940	0.924	0.910
35.0	0.987	0.967	0.950	0.934	0.922

表 4.3.3 浅水修正系数 α_v 和狭航道修正系数 α_h

H_z/b 或 H_y/d	1.50	2.00	2.50	3.00	3.50	4.00	4.50	5.00	5.50
α_v	1.53	1.36	1.25	1.14	1.07	1.01	1.00	1.00	1.00
α_h	1.38	1.28	1.20	1.14	1.09	1.06	1.03	1.01	1.00

考虑上述诸因素后，船舶垂向振动时，剖面处单位长度上附连水质量由下式确定：

$$m_{av} = \frac{1}{2}\alpha_v K C_v \rho \pi b^2 \tag{4.3.5}$$

将沿船长各段上的附连水质量用梯形法或矩形法求和便得出全船的附连水总质量。

3. 水平振动的附连水质量

与船舶的垂向振动类似，船舶水平振动时的附连水质量可按下式计算：

$$m_{ah} = \frac{1}{2}\alpha_h K C_h \rho \pi d^2 \tag{4.3.6}$$

式中：C_h 是水平振动时的附连水质量系数，由图 4.3.4 确定；K 是三维流动系数，由表 4.3.2 查得，但其值应由船长和平均吃水比 L/d 来确定；ρ 为水的密度 (t/m^3)；d 为计算剖面的实际吃水 (m)；a_h 是狭航道修正系数，由表 4.3.3 根据龙骨至岸边距离与实际吃水之比 H_y/d 查得。

为了对附连水质量有更清晰的数量概念，可以用一些经验公式做快捷的校核和估算。托德 (F. H. Todd) 研究了 25 艘各类太平洋沿岸油轮及客轮的垂向弯曲振动，并建议采用以下的方法计算虚质量系数 α_{vw}：

$$\alpha_{vw} = \frac{船体振动总质量}{排水量} = \frac{排水量 + 附加虚质量}{排水量} = 1 + \frac{附加虚质量}{排水量} \tag{4.3.7}$$

上述结果可作图表示，得出的主要结论是：其主要的控制参数是船宽度吃水比 B/d。上述系数的近似公式为

$$\alpha_{vw} = \frac{\Delta_v}{\Delta} = \frac{1}{3}\frac{B}{d} + 1.2 \tag{4.3.8}$$

式中：Δ_v 与 Δ 分别为船体振动总质量与船体排水量；B 和 d 分别是船宽与平均吃水。

该近似公式已为造船工程界广泛接受与应用，对于船体首阶固有振动 (两节点振动)，该式

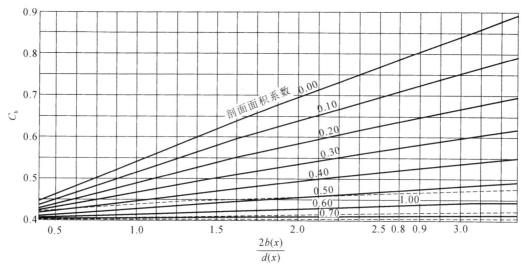

图 4.3.4 水平振动时的附连水质量系数 C_h

近似结果良好。

若水深小于 5 倍吃水,则需要对上述虚质量的值进行修正。普洛哈斯卡建议采用以下公式:

$$\Delta_h = \Delta_\infty \left[1 + 2C_b \left(\frac{d}{h}\right)^2\right] \tag{4.3.9}$$

式中:C_b 为方形系数;Δ_h 为水深为 h 时的虚质量;Δ_∞ 为水无穷深时的虚质量;d 为实际吃水;h 为水的深度。试验结果表明,水深对低频振动模态频率影响更甚。

4. 其他流体力学计算方法

现代计算技术的发展,使附连水质量计算有了新的计算方法,如采用流体有限元方法或采用边界元法等。在有限元发展的早期,利用流体有限元法划分和建立船壳外部水域的流体单元,然后结合船体结构的有限元,用流体-结构耦合的算法计算船舶的附连水质量和船体振动。但这样的划分包括了很大区域的外部水域,而且质量矩阵为满阵,所以非常耗费计算机资源。近年来,这种方法已逐渐为边界元法所取代。

在目前国际通用的大型有限元程序 MSC NASTRAN 软件中,可通过定义有限元湿表面单元和吃水高度,用亥姆霍兹(Helmholtz)方法即源汇分布法来求解流体势流运动的拉普拉斯方程。由格林第三公式可以知道,符合拉普拉斯方程的函数在所在域内任意点的值都可以用边界上的值及法向导数来表示,也就是说,在边界上布置分布源即可描述域内的函数。源汇分布法就是在结构表面上连续分布强度待定的脉动点源,使形成的流场速度势满足除物面条件以外的全部边界条件,然后再通过使之满足物面条件来求解出待定的源强,这样即可得到流场速度势及压力分布,通过逆向求解质量矩阵,得到附连水质量,进而计算船体振动。读者可自行参考相关文献资料。

4.4 船体梁总体振动固有频率的近似计算

4.4.1 一般估算公式

在船舶设计的早期或概念设计阶段,往往只能提供船舶的一些主要特性和参数,如船舶类型、船舶主尺度、船舶排水量以及中剖面图等。但从船舶防振设计的角度出发,有时需要大致了解船体总体振动的固有频率,初步评定船舶发生共振的可能性,并且为随后该船振动分析或需要开展的工作提供指导。船体梁振动固有频率的估算或近似计算可以满足这种要求。

参照基于经验或统计数据的数据库和图表为一种可以采用的方法。可以从类型相同或相近的船舶中,选择尺度、性能相仿的船舶作为"母型船",根据母型船已有的固有频率数值进行推算。如果使用得当,可以达到事半功倍的效果。

根据不同船型的数据统计和回归获得近似公式,是另一种早期计算船体总体振动固有频率的途径。大体上,船体总体振动的近似公式可以分为下述三种。

1. 英国船舶研究协会(BSRA)估算法

此方法是根据已建成的相似船舶的实验数据来近似计算新建船的总体振动固有频率,即

$$\frac{N_0}{\sqrt{\dfrac{I_0}{\Delta_0 L_0^3}}} = \frac{N_n}{\sqrt{\dfrac{I_n}{\Delta_n L_n^3}}} \tag{4.4.1}$$

式中:N_n 为目标船的总体振动频率(Hz);N_0 为相似船的总体振动频率;I_n 为目标船的中剖面惯性矩(m^4);I_0 为相似船的中剖面惯性矩;Δ_n 为包含排水量和附连水质量的目标船总体振动质量(t);Δ_0 为包含排水量和附连水质量的相似船总体振动质量;L_n 为目标船的设计水线长(m);L_0 为相似船的设计水线长。

此种估算方法适合求解船体水平和垂向弯曲振动的各阶固有频率。在计算时,垂向总体振动的质量可由下式计算:

$$\Delta_v = \left(1.2 + \frac{B}{3d}\right)\Delta$$

水平总体振动的质量可由下式计算:

$$\Delta_h = \left(1 + 1.1\frac{B}{d}\right)\Delta$$

式中:Δ 为正常排水量(t);d 为设计吃水(m);B 为型宽(m)。

在进行估算时,应该选择与设计新船的船型近似的实船,而且船体结构和计算工况也要保持相似,在船舶长度上相差亦不能超过 10%。

2. 希列克公式

希列克(O. Schlick)公式是在均匀等直梁的弯曲固有频率的计算公式的基础上,加以引申和修改得到的,主要用于计算船体一阶垂向固有频率:

$$N_{v1} = C\sqrt{\frac{I_v}{\Delta L^3}} \times 0.0167 \tag{4.4.2}$$

式中:N_{v1} 为船体垂向弯曲振动一阶固有频率(Hz);I_v 为船中横剖面惯性矩(m^4);L 为船长(m);Δ 为船舶排水量(t);C 为统计系数,随着船舶类型改变而变化,线型丰满的船 $C=2.80\times 10^6$,线型较好的大型远洋客船 $C=3.14\times 10^6$。

一般而言,凡长度大于 40% 船长的所有甲板都应在计算船体梁的惯性矩时计入。这种方法不仅统计的船型相对古老(铆接船),而且有较为明显的不足,比如:没有考虑上层建筑和附连水质量的影响,也不适用于未知船舶剖面惯性矩的船舶。

3. 托德公式

托德在希列克的基础上做了较大改进。首先考虑了附连水质量和上层建筑的影响;其次,托德在对船体总体振动进行估算的时候,用型宽 B 和型深 D 的函数对希列克公式中的船中横剖面惯性矩 I_v 进行了替代。最后结合了 25 艘实船试验结果提出了托德公式。

(1) 纵骨架式油船

$$N_{v1} = 94900\sqrt{\frac{BD^3}{\Delta_v L^3}} + 28 \qquad (4.4.3a)$$

(2) 横骨架式货船及客船

$$N_{v1} = 85300\sqrt{\frac{BD^3}{\Delta_v L^3}} + 25 \qquad (4.4.3b)$$

对于具有上层建筑的船舶,当上层建筑的长度与高度变化时,需要对公式中的型深 D 予以修正。伦勃格(Lundberg)于 1932 年建议的方法可以用来计入这种影响。对于图 4.4.1 所示的船,船长和上层建筑的甲板长分别为 L、L_1 和 L_2,基线至最上层连续甲板和上层建筑甲板的深度分别为 D、D_1 和 D_2,于是相当型深可表示为

$$D_e = \sqrt[3]{D^3(1-x_1) + D_1^3(x_1-x_2) + D_2^3 x_2}$$

式中:$x_1 = L_1/L$;$x_2 = L_2/L$。对于有多层上层建筑的船舶,亦可以类似地导出相当型深。

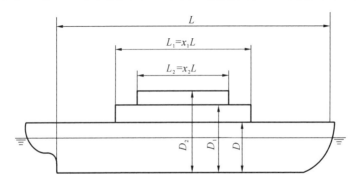

图 4.4.1 型深计算示意图

不管用哪一种近似公式,在计算求得船体梁的首阶固有频率后,可以推算船体梁的高阶固有频率。推算公式由首阶固有频率 f_{v1} 导出:

$$f_{vi} = i^{\mu_v} f_{v1}, \quad \mu_v = \begin{cases} 1.02 \text{(油船)} \\ 1.0 \text{(矿石船和散货船)} \\ 0.845 \text{(货船)} \end{cases} \qquad (4.4.4)$$

式中:i 表示阶次,$i = 2, 3, 4, \cdots$

近似公式的提出是为了避免低阶共振和振动,但是随着当代主流船型的发展,人们更为关心船体梁的垂向高阶振动频率。因为主柴油机会激起四节点、五节点以上的船体梁的剧烈振动,而对于现代大型船舶,其垂向弯曲振动的首阶固有频率大致在 $1\sim2$ Hz,远低于螺旋桨的叶片频率,满负荷的螺旋桨的叶片频率通常在 $8\sim12$ Hz,会激起高于七节点的船体梁的严重振动。所以需要关注船体梁高阶固有频率的早期估算。

4.4.2 适合我国海船的估算公式

下面介绍适合我国海船的估算公式,这些公式由大连理工大学赵德有教授研究后提出。

1. 垂向振动固有频率近似公式

当船中剖面惯性矩已知时,有

$$N_{vi} = B_{vi} K_{vi} E_{vi} \sqrt{\frac{I_v}{\Delta_v L^3}} + A_{vi} \qquad (4.4.5)$$

式中：下标 vi 表示垂向振动第 i 阶；N_{vi} 表示频率(1/min)；I_v 为船中剖面惯性矩(m^4)；B_{vi} 为船型修正系数(取值见表 4.4.1)；L 为两柱间长(m)；Δ_v 为包括附连水质量在内的船体总质量(t)，即

$$\Delta_v = \Delta(1+\tau) \tag{4.4.6}$$

式中：Δ 为船体排水量(t)；τ 为附连水质量系数，计算公式为

$$\tau = \left(0.2 + \frac{1}{3} \cdot \frac{B}{d}\right)(C_b^2 + 0.15) \tag{4.4.7}$$

式中：B 为型宽(m)；d 为平均吃水(m)；C_b 为方形系数。

表 4.4.1 固有频率近似计算系数

阶次	系数	油船	杂货船	散装货船	矿砂船	客货船	拖网渔船	拖船
1 阶	A_{v1}	9.7	20.2	27.3	20.2	32.2	61.6	—
	B_{v1}	31.8×10^5	25.4×10^5	20.4×10^5	25.9×10^5	21.4×10^5	20.9×10^5	—
	a_{v1}	22.3	19.6	24.2	15.8	34.8	−16.2	116.7
	b_{v1}	26.8×10^3	26.2×10^3	23.0×10^3	30.9×10^3	20.1×10^3	37.9×10^3	15.2×10^3
	A_{h1}	21.7	10.5	—	—	28.4	130	
	B_{h1}	28.4×10^5	28.1×10^5	—	—	25.0×10^5	20.2×10^5	
	a_{h1}	22.4	7.2	—	—	17.4	33.9	
	b_{h1}	32.8×10^3	32.5×10^3	—	—	29.6×10^3	38.6×10^3	
2 阶	A_{v2}	6	77	46.3	27.1	45.7	189	
	B_{v2}	74.8×10^5	33.7×10^5	44.3×10^5	61.7×10^5	45.2×10^5	39.9×10^5	
	a_{v2}	14.3	72.5	46.9	26.5	50.5	−1.9	211.6
	b_{v2}	77.4×10^3	36.0×10^3	46.5×10^3	67.4×10^3	42.6×10^3	78.2×10^3	34.6×10^3
	A_{h2}	59.2	37.2			59.3		
	B_{h2}	49.6×10^5	54.4×10^5			54.4×10^5		
	a_{h2}	48.5	5.3			17.2		
	b_{h2}	62.7×10^3	69.0×10^3			68.0×10^3		

K_{vi} 为船体剖面惯性矩沿船长分布不同对固有频率的影响的修正系数：

$$K_{v1} = 0.90 + 0.1C_b, \quad K_{v2} = 0.85 + 0.15C_b \tag{4.4.8}$$

E_{vi} 为桥楼影响的修正系数：

$$E_{v1} = \frac{D_e}{D}, \quad E_{v2} = 1.0 \tag{4.4.9}$$

式中：D 为从基线到强力甲板的深度，对于客货船，则是从基线到最上层连续甲板的深度(m)；D_e 计算公式为

$$\begin{cases} D_e = \sqrt{D^2(1-x_1) + 0.85KD_1^2(x_1+x_2) + 0.67KD_2^2(x_2-x_3) + 0.54KD_3^2 x_3} \\ x_1 = \dfrac{L_1}{L} \\ x_2 = \dfrac{L_2}{L} \\ x_3 = \dfrac{L_3}{L} \end{cases} \tag{4.4.10}$$

固有频率计算参数如图 4.4.2 所示。上层建筑为桥楼时，$K=1$；为甲板室时，$K=0.95$。当主尺度和排水量已知时，有

$$N_{vi} = b_{vi}K_{vi}E_{vi}C_v \cdot \frac{D}{L}\sqrt{\frac{B}{\Delta_v}} + a_{vi} \qquad (4.4.11)$$

式中：C_v 为采用合金钢时剖面惯性矩与采用低碳钢时剖面惯性矩之比值的平方根；b_{vi}、a_{vi} 为船型修正系数，如表 4.4.1 所示。

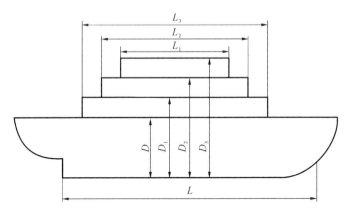

图 4.4.2　固有频率计算参数

2. 水平弯曲振动固有频率近似公式

当船中剖面惯性矩已知时，有

$$N_{hi} = B_{hi}K_{hi}E_{hi}\sqrt{\frac{I_h}{\Delta_h L^3}} + A_{hi} \qquad (4.4.12)$$

式中：I_h 为船中剖面对竖轴的惯性矩（m^4）；L 为两柱间长（m）；Δ_h 为包括附连水质量（横向水平振动）在内的船体总质量（t），计算公式为

$$\Delta_h = \Delta + 0.5742 d^2 L C_b + \frac{d}{2B}\Delta \qquad (4.4.13)$$

K_{hi} 为剖面惯性矩沿船长分布不同对固有频率的影响的修正系数：

$$K_{h1} = 0.90 + 0.1 C_b, \quad K_{h2} = 0.85 + 0.2 C_b \qquad (4.4.14)$$

当主尺度和排水量已知时，有

$$N_{hi} = b_{hi}K_{hi}E_{hi}C_h \cdot \frac{B}{L}\sqrt{\frac{D}{\Delta_h}} + a_{hi} \qquad (4.4.15)$$

式中：C_h 与式(4.4.11)中的 C_v 相同；a_{hi} 和 b_{hi} 如表 4.4.1 所示。

以上讨论的是船体梁弯曲振动固有频率的计算公式。对船体梁水平振动、扭转振动或纵向振动的固有频率，也有一些相应的早期估算公式，读者可以查阅其他资料获得。

不同时期、不同船型、不同国家所提出的近似公式不尽相同，可根据需要，选择合适的近似公式进行船体梁总体振动固有频率的近似计算。在使用时，必须十分注意船舶类型、公式的适用范围和估算的准确性或精度，并不断积累数据。

用近似公式计算船舶的总体振动固有频率，对四节点以下振动的预报还是比较准确的，但是对于四节点以上振动的计算准确度就不高，这是由于高阶时船体剪切变形的影响变大，此时用三维有限元方法进行流固耦合直接计算总体振动固有频率是比较准确的。

4.5　船体梁总体振动固有特性计算的质量与刚度分析

船体梁总体振动的固有特性计算，又称为模态特性计算，就是通过计算获得船体梁振动的固有频率和固有振型。船舶科学技术发展到今天,对于大多数船舶,都需要在设计的初期得到该特性和参数(固有频率和固有振型)。船体梁振动分析的一个首要目的是正确把握船体固有频率,避免共振,特别是避免激发全船性的低阶谐调共振,如果无法避免这种全船性共振,那就必须确切估计船体共振响应,并判断和衡量是否满足规范或设计要求。

在各种类型的船体总体振动中,船体梁垂向弯曲振动最易被激发,问题也最多,因而也最受重视。但对于集装箱一类的大开口船,水平弯扭振动往往更受关注。

由于计算手段和方法的不同,船体梁振动模态的分析经历了几个不同的发展阶段和时期。从计算方法上讲,有能量法、迁移矩阵法、薄壁梁理论方法、有限元法等。计算模型有比较简单的一维的船体梁模型、薄壁梁模型和相对复杂的二维模型与三维的或整船的模型等。相应的附连水质量亦有不同的计算或处理方法。鉴于目前有限元法在工程实际中使用较为广泛,后文将重点介绍有限元法的应用。

船体梁固有特性的计算,必须首先确定船体梁的质量和刚度。一旦船体设计已经进行,很难用改变船体梁质量或刚度的方法改变其固有频率。和一般弹性系统振动固有频率、固有振型的确定一样,不论采用何种计算模型、计算理论或方法,总体振动固有频率的决定性的因素在于船体梁的刚度特性(参数)和惯性特性(参数)。图 4.5.1 所示是船体总体振动固有振动特性的影响因素示意图。

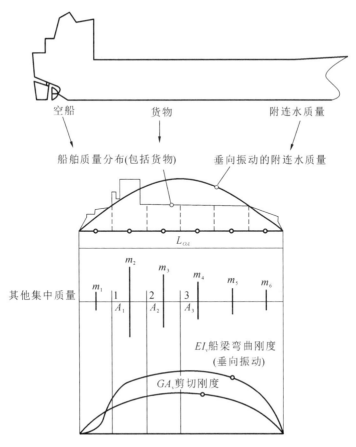

图 4.5.1 影响船体总体振动的参数沿船长分布示意图

4.5.1 船体总体振动的质量

船体总体振动的质量由船舶的有效质量与附连水质量两部分构成。前文已对船体梁附连水质量的计算进行了讨论，可以按照上述方法求出船体梁各剖面的附连水质量值。计算各梁段上单位长度的附连水质量时，可取相应两个值的算术平均值，对于不同谐调频率应分别计算。

船体的总质量包括船体结构的质量或空船质量与船上货物、设备的质量，然后与船体附连水质量相叠加得到船体梁总体振动计算所需要的质量及其分布。

除货物或压载的质量会影响固有频率外，货物或压载的分布状态和位置也会对船体梁固有频率产生相当的影响。如果货物或压载的位置靠近船体总体振动的某阶节点，则这部分货物或压载对该阶振动固有频率值的影响不大；反之，如果靠近某阶振动的波腹，则该阶相应的固有频率值明显下降。这是读者应当注意的一个特点。

对于短粗梁的弯曲振动或细长梁的高阶振动，需要考虑截面剪切变形、剖面质量转动惯性半径的影响。根据铁摩辛柯梁（短粗梁）的振动模型（见 3.3.3 节），梁剖面转动引起的质量回转惯量也是一种惯性因素，使系统的等效质量增加，船体梁的同阶固有频率值降低。

4.5.2 船体梁的刚度

船体梁的弯曲振动计算需要的刚度参数包括弯曲刚度（剖面惯性矩与材料杨氏模量的乘积）和剪切刚度（剖面剪切面积与材料剪切模量的乘积）两部分。对于扭转振动，则要考虑扭转极惯性矩和翘曲刚度。

1. 惯性矩分布

计算船体梁各剖面惯性矩的工作量很大，在设计初期往往不具备详细计算各剖面惯性矩的条件，人们曾选取了不同惯性矩分布情况进行计算，证明在设计初期只知道中剖面惯性矩时，用下面两种简化的惯性矩分布进行计算，所得固有频率亦相当精确：

（1）取全船各剖面实际惯性矩分布；

（2）在中部 $\pm 4.5L$ 范围内取中剖面惯性矩，向首尾两端线性过渡至零（梯形分布）。

2. 剪切面积计算

剪切面积在计算船体高阶总体振动时发挥着关键性的作用，但在早期计算船舶总体振动时忽略了剪切面积的计算，这样使结果与实际数据有很大的差异，特别是在高阶时影响非常大。研究发现，采用中剖面剪切面积进行计算与按各剖面实际值计算差异不大。剪切使梁的总位移量增大，即意味着梁的等效刚度下降，降低了船体梁的同阶固有频率值。

4.6 有限元方法

在船体振动领域，物理问题都可抽象为基本方程和相应的定解条件（边界条件及初始条件）所描述的数学模型，可以表示为微分形式或积分形式，这是解决物理问题的关键步骤。只有建立了对应物理问题的数学描述，才能应用数学理论和方法分析求解，进而为船体振动这一物理问题的深入解决提供计算数据和决策支持。例如，微分方程及边界条件的一般形式可以表示为

$$\boldsymbol{A}(u) = \begin{bmatrix} A_1(u) \\ A_2(u) \\ \cdots \end{bmatrix} = \boldsymbol{0} \text{（在域 } \Omega \text{ 内）} \tag{4.6.1}$$

$$\boldsymbol{B}(u) = \begin{bmatrix} B_1(u) \\ B_2(u) \\ \cdots \end{bmatrix} = \boldsymbol{0} \text{（在边界 } \Gamma \text{ 上）} \tag{4.6.2}$$

式中：u 是待求解的未知函数。u 可以是标量场（如温度），也可以是由若干变量组成的向量场（如位移场、应力场）。A 和 B 为独立变量（如坐标、时间）的微分算子。区域 Ω 可以是体积域、面积域等，Γ 是域的边界，如图 4.6.1 所示。上述方程可以是单个方程，也可以是一组方程。这种在区域 Ω 内由控制微分方程定义、在边界 Γ 上由边界条件定义的数学模型通常称为边值问题，并通常称这种以微分方程形式提出问题的方法为定解问题的微分方程提法。

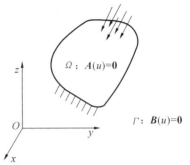

图 4.6.1 物理问题的数学表示

4.6.1 数学问题的数值求解方法

式(4.6.1)、式(4.6.2)表达的数学模型的求解长期以来是一个难题，或由于方程的非线性性质，或由于求解域几何形状复杂，很难获得解析解，只有少数简单问题能得到精确解答。解决这类问题的策略通常有两种：

（1）引入简化假设，将基本方程和定解条件简化为能够处理的问题，从而得到问题在简化状态下的解析解。这种方法只在有限的情况下可行，因为过分简化会导致不准确甚至错误的解答。

（2）数值计算，求解数学模型在求解域上的近似解，这类解只在有限个离散点（或区域）上满足基本方程和定解条件。即把无限自由度的解析问题变成求解有限个自由度的数值解问题。随着计算机技术的快速发展，数值计算方法已逐渐成为求解这类数学问题的主要途径。

根据近似原理的不同，这类数学问题的数值计算方法可分为以下两种：

（1）基于微分近似的求解法，如差分法。有限差分法能处理一些物理问题相当复杂而求解域形状比较规则的问题，在流体力学计算领域内，至今它仍处于支配地位。差分网格越密，节点越多，则近似解的精度越高。但若求解域是几何形状不规则的复杂问题，它的计算精度将大大降低，因为差分法的网格只能为结构化网格，因而有限差分法有很大的局限性。

（2）基于泛函变分原理的求解法，如里兹法。可根据变分原理将数学模型求解转化为泛函极值的求解。所谓变分原理就是求泛函（或称为函数的函数）的变分问题，如果能够构造微分方程和相应定解条件的泛函，则使泛函取驻值的函数等价于微分方程满足相应边界条件的解。其基本思想是先根据描述问题的微分方程和相应定解条件构造等价的泛函表达式，然后在整个求解区域上假设一个满足边界条件的近似函数，通过直接求解泛函极值来获得原问题的近似解。在整个求解区域上定义的满足边界条件的近似函数一般选含有 n 个待定系数的完全多项式，然后，将近似函数代入泛函表达式中，利用泛函极值存在条件建立 n 个关于待定系数的线性方程，联立求解这些方程从而确定近似函数，即为原问题的近似解。显然，随着选择的近似函数待定系数的增加，近似解的精度也会提高。但是，由于近似函数定义于整个求解域,且必须满足问题的边界条件,这给实际应用,如边界条件复杂或局部精度要求很高的问题的求解带来了难以克服的困难。因此,里兹法只能处理一些简单问题。

(3) 基于微分方程的等效积分形式的求解法,如加权残值法。加权残值法是基于微分方程等效积分形式来求解微分方程的一种数值方法,较基于变分原理的里兹法更具普遍性。同时,加权残值法也放松了构造近似函数必须满足边界条件的要求。由于近似函数不能精确满足微分方程和边界条件,而产生的误差称为残值(或余量),加权残值法的基本思想是选择一簇含待定系数的已知函数,使残值在整个区域上的加权积分为零。实际上,这个过程是将一个在整个区域内每点精确满足微分方程的问题转变成加权平均意义上的近似满足。在用加权残值法建立有限元计算格式时大都采用伽辽金残值法(已知函数与加权函数相同),得到的有限元方程的系数矩阵为对称矩阵。伽辽金残值法是推导各种场问题有限元计算格式最一般的数学方法,不仅可用于泛函存在的问题,也可用于泛函不存在的问题。

有限元法也是一种数值计算方法,它是在继承和综合差分法与里兹法的基础上而发展起来的一种有效方法,其数学原理是泛函变分原理或加权残值法。因为有限元法不仅可像里兹法一样基于泛函变分原理导出,也可更一般地基于加权残值法导出,具体表现为伽辽金残值法。

4.6.2 有限元方法

1. 基本思想

有限元法是一种基于变分法(或变分里兹法)而发展起来的求解微分方程的数值计算方法,该方法以计算机为手段,利用分片近似,进而逼近整体的研究思想求解物理问题。简而言之,其基本思想就是里兹法加分片近似,可归纳如下。

首先,将物体或求解域离散为有限个互不重叠仅通过节点相互连接的子域(即单元),原始边界条件也被转化为节点上的边界条件。此过程常称为离散化。

其次,在单元内,选择简单近似函数来分片逼近未知的求解函数,即分片近似。具体做法是在单元上选择一些合适的节点作为求解函数的插值点,将微分方程中的变量改写成由各变量或其导数的节点值与所选用的插值函数组成的线性表达式,这是有限元法的创意和精华所在。而整体区域上的求解函数就是这些单元上的简单近似函数的组合。

最后,基于与原问题数学模型(基本方程和边界条件)等效的变分原理或加权残值法,建立有限元方程(即刚度方程),从而将微分方程转化为一组以变量或其导数的节点值为未知量的代数方程组。进而借助矩阵表示和计算机求解代数方程组得到原问题的近似解。

在整个有限元分析过程中,离散化是分析的基础,它借鉴了差分法的离散思想,并进行了适当的改进。差分法是对求解域进行规则划分,不适用于复杂求解域;有限元法的离散对单元形状和大小没有规则划分的限制,单元可以为不同形状,且不同单元可以相互连接组合,所以,有限元法可以模型化任何复杂几何形状的物体或求解区域,离散精度高。如图4.6.2所示,对齿轮轮齿模型采用差分法进行均匀网格离散,则离散后的边界形状与原始边界有很大误差;而有限元法可采用变密度的网格,很好地逼近了原始的轮廓形状,对于齿根部位的应力集中现象,可通过加密网格来提高计算精度。

分片近似是有限元法的核心,也是与里兹法和伽辽金残值法的重要区别。里兹法和伽辽金残值法都是在整个求解域上构造一个试探函数(或近似函数)来逼近真实解,当试探函数与真实解的函数形态在求解域内趋于一致时,则这种处理是合理的。若真实解的函数形态很复

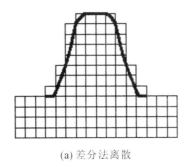
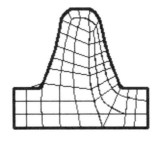

(a) 差分法离散　　　　　　　(b) 有限元法离散

图 4.6.2　齿轮轮齿的差分法离散和有限元法离散

杂,则用一个近似函数逼近真实解难以达到较高精度,或由于不能在求解域的不同区域对试探函数提出不同的精度要求,造成局部精度的要求高使问题难于求解。因此,里兹法一般只适用于求解函数和边界条件较简单的问题。有限元法是应用局部的近似解来建立整个求解域的解的一种方法,针对一个单元来选择近似函数,积分计算也是在单元内完成的,由于单元形状简单,一般采用低阶多项式函数就能较好地逼近真实函数在该单元上的解,此过程可认为是里兹法的一种局部化应用。而整个求解域内的解可以看作所有单元近似解的组合。对于整个求解域,只要单元上的近似函数满足收敛性要求,随着单元尺寸的不断缩小,有限元法提供的近似解将收敛于问题的精确解。

分片近似的思想可用图 4.6.3 所示的一维问题示意表达,图中 $[a,b]$ 为求解域。假设求解域上的真实函数为曲线 c_1,c_2 为定义在 $[a,b]$ 整个区域内用于逼近真实函数 c_1 的试探函数,显然,若要取得对真实函数较高精度的逼近,试探函数 c_2 必须具有较高的阶次。但若将求解域 $[a,b]$ 离散为若干个小区间(即有限元的一维单元),而在每个小区间内用一个简单的试探函数(如直线)就可很好地近似该区间的真实函数,这些简单试探函数的集合就近似代表了整个区间内的真实函数,如图 4.6.3 中的折线 c_3 所示。区间离散数目越多,折线就越逼近真实函数,计算精度也就越高。

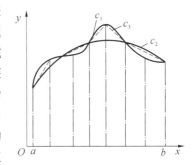

图 4.6.3　一维函数整体插值与分片插值的比较

矩阵表示和计算机求解是有限元法的关键。因为有限元方程是以节点值和其导数值为未知变量的,节点数目多,形成的线性方程组维数很高,一般工程问题都有成千上万个,复杂问题可达百万或更多。所以,有限元方程必须借助矩阵进行表示,只有利用计算机才能求解。

2. 有限元法特点

1) 基本思想简单朴素,概念清晰易理解

有限元法的基本思想就是几何离散和分片插值。用离散单元的组合体来逼近原始结构,体现了几何上的近似;而用近似函数逼近未知变量在单元内的真实解,体现数学上的近似;利用与原问题等效的变分原理(如最小势能原理)建立有限元基本方程(刚度方程)又体现了其明确的物理背景。

2) 理论基础厚实,数值计算稳定、高效

有限元法计算格式的建立既可基于物理概念推得,如直接刚度法、虚功原理,也可基于纯数学原理推导,如泛函变分原理、加权残值法。所以,有限元法不仅具有明确的物理背景,更具有坚实的数学基础,且数值计算的收敛性、稳定性均可从理论上得到证明,有关这方面的内容可参考相关资料。

3) 边界适应性强,精度可控

由于有限元法的单元不限于均匀规则单元,单元形状有一定的任意性,单元大小可以不同,且单元边界可以是曲线或曲面,不同形状单元可进行组合,因此,有限元法可以处理任意复杂边界的结构。同时,有限元法可通过选择单元插值函数的阶次和单元数目来控制计算精度。

4) 计算格式规范,易于程序化

有限元法计算格式规范,用矩阵表达,方便处理,易于计算机程序化。目前已有大量的商业软件可供使用,重点是要开发自主知识产权软件。

5) 计算方法通用,应用范围广

有限元法是一种通用的数值计算方法,应用范围广,不仅能分析复杂边界条件、线性和非线性、非均质材料、动力学等结构问题,还可推广到解答数学方程中的其他边值问题,如热传导、电磁场、流体力学等问题。理论上讲,只要是用微分方程表示的物理问题,都可用有限元法进行求解。

4.6.3 有限元方法应用

1. 三维空间模型

三维空间模型由于用板、桁条、梁单元来模拟整个船体结构,因而更接近真实的船体结构。在建模时,通常采用板单元模拟船体外板、甲板,以及船壁,用桁条模拟一些相对次要的加强筋材,用梁单元模拟船舶龙骨、船侧纵桁、甲板纵桁等重要的加强筋。采用三维空间模型模拟船舶结构,基本反映了船体总体结构的刚度,同时,也包含了组成船体结构的自身质量。在构成上述模型以后,还必须按照船舶实际情况将船舶的设备、货物和压载等各种载荷质量分别配置到模型的适当部位上。在采用三维空间结构的船体模型时,附连水质量可以按照传统的刘易斯方法分析算出,然后将附连水质量加到相关的三维模型的节点上,也可以用流体有限元或其他的流固耦合振动理论和方法计算及处理舷外水质量问题。

图 4.6.4 所示为某 300 吨级渔政船船体的三维有限元模型。坐标系定义为:纵向为 x 轴,正方向从船舶尾部指向首部;垂向为 y 轴,正方向垂直向上;横向为 z 轴,正方向指向船舶右舷;坐标原点选在中纵剖面 0#肋位处;选取的单位制为:长度单位毫米(mm),力单位牛顿(N),质量单位吨(t),时间单位秒(s)。材料属性:弹性模量 $E = 2.1 \times 10^5$ MPa,泊松比 $\mu = 0.3$,质量密度 $\rho = 7.85 \times 10^{-9}$ t/mm^3。

全船有限元离散模型中共有 32717 个节点,板壳单元 21364 个,梁单元 19586 个,质量单元 16 个,实体单元 11768 个。

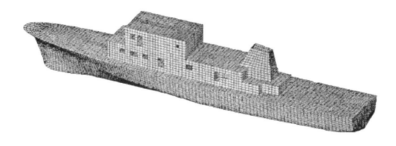

图 4.6.4 某 300 吨级渔政船船体三维有限元模型

船舶空载排水量为 269.21 t,满载到港排水量为 280.66 t,满载出港排水量为 340.00 t,满载到港工况和空载工况的排水量相差很小,因此在计算全船总体振动时只计算空载和满载出港两种工况下的全船振动。在分配材料属性后进行有限元模型重心和理论计算重心坐标的对比分析,如表 4.6.1 所示。

表 4.6.1 渔政船重心坐标对比

工况	计算类型	排水量/t	x 坐标/m	y 坐标/m	z 坐标/m
空载	理论计算	269.21	20.33	0.001	3.093
	有限元计算	258.65	21.44	0.008	3.185
	相对误差/(%)	−3.92	5.46	—	2.97
满载出港	理论计算	340.00	20.41	0.001	2.798
	有限元计算	335.48	21.56	0.008	2.972
	相对误差/(%)	−1.33	5.63	—	6.22

由表 4.6.1 可以看出,空载和满载出港两种工况下的排水量、重心的纵向和垂向坐标的相对误差绝对值都保持在 7% 以内,横向坐标仅相差 7 mm,有限元模型质量分布和渔政船实际的质量分布吻合较好。同时可进行空载和满载出港两种工况下的浮力,浮心的纵向、横向、垂向坐标的相对误差分析。计算表明,建立的有限元模型是准确可靠的。

按刘易斯方法计算附连水质量,或将其施加到湿表面单元的节点上,或增加湿表面单元的密度。也可用流体有限元或其他的流固耦合方法计算附连水质量问题。进行自由模态分析,计算得到的两种工况下的主要固有频率值和振型如表 4.6.2 所示,相关振型如图 4.6.5 所示。

表 4.6.2 两种工况下的低阶总体固有频率和对应振型

阶次	空载工况		满载出港工况	
	固有频率/Hz	对应振型	固有频率/Hz	对应振型
1	4.621	1 阶垂向	4.460	1 阶垂向
2	5.897	1 阶水平	5.181	1 阶水平
3	7.845	2 阶垂向	7.699	2 阶垂向
4	8.848	1 阶扭转	8.522	1 阶扭转
5	9.749	2 阶水平	8.823	2 阶水平
6	12.231	3 阶垂向	11.365	3 阶垂向

2. 混合模型

目前还经常采用一种混合模型计算船体总体振动,如图 4.6.6 所示的某科考船混合模型。模型的前后两部分分别按船体梁模型和三维模型创建及进行数据处理,此种模型既可以用于计算船体总体振动的模态,如图 4.6.7 所示,还能计算船舶尾部振动特性。对于尾机型船舶,尾部振动往往也是研究的重点,采用混合模型更为简便。

刘西安等通过对某科考船的研究认为:在使用混合模型研究船舶尾部振动时,当三维模型比例达到 $L/5$ 时,低阶主要频率计算精度可以基本满足工程要求。当详细建模范围增大时,频率计算结果变化较小;当建模范围减小时,频率计算结果变化较大。因此,使用混合模型时,详细建模范围应不小于 $L/5$。

(a) 1阶垂向振型　　　　　　　　　(b) 1阶水平振型

(c) 2阶垂向振型　　　　　　　　　(d) 2阶水平振型

图 4.6.5　300 吨级渔政船船体低阶振型

(a) 1阶垂向弯曲模态

(b) 1阶水平弯曲模态

图 4.6.6　船体总体振动的混合有限元模型　　　图 4.6.7　混合有限元模型 1 阶弯曲振动模态

4.7　船体强迫振动响应

4.7.1　一般概念

船体强迫振动响应通常可分为共振响应和非共振响应两种。按照振动理论，发生共振振动时的响应属于阻尼控制。船体低阶共振时，振动阻尼小，共振峰高且陡峭，振动响应极度放大，而在高阶共振时，船体振动阻尼大，共振峰较低，但频率-响应曲线宽敞平坦。所以，船舶振动分析的一个首要目的是正确把握船体固有频率，在低频区实行频率错开设计以避免共振，特别是避免激发全船性的低谐调共振。如果无法避免这种全船性共振，那就必须确切估计船体共振响应，并判断和衡量其是否满足规范或设计要求。对于高频共振，很难将频率错开，那就需要减小激励以及激励的传递，实现响应控制。对于近现代船舶的防振设计，船上的一些高频激励（例如螺旋桨的叶频激励或机器的高阶不平衡力或力矩）的激励频率高于前若干阶船体固有频率，或接近船上的主要子结构（如机舱、上层建筑和尾部等）的固有频率。此时，在全船振动响应计算中，常常同时计算船舶主船体响应和船上的主要子结构（如机舱、上层建筑和尾部等）的强迫振动响应。和其他各种复杂结构动力学的发展类似，船舶振动性态的预报与控制，目前已经愈来愈多地从模态预报发展到响应预报。这既是船舶发展的需求，也是科技进步的推动。

对于不同类型的船舶,响应计算的要求不尽相同。对于巴拿马型船等,甲板开口宽度接近或达到船宽的 85% 以上,扭转刚度相当小,很容易由波浪激起弯矩耦合振动。因此,首先关注的是船舶在斜浪中的弯扭耦合响应;而对于其他船舶,关注的往往是主机或螺旋桨激励所引起的船体垂向弯曲振动响应以及主要子结构(上层建筑和机舱等)的振动响应。本章主要对主船体振动响应进行讨论,其他子结构的振动响应见第 5 章。

船体振动响应的预报或计算涉及的问题包括:

1) 船体结构模型的建立

船体强迫振动响应计算需要建立船体结构模型以及获得相关的数据。船体振动模态计算的各种计算模型和数据同样适用于船体响应计算,船体梁模态分析时所存在的附连水质量与振动阶数有关的问题在响应计算中也同样存在,本节将不再赘述。

2) 船体激振力和力矩的确定

激振力的确定直接与相应计算相关。由于引起船舶振动的原因复杂且多样,确切提供这些数值以及作用方式非常重要。船舶稳态响应的主要激励源是船舶螺旋桨和主机,船上的稳态激励源还包括各种辅机和传动系统,在某些特定情况下,它们也会引起严重的船体振动。对于超大型的船舶,波激振动的稳态响应需要用流体力学的方法解决;对于波浪砰击所引起的瞬态响应,也同样需要进行流体动力学的分析计算。

3) 船舶振动阻尼确定

对于接近或达到共振的船体振动响应计算,阻尼起了决定性的控制作用。为此,确切地了解和决定船体振动阻尼非常重要。但遗憾的是,船舶振动阻尼种类繁多、机理复杂,准确确定和表达很困难。有关船体振动阻尼的数据只能通过实船试验来获得和积累。本节将就船舶振动工程中可用和常用的一些阻尼的数学表达和数值进行简要叙述。

4.7.2 船体振动的阻尼

无论是采用船体梁模型方法还是空间结构模型有限元法,都可以选择合适的船体振动阻尼假设以及相关的阻尼数值,然后进行船体振动响应的计算。为了计算总体振动响应,可采用图 4.7.1 所示的模态阻尼比,分别按照压载和满载状态以及振动激励频率从纵坐标上选取模态阻尼比的百分数。

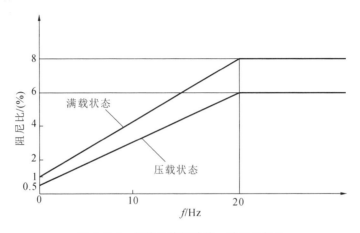

图 4.7.1 船体总体振动的一种阻尼假设

4.7.3 船体梁强迫振动响应

1) 船体梁振动响应计算的模态叠加法

该方法奠定了船体梁在正弦激励下的非共振响应计算的基本原理。周期激励或简谐激励下船体梁振动响应计算的较简便的方法是模态叠加法。假设振动是线性的，略去阻尼引起的振型耦合，可用模态叠加法获得各种激励时的振动响应。

2) 船体梁振动响应计算的其他方法

船体梁振动响应的计算方法并不限于以上方法，在一定条件下，其他一些方法也同样可以用来计算船体梁振动响应。

船体梁的迁移矩阵法可以扩展运用于计算船体梁的强迫振动响应。在这种方法中，和自由振动模态计算一样，船体梁模拟为逐段等断面梁，并在迁移矩阵的状态矩阵中适当引进船体梁的阻尼项，这种算法甚至可以计算共振响应。只要阻尼数据恰当，可以获得相当精度的船体梁响应。该方法以及相关程序，已列入我国有关军用舰艇的振动计算标准中。

其他如俄罗斯的一些军用舰艇的振动响应计算，所用的模型是十分简单的质量-弹簧的串联系统，但是所用的激振力则是通过严格的试验验证方法得到的。因此，计算的船体梁垂向振动响应的精确度得到了充分的保障。

3) 船体强迫振动计算的有限元法

船体强迫振动响应的计算愈来愈多地倾向于有限元法，而且更多地采用全船模型，称为直接计算方法。

无论所对应的模型是一维船体梁模型还是全船的结构模型，在经过离散化处理后，总能得到多自由度系统，然后采用相应的多自由度阻尼的表达和数据，由有限元数值计算的方法进行响应计算。具体计算时，可以按照需要，选择船体尾端、上层建筑或其他关心的部位计算强迫振动响应。

本 章 习 题

4.1 船体总体振动有哪些形式？哪种形式最容易产生？

4.2 引起船体振动的激励源有哪些？

4.3 船体附连水质量与哪些因素有关？这些因素对附连水质量的影响趋势分别是怎样的？

4.4 船体附连水质量的计算方法有哪些？

4.5 如何进行船体总体振动固有特性计算？试给出一般分析流程。

4.6 简述如何计算船体强迫振动响应，并指出难点在哪。

第 5 章 船体结构局部振动

目前,船舶上出现的影响船舶使用的振动问题大部分都是局部结构的振动问题。这里的局部结构包括梁、板、板架、艉轴架、上层建筑、尾部等。局部振动会影响船员和旅客居住的舒适性,妨碍船上的仪器仪表和设备的正常工作,而且过大的局部振动也会对船体局部强度产生很大的影响,甚至可能会使船舶结构损伤。控制局部结构的振动主要是要使得局部结构的固有振动频率与激励频率错开并保持一定的储备。

由于局部振动大多数是由梁、板及其组合结构的振动引起的,因此分析局部振动时,通常分析上述单独构件或它们的组合结构。梁和板的振动在第 3 章已经介绍,本章主要讨论船体板架、艉轴架、上层建筑等结构的局部振动问题。

5.1 板架振动

船体结构中局部构件很多,不可能也不需要逐一进行计算,而应根据结构和所受激振力的特点,选择典型结构进行计算。板架是船体结构中重要的基本组成结构,本节主要讨论板架的振动。

在选择板架的尺寸和剖面要素时做如下规定:

(1) 两向梁的跨距应取支承梁与两向梁中和轴交点间的距离。若板架位于两舱壁之间,则板架的长度就等于舱壁的间距。

(2) 计算主向梁和交叉构件的剖面惯性矩时,需要计及附连带板。附连带板的宽度一般取为它们的间距或跨距的 1/6,两者之中取小者,或者按相关规范选取。

(3) 在附连带板宽度范围内所有的纵向连续构件应包括在计算剖面内。

(4) 计算中认为板架上的分布质量和附连水质量属于主向梁均布质量的一部分。

对于主向梁与交叉构件任意布置且是变剖面的板架,可用类似等效法的方法来求解板架的自由振动频率,实质上它就是能量法。由于计算简便,且具有一定的精度,因此在船舶结构振动计算中广泛应用。

板架与其他弹性结构一样,它的自由振动可以视为无限多个主振动之和,而每一个主振动对应一个固有频率和一个固有振型,因此每一个主振动可化成等效的单自由度系统的振动来研究。

对应第 n 个主振型的板架固有频率为

$$\omega_n = \sqrt{\frac{K_e}{M_e}} \tag{5.1.1}$$

式中:ω_n 为板架的固有频率;M_e 和 K_e 分别为等效质量和等效刚度。

如图 5.1.1 所示板架,当第 n 个主振动的主振型 $v(x,y)$ 已知时,可利用振动体系的动能及势能与等效系统的动能及势能相等的条件求得相应的等效质量和等效刚度[1]。

等效质量为

$$M_e = \sum_{i=1}^{N} M_i v^2(x_i, y_i) + \sum_{i=1}^{N} J_{iy} {v'_x}^2(x_i, y_i) + \sum_{i=1}^{N} J_{ix} {v'_y}^2(x_i, y_i)$$
$$+ J_0 \int_0^L \int_0^B {v'_x}^2(x,y) \mathrm{d}x \mathrm{d}y + J_0 \int_0^L \int_0^B {v'_y}^2(x,y) \mathrm{d}x \mathrm{d}y + \int_0^L \int_0^B (m_0 + m_a) v^2(x,y) \mathrm{d}x \mathrm{d}y \tag{5.1.2}$$

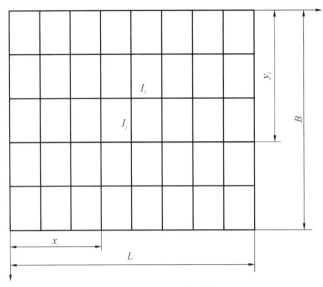

图 5.1.1 板架模型

式中:M_i 为坐标为 (x_i, y_i) 处的集中质量;N 为集中质量的数目;J_{ix} 为集中质量相对于平行于 x 轴的旋转轴的转动惯量;J_{iy} 为集中质量相对于平行于 y 轴的旋转轴的转动惯量;m_a 为板架单位面积的附连水质量;J_0 为板架单位面积质量的转动惯量;L 为交叉构件的跨距;B 为主向梁的跨距;m_0 为板架单位面积的平均质量(其中包括双层底内的油和水),计算公式为

$$m_0 = \rho h_{平均} + m_{油水}$$

其中,ρ 为板架材料的密度;$m_{油水}$ 为单位面积上油和水的质量。

$$h_{平均} = h_0 + \frac{\sum_{i=1}^{m} S_i L + \sum_{j=1}^{n} S_j B}{LB} \tag{5.1.3}$$

h_0 为板架板的厚度,双层底时等于船底板和内底板厚度之和;S_i 为交叉构件(不包括附连带板)的剖面积;S_j 为主向梁(不包括附连带板)的剖面积;m 为交叉构件的数目;n 为主向梁的数目。

等效刚度为

$$K_e = \sum_{i=1}^{m} \int_0^L EI_i v''_{xx}{}^2(x, y_i) \mathrm{d}x + \sum_{j=1}^{n} \int_0^B EI_j v''_{yy}{}^2(x_j, y) \mathrm{d}y \tag{5.1.4}$$

式中:E 为材料的弹性模量;I_i 为第 i 根交叉构件的剖面惯性矩;y_i 为第 i 根交叉构件在 y 方向位置的坐标;I_j 为第 j 根主向梁的剖面惯性矩;x_j 为第 j 根主向梁在 x 方向位置的坐标。

当交叉构件或主向梁的剖面惯性矩沿其长度方向变化时,式(5.1.4)中的积分应分段进行。因此,只要已知板架的尺寸、振型及其上的集中质量和油水质量,就可以确定板架的固有频率。

由于板架的振型一般是事先不知道的,因此在应用等效法进行计算前要先根据主向梁及交叉构件的两端边界条件选择适当的振型,如表 5.1.1 所示。

对于主向梁和交叉构件两端弹性固定的板架,它的等效刚度为

$$K_e = \frac{\overline{K_1}}{2} \frac{E\pi^4}{L^3} \sum_{i=1}^{m} I_i \sin^2 \frac{\pi y_i}{B} + \frac{\overline{K_2}}{2} \frac{E\pi^4}{B^3} \sum_{j=1}^{n} I_j \sin^2 \frac{\pi x_j}{L} \tag{5.1.5}$$

式中:$\overline{K_1}$、$\overline{K_2}$ 为交叉构件及主向梁的弹性固定端的刚度系数,其值由式(5.1.6)决定,即

$$\overline{K_i} = 1 + 3H_i \quad (i = 1 \text{ 或 } 2) \tag{5.1.6}$$

其中,H_i 为弹性固定端的支座力偶系数,自由支持时取 $H_i = 0$,刚性固定时取 $H_i = 1$。

表 5.1.1　板架振型

	四周自由支持			
示图	(图)	(图)	(图)	(图)
$v(x,y)$	$\sin\dfrac{\pi x}{L}\sin\dfrac{\pi y}{B}$	$\sin\dfrac{2\pi x}{L}\sin\dfrac{\pi y}{B}$	$\sin\dfrac{\pi x}{L}\sin\dfrac{2\pi y}{B}$	$\sin\dfrac{2\pi x}{L}\sin\dfrac{2\pi y}{B}$
$v'_x(x,y)$	$\dfrac{\pi}{L}\cos\dfrac{\pi x}{L}\sin\dfrac{\pi y}{B}$	$\dfrac{2\pi}{L}\cos\dfrac{2\pi x}{L}\sin\dfrac{\pi y}{B}$	$\dfrac{\pi}{L}\cos\dfrac{\pi x}{L}\sin\dfrac{2\pi y}{B}$	$\dfrac{2\pi}{L}\cos\dfrac{2\pi x}{L}\sin\dfrac{2\pi y}{B}$
$v'_y(x,y)$	$\dfrac{\pi}{B}\sin\dfrac{\pi x}{L}\cos\dfrac{\pi y}{B}$	$\dfrac{\pi}{B}\sin\dfrac{2\pi x}{L}\cos\dfrac{\pi y}{B}$	$\dfrac{2\pi}{B}\sin\dfrac{\pi x}{L}\cos\dfrac{2\pi y}{B}$	$\dfrac{2\pi}{B}\sin\dfrac{2\pi x}{L}\cos\dfrac{2\pi y}{B}$
$v''_{xx}(x,y)$	$-\left(\dfrac{\pi}{L}\right)^2\sin\dfrac{\pi x}{L}\sin\dfrac{\pi y}{B}$	$-\left(\dfrac{2\pi}{L}\right)^2\sin\dfrac{2\pi x}{L}\sin\dfrac{\pi y}{B}$	$-\left(\dfrac{\pi}{L}\right)^2\sin\dfrac{\pi x}{L}\sin\dfrac{2\pi y}{B}$	$-\left(\dfrac{2\pi}{L}\right)^2\sin\dfrac{2\pi x}{L}\sin\dfrac{2\pi y}{B}$
$v''_{yy}(x,y)$	$-\left(\dfrac{\pi}{B}\right)^2\sin\dfrac{\pi x}{L}\sin\dfrac{\pi y}{B}$	$-\left(\dfrac{\pi}{B}\right)^2\sin\dfrac{2\pi x}{L}\sin\dfrac{\pi y}{B}$	$-\left(\dfrac{2\pi}{B}\right)^2\sin\dfrac{\pi x}{L}\sin\dfrac{2\pi y}{B}$	$-\left(\dfrac{2\pi}{B}\right)^2\sin\dfrac{2\pi x}{L}\sin\dfrac{2\pi y}{B}$

	长边固支，短边自由支持	
示图	(图)	(图)
$v(x,y)$	$\dfrac{1}{2}\left(1-\cos\dfrac{2\pi x}{L}\right)\sin\dfrac{\pi y}{B}$	$\dfrac{1}{2}\left(1-\cos\dfrac{2\pi x}{L}\right)\sin\dfrac{2\pi y}{B}$
$v'_x(x,y)$	$\dfrac{\pi}{L}\sin\dfrac{2\pi x}{L}\sin\dfrac{\pi y}{B}$	$\dfrac{\pi}{L}\sin\dfrac{2\pi x}{L}\sin\dfrac{2\pi y}{B}$
$v'_y(x,y)$	$\dfrac{1}{2}\dfrac{\pi}{B}\left(1-\cos\dfrac{2\pi x}{L}\right)\cos\dfrac{\pi y}{B}$	$\dfrac{\pi}{B}\left(1-\cos\dfrac{2\pi x}{L}\right)\cos\dfrac{2\pi y}{B}$
$v''_{xx}(x,y)$	$2\left(\dfrac{\pi}{L}\right)^2\cos\dfrac{2\pi x}{L}\sin\dfrac{\pi y}{B}$	$2\left(\dfrac{\pi}{L}\right)^2\cos\dfrac{2\pi x}{L}\sin\dfrac{2\pi y}{B}$
$v''_{yy}(x,y)$	$-\dfrac{1}{2}\left(\dfrac{\pi}{B}\right)^2\left(1-\cos\dfrac{2\pi x}{L}\right)\sin\dfrac{\pi y}{B}$	$-2\left(\dfrac{\pi}{B}\right)^2\left(1-\cos\dfrac{2\pi x}{L}\right)\sin\dfrac{2\pi y}{B}$

	四周固支
示图	(图)
$v(x,y)$	$\dfrac{1}{4}\left(1-\cos\dfrac{2\pi x}{L}\right)\left(1-\cos\dfrac{2\pi y}{B}\right)$
$v'_x(x,y)$	$\dfrac{1}{2}\dfrac{\pi}{L}\sin\dfrac{2\pi x}{L}\left(1-\cos\dfrac{2\pi y}{B}\right)$
$v'_y(x,y)$	$\dfrac{1}{2}\dfrac{\pi}{B}\left(1-\cos\dfrac{2\pi x}{L}\right)\sin\dfrac{2\pi y}{B}$
$v''_{xx}(x,y)$	$\left(\dfrac{\pi}{L}\right)^2\cos\dfrac{2\pi x}{L}\left(1-\cos\dfrac{2\pi y}{B}\right)$
$v''_{yy}(x,y)$	$\left(\dfrac{\pi}{B}\right)^2\left(1-\cos\dfrac{2\pi x}{L}\right)\cos\dfrac{2\pi y}{B}$

对于船体局部振动计算,若结构与液体接触,如船底板架、板格及液舱的舱壁等,当这些结构振动时,与它们相接触的液体(水或油)也随同一起振动,或者说这部分液体也吸收了振动能量,故需视实际情况计入单面或双面附连液体质量,为对应局部结构的质量而增加的附加虚质量。

大量的实验和计算表明,局部结构的附连液体质量可达结构自身质量的 5~6 倍,甚至更大些,因此对结构固有频率的影响相当大,在计算时也必须计及。为计算方便起见,一般认为附连液体质量在与液体相接触的振动构件上是均匀分布的。

对于一个表面与液体相接触的板架或板格,其单位面积上的附连液体质量为

$$m_a = k\rho_w b \tag{5.1.7}$$

式中:ρ_w 为液体的密度;b 为板架或板格的宽度(短边长);k 为由板架或板格宽长比决定的系数,取值如图 5.1.2 所示。

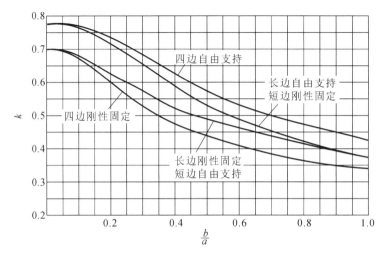

图 5.1.2 由板架或板格宽长比决定的系数

若板架或板格单面与液体接触,则考虑附连液体质量后,其自由振动频率为

$$\omega_n^* = \sqrt{\frac{K_e}{M_e + abm_a}} \tag{5.1.8}$$

当板架或板格双面与液体接触时,考虑附连液体质量后,其自由振动频率为

$$\omega_n^* = \sqrt{\frac{K_e}{M_e + 2abm_a}} \tag{5.1.9}$$

对于与液体接触的船体结构,也可用流固耦合的方法来计算固有振动频率。

5.2 艉轴架的振动

船舶尾部轴系和螺旋桨在旋转时,会产生脉动激励,通过轴系传递给艉轴架从而诱发艉轴架的振动。通过对艉轴架的固有频率进行计算,可以在设计中避免产生过大的共振。

以下针对水面船舶的单臂艉轴架和双臂艉轴架,进行振动分析。参考相关规范,单臂艉轴架需计算横向第一谐调固有频率;双臂艉轴架按结构的主振动状态分别计算出其相当于支架平面内及垂直于支架平面的第一谐调固有频率。

5.2.1 艉轴架固有振动近似计算

艉轴架简化结构如图5.2.1所示,固有频率按式(5.2.1)近似计算:

$$f_s = 0.5\sqrt{K/M}/\pi \tag{5.2.1}$$

式中:f_s 为艉轴架固有频率(Hz);K 为轴架臂相应于所计算的主振动的刚度系数(N/m);M 为艉轴架相应于所计算的主振动的相当质量(kg)。

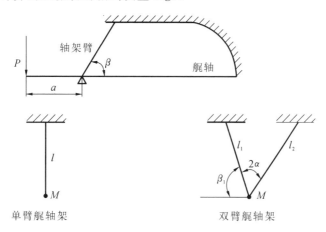

图 5.2.1 艉轴架简化结构

1) 单臂艉轴架固有振动近似计算

单臂艉轴架的相当质量按式(5.2.2)计算,其参数分别按式(5.2.3)和式(5.2.4)计算:

$$M = m_1 + m_2 + m_3 + m_1^* + m_2^* \tag{5.2.2}$$

$$m_1^* = [\eta(1+1.66H/D) + 0.083H/D] \cdot m_1 \cdot (7.85-Z)/4.85 \tag{5.2.3}$$

$$m_2^* = 0.5\pi\rho a d_2^2 \tag{5.2.4}$$

式中:M 为相当质量(kg);m_1、m_2、m_3 分别为螺旋桨、长度为 $2a$ 的艉轴段和轴架轴毂的质量(kg);m_1^*、m_2^* 分别为螺旋桨、艉轴的附连水质量(kg);H/D 为螺距比;Z 为叶片数;η 为系数,当 θ 不大于1.0时取($0.08\theta+0.05$),当 θ 不小于1.0时取($0.40\theta-0.27$),其中 θ 为盘面比;ρ 为水的密度(kg/m³);d_2 为轴直径(m);a 为螺旋桨毂中点与轴架臂的轴线和艉轴轴线交点之间的距离(m)。

单臂艉轴架相当刚度按式(5.2.5)计算:

$$K = 3EI/l^3 \tag{5.2.5}$$

式中:K 为相当刚度(N/m);E 为材料弹性模量(Pa);I 为轴架剖面相对于剖面纵轴的平均惯性矩(m⁴);l 为轴架臂长度,定义为由轴架臂的根部(在船体处)至轴架臂的轴线与艉轴轴线交点的距离(m)。

2) 双臂艉轴架固有振动近似计算

对于在双臂艉轴架平面内的两个主振动,双臂艉轴架的刚度系数 K_1、K_2 按式(5.2.6)计算,其参数按式(5.2.7)计算:

$$\begin{cases} K_1 = (EA_1/l_1)\sin^2\beta_1 + (EA_2/l_2)\sin^2(2\alpha+\beta_1) \\ K_2 = (EA_1/l_1)\cos^2\beta_1 + (EA_2/l_2)\cos^2(2\alpha+\beta_1) \end{cases} \tag{5.2.6}$$

$$\beta_1 = -0.5\arctan\frac{\dfrac{EA_2}{l_2}\sin 4\alpha}{\dfrac{EA_1}{l_1}+\dfrac{EA_2}{l_2\cos 4\alpha}} \tag{5.2.7}$$

式中：K_1、K_2 分别为轴架双臂的刚度系数(N/m)；A_1、A_2 分别为轴架两臂的横剖面面积(m^2)；E 为材料弹性模量(Pa)；l_1、l_2 分别为轴架两臂的长度(m)；2α 为轴架两臂间的夹角(°)；β_1 为轴架臂与艉轴架的夹角(°)。

双臂艉轴架相当质量按式(5.2.8)计算：

$$M = (m_1 + m_2 + m_1^* + m_2^*)\sin^2\beta + m_3 \tag{5.2.8}$$

式中：M 为双臂艉轴架相当质量(kg)；β 为轴中心线与轴架平面的夹角(°)。

对于垂直于双臂艉轴架平面的振动，双臂艉轴架的刚度系数和相当质量分别按式(5.2.9)、式(5.2.10)计算：

$$K = 3E \cdot (l_1^3 I_2 + l_2^3 I_1)/(l_1^3 l_2^3) \tag{5.2.9}$$

$$M = (m_1 + m_2 + m_1^* + m_2^*)\cos^2\beta + m_3 \tag{5.2.10}$$

式中：I_1、I_2 分别为轴架两臂的最大横剖面惯性矩(m^4)。

5.2.2 艉轴架振动计算的有限元方法

1. 艉轴架有限元计算模型的确定

1) 单臂艉轴架

单臂艉轴架计算模型包括杆元、平面应力元和梁元。

计算组合箱形结构的单臂艉轴架横向振动时，可将整个轴支架沿船长方向压缩，简化成通过几何中心且由杆元和平面应力元组成的平面有限元计算模型。箱形结构外壳板简化为杆元，腹板简化为平面应力元。艉轴简化为梁元，轴毂简化为刚性平面，通过轴毂的主从节点将艉轴与前后支架刚性连接，组成一空间有限元计算模型。艉轴端点视为固支，艉轴支架与舰体连接处视为简支。螺旋桨与前后轴毂视为集中质量，分别集结到相应节点上。

2) 双臂艉轴架

双臂艉轴架计算模型仅包括梁元。整体浇铸的双臂艉轴架可简化成空间梁系。不考虑艉轴旋转效应，轴毂简化为刚性体，艉轴支架与轴毂连接处通过偏心梁刚臂处理其刚性影响。轴与艉轴支架的梁元端点均视为固支。

2. 艉轴架有限元计算模型原始参数的确定

1) 单臂艉轴架

单元质量可采用集结质量模式。杆元、梁元质量向单元两端点集结；平面应力元质量向该单元四个节点集结；螺旋桨及前后轴毂视为集中质量集结到各相应的节点上。

杆元面积取外壳板的相当面积，即使杆元对轴支架的弯曲惯性矩与支架实际的弯曲惯性矩相一致。平面应力元厚度取腹板厚度之和。对于梁元应提供其在主惯性坐标系中的剖面面积、弯曲惯性矩、扭转惯性矩和剪切面积等参量。

2) 双臂艉轴架

单元质量矩阵采用集结质量模式。梁元质量(包括附连水质量)向单元两端节点集结，螺旋桨质量、轴毂质量视为集中质量分别集结到相应的节点上。对于梁元应提供其在主惯性坐标系中的剖面面积、弯曲惯性矩、扭转惯性矩和剪切面积等参量。

5.2.3 附连水质量影响修正

艉轴架振动固有频率计算中需计及附连水质量影响。采用近似计算方法或有限元计算而未计及附连水质量的影响时，按照式(5.2.11)进行修正：

$$f_1 = cf \tag{5.2.11}$$

式中：f_1 为计及附连水质量影响后的艉轴架固有频率(Hz)；f 为未计及附连水质量的影响计算所得艉轴架在空气中的固有频率(Hz)；c 为修正系数，一般取 0.8。

5.2.4 艉轴架的频率储备

采用有限元计算的单臂艉轴架横向第一谐调固有频率、双臂艉轴架各主振动第一谐调固有频率应比螺旋桨叶频高 20%。

采用我国海军军标提供的近似方法计算所得艉轴架横向第一谐调固有频率应比螺旋桨叶频高 80%。

5.3 船舶上层建筑的振动

船舶上层建筑是船员休息的地方，属于卧室区或生活区，同时也是精密仪器安装较多的场所，该区域对振动水平要求较高。船舶上层建筑出现严重的振动将直接影响船员的生活以及仪器设备的正常使用，因此上层建筑的振动问题一直受到国内外学者的普遍重视。随着现代化船舶主机功率的增大以及机舱和上层建筑布置在尾部的形式日益增多，上层建筑逐渐接近船上两个主要振源——螺旋桨、主机，导致上层建筑经常处于较大的激励作用之下。另外，由于改善驾驶视线的需要以及船员人数的减少，通常将上层建筑设计得很高，沿船长方向很短。同时为了减小噪声，采用上层建筑和机舱棚、烟囱结构分离形式，这样就导致上层建筑本身整体的纵向刚度有所减弱。

在船舶设计阶段需要较准确地预报出上层建筑整体振动固有频率，从而从避免上层建筑共振的角度，合理地选择主机型号和螺旋桨叶数；或者当主机型号、螺旋桨叶数已确定不能再改变时，改变上层建筑尺度及构件尺寸，以改变其固有频率，避免上层建筑发生共振。否则待船舶建造完成后才发现上层建筑整体振动问题再去解决，将会消耗大量的人力、物力。

上层建筑振动包括上层建筑整体振动和局部构件振动，其中上层建筑整体振动是指上层建筑整体纵向振动、横向振动、扭转振动。其中上层建筑整体纵向振动是最常见的也是人们最关心的。对于上层建筑的振动计算，目前主要有经验公式法和有限元法。

5.3.1 上层建筑整体振动固有频率的近似计算

世界各主要船级社都公布了一些估算船舶上层建筑振动固有频率的公式或图表。根据国内外学者的研究成果，影响上层建筑整体纵向振动的主要因素是上层建筑的剪切和弯曲刚度及其分布、上层建筑的质量及其分布以及主船体对上层建筑的支撑刚度。

国内外用于船舶上层建筑整体纵向振动固有频率的近似算法大致可以分为以下两类：

(1) 只考虑上层建筑的主要尺度，如上层建筑总高度、各层高度和长度、层数和上层建筑布置类型等，根据上层建筑整体纵向振动固有频率实测值采用回归方法获得估算公式。

(2) 将上层建筑简化为根部固定在主船体上的变剖面悬臂高腹梁(剪切为主的剪弯振动，一般情况下上层建筑前端为简支，后端为弹性支持)，考虑上层建筑整体刚度、上层建筑质量分布以及上层建筑与主船体之间的连接，采用简单串联公式计算上层建筑纵向振动的固有频率，即

$$\frac{1}{f_c^2} = \frac{1}{f_s^2} + \frac{1}{f_r^2} \tag{5.3.1}$$

式中：f_c 为上层建筑整体纵向振动固有频率，单位为 Hz；f_s 为上层建筑整体根部固定时纵向剪切弯曲振动的固有频率，单位为 Hz；f_r 为上层建筑根部为弹性支持时整体刚性转动的固有频率，单位为 Hz。

图 5.3.1 显示了计算船舶上层建筑整体纵向振动固有频率的两种简化模型。

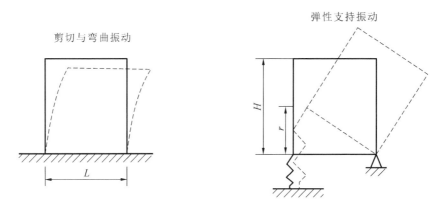

图 5.3.1　上层建筑振动形式简化模型

1. 挪威船级社(DNV)方法

上层建筑纵向振动固有频率取决于两个方面：一是上层建筑本身的结构特性；二是相邻结构的影响。相应地，上层建筑纵向振动固有频率分解为两个部分：上层建筑自身的剪切弯曲振动频率和作为刚体的旋转振动频率。

上层建筑旋转振动的频率按下式计算：

$$f_r = \frac{1}{2\pi} \sqrt{\frac{kl^2}{mr^2}} \quad (\text{Hz}) \tag{5.3.2}$$

上层建筑剪切弯曲振动的频率按下式计算：

$$f_s = \frac{1}{4} \sqrt{\frac{GA_s}{hm}} c \quad (\text{Hz}) \tag{5.3.3}$$

上述两式中：f_r 考虑了包括弹性支座的柔度等参数；而 f_s 考虑了包括上层建筑区域内剪切板的刚度等参数；k 为弹性系数，单位为 N/m；l 为上层建筑长度，单位为 m；m 为上层建筑质量，单位为 kg；r 为回转半径，单位为 m；h 为上层建筑高度，单位为 m；GA_s 为剪切刚度，单位为 N；A_s 为剪切面积，单位为 m^2；G 为剪切模量，单位为 N/m^2；c 为弯曲变形修正系数。

得到 f_r 和 f_s 后即可按照式(5.3.1)计算上层建筑纵向振动固有频率。

引入参数 a_1、a_2，式(5.3.2)和(5.3.3)可分别简化为

$$f_r = a_1 \frac{l}{h} \quad (\text{Hz}) \tag{5.3.4}$$

$$f_s = a_2 \sqrt{\frac{l}{h}} \quad (\text{Hz}) \tag{5.3.5}$$

式中：

$$a_1 = \frac{1}{2\pi a}\sqrt{\frac{k}{m}} \quad (\text{Hz}) \tag{5.3.6}$$

$$a_2 = \frac{1}{4}\sqrt{\frac{Gnt}{m}} \quad (\text{Hz}) \tag{5.3.7}$$

其中，n 为纵向舱壁数；t 为纵向舱壁厚度。

公式中 a_1 和 a_2 取决于上层建筑本身刚度和支座的弹性系数 k 等参数，可根据现有船舶上层建筑的频率资料确定。

2. 中国船级社方法

中国船级社(CCS)的方法认为，上层建筑纵向振动主要由两部分组成，即上层建筑自身的剪切振动和上层建筑下方主船体弹性支持所引起的振动。后者可用前围壁与主甲板交界处为旋转轴的回转振动来描述，如图 5.3.2 所示。

图 5.3.2　上层建筑振动形式简化模型

在上层建筑整体振动的简化计算中，可将上层建筑分为 A、A_1、B、C、D 五种类型，如图 5.3.3 所示。图中，A：上甲板以上的上层建筑和烟囱根部完全分离的独立形式；A_1：上甲板以上的上层建筑和烟囱根部，上层甲板室和烟囱有连接件；B：在长甲板室以上的三层四层上层建筑和烟囱是并列独立布置的形式；C：在一层长甲板室以上有四层或五层上层建筑和烟囱是并列独立布置的形式；D：上层建筑与烟囱在上甲板之上或长甲板室之上成为整体的形式。

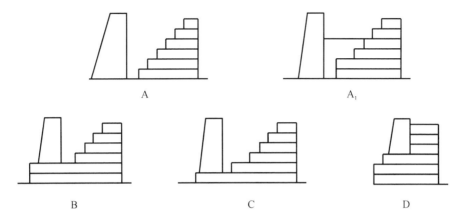

图 5.3.3　上层建筑类型

上层建筑纵向振动固有频率用下式进行计算：

$$f_c = 1.07 K_1 \frac{f_s}{\sqrt{1 + \frac{f_s}{f_r}}} + K_2 \quad (\text{Hz}) \tag{5.3.8}$$

式中:f_c 为上层建筑纵向振动固有频率(Hz);f_s 为上层建筑仅剪切振动时的固有频率(Hz);f_r 为上层建筑回转振动时的固有频率(Hz);K_1、K_2 为上层建筑类型的修正系数,如表 5.3.1 所示。

表 5.3.1 系数 K_1、K_2

结构形式	K_1	K_2
A 型	0.9	2.5
A_1 型	0.72	4.92
B、C、D 型	1.0	0.0

上层建筑仅剪切振动时的固有频率按下式计算:

$$f_s = 165.5 K_3 \frac{n}{h} \sqrt{\frac{K_s \sum l_i \psi_i}{\sum l_i b_i \Phi_i}} \quad (\text{Hz}) \tag{5.3.9}$$

式中:n 为主甲板以上的上层建筑的总层数;h 为上层建筑的总高度,单位为 m;i 为甲板室自下而上的层数,取 $i = 1, 2, 3, \cdots, n$;l_i 为第 i 层上层建筑的长度,单位为 m;b_i 为第 i 层上层建筑的宽度,单位为 m;Φ_i 为各层甲板室质量有效系数,$\Phi_i = 3i(i-1) + 1$;K_3 为层数修正系数,如表 5.3.2 所示;K_s 为上层建筑纵壁修正系数,计算公式为 $K_s = \frac{Z}{4}$,其中,Z 为纵壁数;ψ_i 为第 i 层甲板室剪切刚度有效系数,计算公式为

$$\psi_i = 30(\sqrt[3]{7} - \sqrt[3]{i}) + 1 \quad (\text{当 } i > 7 \text{ 时}, \psi_i = 1.0)$$

表 5.3.2 系数 K_3、K_4

类型	层数	K_3	K_4
A 型、A_1 型	—	1.0	1.0
B 型、C 型、D 型	5	0.93	0.97
	6	1.0	1.0
	7	1.08	1.04

上层建筑回转振动时的固有频率用下式计算:

$$f_r = 187.7 K_4 \frac{n}{h} \sqrt{\frac{K_5 n l_1^2}{h \left(\sum l_i b_i \Phi_i + 0.75 \frac{l_1^3 b_1 n^2}{h^2} \right)}} \quad (\text{Hz}) \tag{5.3.10}$$

式中:K_4 为层数修正系数,如表 5.3.2 所示;

K_5 为支座弹性系数,$K_5 = 100 K_6 K_7 K_8$,其中,

$$K_6 = \frac{1}{8 - 4\left(\frac{b_1}{B}\right)^2 + \left(\frac{b_1}{B}\right)^3} - 0.0862$$

$$K_7 = \frac{1}{\sin\left(-0.69 \frac{l_1}{l} + 0.845\right)\pi}$$

l_1 为上层建筑第一层的长度,单位为 m;b_1 为上层建筑第一层的宽度,单位为 m;l 为支持上层建筑下部主船体的两横舱壁距离,单位为 m;B 为船宽,单位为 m;K_8 按下列情况选取:

(1) 当上层建筑下面的主甲板下纵舱壁很多且能牵连主甲板下一层平台一起运动，且 $l>1.2l_1$ 时，取 $K_8=2.0$；

(2) 当上层建筑第一层甲板室的长度 $l_1=l$，且烟囱突出在三层以上或近似于 D 型时，取 $K_8=1.45$；其他情况取 $K_8=1.0$。

5.3.2　上层建筑整体振动的有限元计算

由于经验公式不可能考虑到各种因素对固有频率的影响，其计算结果有一定的局限性，尤其是无法考虑船体对上层建筑振动特性的耦合影响。采用有限元法来计算上层建筑的振动，能得到更为合理准确的结果。

由于上层建筑并不是一个孤立的结构，用有限元法对其进行振动分析时，如果只取出上层建筑部分作为计算模型，则边界条件很难确定。在计算上层建筑整体振动时，较合理的做法是计算模型应同时包含部分主船体，边界条件加在主船体上，尽量减小边界条件对计算结果的影响。

建立船舶上层建筑整体振动计算模型时，在保持计算模型力学性能的同时，应对实际结构进行一定的简化，如果完全模拟实际结构建立模型，则局部模态过多，频率过于密集，难以判断上层建筑整体振动固有频率。

若进一步考虑船体-尾部-上层建筑之间的相互影响，可以采用以下几种有限元模型：

(1) 包括整个船体尾部在内的上层建筑三维有限元模型，模型考虑了主船体对上层建筑为弹性支持，但未考虑上层建筑整体振动与主船体高阶振动模态之间的影响。

(2) 整个船体尾部和上层建筑三维有限元模型，其余船体为梁模型的混合有限元模型。船体三维模型与一组模型的连接处设在主船体的横壁处，在该处用刚性连接元保证船体尾部、上层建筑与主船体连接处剖面转角与位移的一致性。

(3) 全船三维有限元模型，模型能同时反映主船体对上层建筑的弹性支持以及相互之间的耦合影响，模型最为合理，但是模型比较复杂，数据工作量较大，可按实际需要选用。

5.3.3　某散货船上层建筑纵向振动固有频率计算实例

本小节对某散货船上层建筑纵向振动进行有限元计算，并分析与激励频率之间的频率储备大小。

该船的参数如下所示。

船长(o.a.)：229.00 m；

船长(p.p.)：225.50 m；

型宽(mld)：32.26 m；

型深(mld)：20.25 m；

吃水(design,mld)：12.20 m；

载重(at design draft)：82000 t；

螺旋桨：类型固定螺距螺旋桨，直径 6.80 m，叶数 4；

主机：11300 kW×105 r/min。

利用有限元法进行建模计算，上层建筑结构主要采用壳单元和梁单元，分别模拟板和骨材。为了减小边界条件的影响，模型建立了上层建筑与船体之间相接处区域的结构（建立了第一甲板的模型），并根据上层建筑与船体连接的实际情况施加边界条件。模型的有限元网格共有 4460 个，节点 11170 个。有限元模型如图 5.3.4 所示。

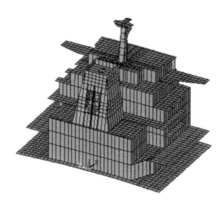

图 5.3.4　上层建筑有限元模型

激励源主要为螺旋桨和主机。引起船体振动的主要激振力是螺旋桨叶频激励，上层建筑的频率储备应至少与螺旋桨叶频激励频率错开 15%。因此上层建筑首阶纵向振动固有频率与激励频率之间的频率储备需要满足 $f_i \leqslant 0.85 f_e$ 或 $f_i \geqslant 1.15 f_e$。其中，f_i 为上层建筑振动固有频率；f_e 为激励频率。

设备的激励频率如表 5.3.3 所示。

表 5.3.3　设备的激励频率

激励频率类型	频率/Hz
主机频率	1.75
桨叶频率	7.00
二倍桨叶频率	14.00

对上层建筑模型进行模态分析，根据有限元计算结果，上层建筑首阶纵向振动固有频率为 9.165 Hz。上层建筑振动固有频率与三个激励频率的比较如表 5.3.4 所示。

表 5.3.4　上层建筑振动固有频率比较

序号	有限元计算固有频率 f/Hz	激励频率 f_e/Hz	$\lvert (f-f_e)/f_e \rvert$	标准	评估
1	9.165	1.75	423.7%	>15%	满足
2	9.165	7.00	30.9%	>15%	满足
3	9.165	14.00	34.5%	>15%	满足

由表可知，上层建筑首阶纵向振动的固有频率有效避开了激励频率，设计满足规范要求。

本章习题

5.1　求某船机舱底板的固有频率，已知板厚 $t=6$ mm，板长 $a=1200$ mm，板宽 $b=500$ mm，密度 $\rho=7800$ kg/m³，弹性模量 $E=210$ GPa，泊松比 $\mu=0.3$。

5.2　习题 5.1 中，若板双面接水，计算其固有频率。

5.3　求习题 5.3 图所示的板架的首阶固有频率。已知 $a=0.6$ m，$L=10a$，$B=6a$，板厚 h

$=20$ mm,纵向构件为 T 型材,$\perp \frac{8\times300}{10\times100}$,横向构件为 Γ14a 球扁钢,板架材料为钢。在 A 处作用一质量为 500 kg 的重物。振动形式取 $v=\sin(\pi x/L)\sin(\pi y/B)$,两向梁的两端为自由支撑。

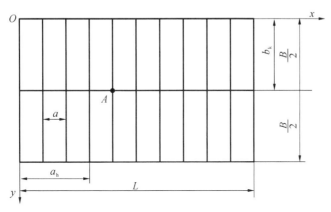

习题 5.3 图

5.4 习题 5.3 中板架单面和水接触,计算板架的首阶固有频率。

第 6 章 船体结构振动测试与评估

在船舶运行过程中,船舶上各类结构和设备会产生各式各样的振动,多数情况下,这些振动是有害的。船体振动不仅影响船舶机器设备的工作性能和寿命,产生损害船舶结构的动载荷,而且会产生噪声危害船员的健康,甚至危害海洋生态环境。因此,一般情况下,必须将设备或结构的振动量控制在允许的范围之内。

尽管振动的理论研究已经发展到较高的水平,但是由于实践中遇到的振动问题远比理论所设想的和所阐述的要复杂得多,复杂结构中的许多参数,如阻尼系数和边界条件,还只能通过试验来确定,理论正确与否,还必须通过实践来检验。如此等等,使得振动测试在工程技术中起着重要作用。

一般情况下,振动测试有两种主要类型:

(1)对工作着的结构或部件的振动进行实时测量和分析,其内容包括振动强度、频谱以及一些更深入的分析。这些测量有助于人们了解被测件的振动状况并寻找振动源。

(2)测定结构或部件的动态特性,这是以某种激振力作用在被测件上,使它产生受迫振动,同时测定输入(激振力)和输出(被激物体的振动),并以此确定被测件的频率响应,然后进行模态分析,求得各阶模态的动态参数,这一类试验称为机械阻抗试验,或称为频率响应试验。

6.1 振动测试系统组成

上文提到了两类主要的振动测试系统,其中,第一类振动测试系统对正在运行的设备或结构的振动进行实时测量和分析,这一套测试系统主要包含加速度传感器、信号采集仪以及信号分析系统这三个主要部件。第一类振动测试系统的组成示意图如图 6.1.1 所示。

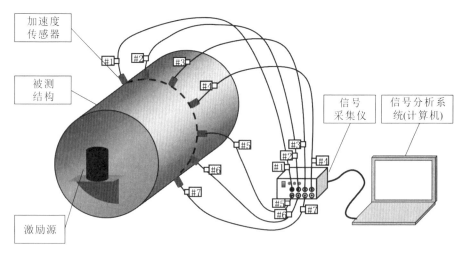

图 6.1.1 第一类振动测试系统组成示意图

不同于第一类振动测试系统,第二类振动测试系统同时要检测结构上的输入信号和输出信号。因此,该系统除了需要第一类系统中所列出的加速度传感器、信号采集仪以及信号分析系统这三个主要部件以外,还需要添加激励信号发生器及采集信号的设备。由于试验的要求及安装环境的不同,第二类振动测试系统通常会有两种可选的激励方式,其中一种是采用力锤对结构或设备进行激励,另外一种是采用激振器对结构或设备进行激励。

采用力锤进行激励的第二类振动测试系统主要组成部件包括:力锤、力传感器(安装在力锤上)、加速度传感器、信号采集仪、计算机。采用激振器对结构或设备进行激励的第二类振动测试系统主要组成部件包括:信号源、激振器、阻抗头、加速度传感器、信号采集仪、计算机。第二类振动测试系统的主要组成部件示意图如图 6.1.2 所示。

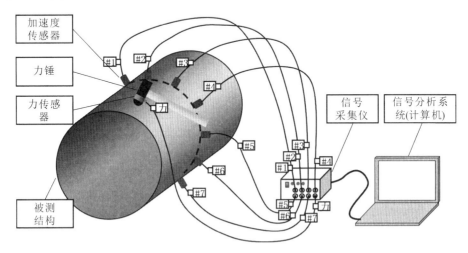

(a) 力锤激励示意图

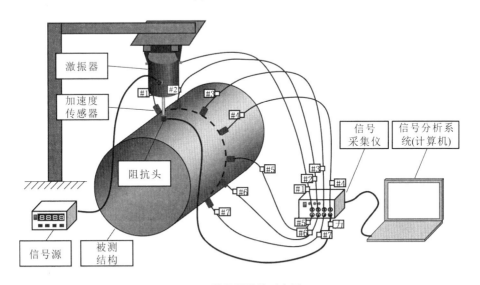

(b) 激振器激励示意图

图 6.1.2　第二类振动测试系统主要组成部件示意图

6.1.1　压电式加速度传感器

压电式加速度传感器是指一种自带电荷放大器或电压放大器的加速度传感器,其英文缩写为 IEPE(此类传感器英文缩写曾为 ICP,因 ICP 现已成为注册商标,为避免知识产权纠纷,行业内提出使用 IEPE 来重新命名这类传感器)。在传统的加速度传感器中,加速度传感器产生的电量非常小,因此产生的电信号很容易受到噪声的干扰,需要额外灵敏的电子器件进行信号放大和信号调理。压电式加速度传感器将这些灵敏的电子器件封装至传感器之中,使该电子器件更靠近传感器核心,大大降低了噪声的干扰并使得传感器更容易封装。

1. 加速度传感器的结构

加速度传感器的输出电信号与它们壳体所承受的加速度成正比。对惯性式加速度传感器来说,它的惯性系统的作用是将所承受的加速度变换成相对位移,加速度传感器中的机-电转换装置的作用就是把相对位移变换成适当的输出电信号。

常用的压电式加速度传感器的结构形式如图 6.1.3 所示。图 6.1.3(a)(b)和(c)系受压型的压电式加速度传感器,每个加速度传感器有 2 个或更多个装在一个相当大的质量块 M 下的压电片 P,并通过强弹簧 S 压紧在一个相当厚的金属基座 B 上。在一定频率范围内,压电片所呈现的电荷量和加速度传感器所承受的加速度成正比。各类型加速度传感器简介如下。

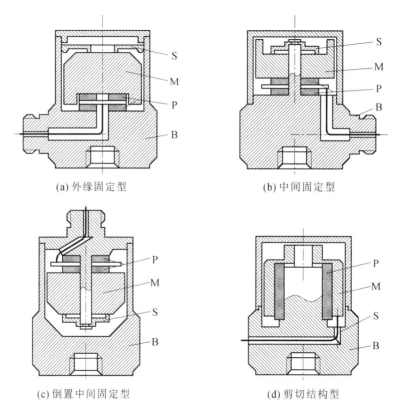

(a) 外缘固定型　　(b) 中间固定型

(c) 倒置中间固定型　　(d) 剪切结构型

图 6.1.3　压电式加速度传感器的结构形式

(1) 外缘固定型:弹簧在外缘与壳体紧固在一起。这种构造的基座、壳体是弹簧-质量系统的一部分,因而外界温度、噪声和试件变形都将通过壳体、基座的变形而影响加速度传感器的输出。

(2) 中间固定型:质量块、压电片和弹簧装在一个中心架上,它可以有效地克服上述缺点。

(3) 倒置中间固定型:中心架不直接固定在基座上,可以避免基座变形所造成的影响。但是,其壳壁成为弹簧的一部分,因而其共振频率比较低。

(4) 剪切结构型:它的压电片 P 制成圆筒状,并粘接在中心架上,其外圆周粘接一个圆筒状的质量块 M。当加速度传感器沿其轴线振动时,压电片将出现剪切变形而产生电荷。这种结构可以较好避免外界条件变化的影响,并有利于结构的小型化。

通常采用的压电材料是锆钛酸铅和石英。前者有较高的灵敏度,后者的灵敏度虽低,但具有较好的长期稳定性和温度稳定性。

2. 加速度传感器安装方法与上限频率

加速度传感器的上限频率受到它的第一阶共振频率的限制。对于小阻尼($\xi=0.1$)的加速度传感器,上限频率取为第一阶共振频率的 1/3,便可保证幅值误差低于 1 dB(12%)。若取为第一阶共振频率的 1/5,则可保证幅值误差小于 0.5 dB(6%)。

应当注意到,以上所述是以加速度传感器的壳体和被测件一起运动来作为讨论问题的前提的。这个前提能否得到保证,完全取决于加速度传感器固定在试件上的刚度。如果这个前提得到满足,那么第一阶共振频率取决于加速度传感器的固有频率。如果此前提得不到保证,那么第一阶共振频率则取决于加速度传感器固定在被测件上的方法。常用的固定加速度传感器的方法及各种固定方法对加速度传感器幅频特性的影响简述如下:

(1) 用钢制的双头螺栓将加速度传感器固定在光滑平面上(见图 6.1.4(a))是最好的方法。应当防止螺栓过分拧进加速度传感器基座的螺孔中,引起基座的变形,影响加速度传感器的输出。但是这种方式要在被测结构表面打孔,在很多场合不一定被允许。

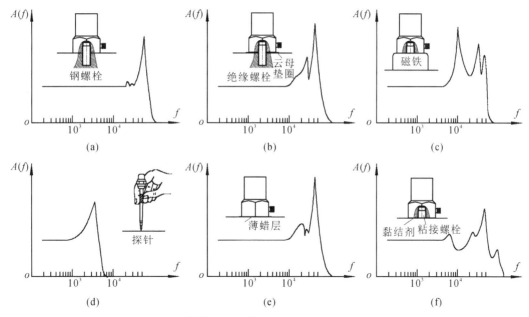

图 6.1.4 压电式加速度传感器的安装方法及幅频特性曲线

(2) 若固定表面不够平整,可在表面涂一层硅润滑脂,增加固定刚度。需要绝缘时,可用绝缘螺栓和云母垫圈来固定加速度传感器(见图 6.1.4(b))。云母垫圈有很好的频率响应特性,但应采用尽可能薄的云母片。

(3) 在低频测量中,采用专用永久磁铁来固定加速度传感器(见图 6.1.4(c))也颇为方便。这种方法也可以使加速度传感器与试件绝缘。由于使用闭合磁路,因此加速度传感器并不受磁铁的影响。这种固定方法增大了拾振器的质量,对被测件的振动影响较大。

(4) 手持探针(见图 6.1.4(d))测量振动的方法很适用于频率低、测点多的情况。

(5) 在低温的条件下,可用一层薄蜡将加速度传感器粘附在平整的表面上(见图 6.1.4(e))。

(6) 图 6.1.4(f)是采用硬树脂或者类似材料作为基座,底面粘接在被测结构表面,另外一面采用螺栓和加速度传感器固连的方式。这种方式是振动测试领域目前最常用的固定加速度传感器的方式。这种方式既能够较好地固定加速度传感器以获得较高的安装固有频率,同时又便于在振动测试过程中,移动加速度传感器的位置(测点)。

总之,加速度传感器安装是否妥当往往直接影响测量结果的可靠性,特别在测量较高频率的振动时更是这样。

3. 加速度传感器前置放大器与下限频率

压电片受力后产生的电荷量极其微弱,该电荷使压电片边界面和接在边界面上的导体产生电压。测定这样微弱的电荷(或电压)的关键是防止导线、测量电路和加速度传感器本身的电荷泄漏。换句话讲,压电式加速度传感器具有很高的内阻抗,与它相连接的前置放大器应具有极高的输入阻抗,才能把泄漏减少到测量准确度所要求的限度以内。

用于压电式加速度传感器的前置放大器有电压放大器和电荷放大器。电压放大器就是高输入阻抗的比例放大器,其电路比较简单,但输出受连接电缆对地电容的影响,适用于一般振动测量。电荷放大器以电容作负反馈,使用中基本上不受电缆电容的影响,在电荷放大器中,通常用高质量的元器件,输入阻抗也更高,但价格也比较昂贵。

压电式加速度传感器具有低通特性,可测量频率极低的振动。但实际上由于低频小振幅时加速度值非常小,传感器的灵敏度有限,因此输出信号将很微弱,信噪比很差。另外电荷的泄漏、积分电路的漂移、器件的噪声漂移都是不可避免的,所以实际低频端也会有截止频率,约为 0.1~1 Hz。

微电子技术的发展,为传感器提供了体积很小且能封装在压电式加速度传感器壳体内的集成放大器,由它来完成阻抗变换的功能。这类内装集成放大器的加速度传感器可使用长电缆而无衰减,并直接与大多数通用的输出仪表如示波器、记录仪、数字电压表等连接。图 6.1.5 所示是这类加速度传感器的等效电路和结构简图。图 6.1.5(a)表示压电晶体的输出直接送给内装的微型场效应源输出电路,将高阻抗的晶体电压信号转变成低阻抗(约 100 Ω)的电平,在这种加速度传感器中,由专用电源提供给集成放大器必要的偏压并取出输出信号。

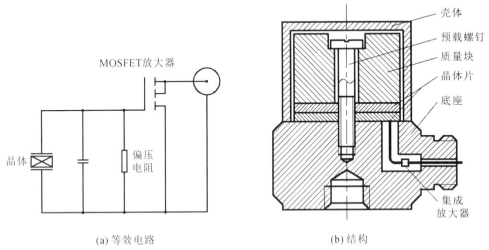

图 6.1.5 集成加速度传感器

4. 传感器灵敏度

压电式加速度传感器属于发电型传感器,可把它看成电压源或电荷源,故灵敏度有电压灵敏度和电荷灵敏度两种表示方式。前者是加速度传感器输出电压与所承受的加速度之比 $[mV/(m/s^2)]$,后者是加速度传感器输出电荷与所承受的加速度之比 $[pC/(m/s^2)]$。通常情况下,电压灵敏度在 $0.04\sim26\ mV/(m/s^2)$ 之间,电荷灵敏度在 $0.1\sim300\ pC/(m/s^2)$ 之间。

对给定的压电材料而言,灵敏度随质量块的增大或压电片的增多而增大。一般来说,加速度传感器尺寸越大,其固有频率越低,因此选用加速度传感器时应当权衡灵敏度和结构尺寸、附加质量影响和频率响应特性之间的关系。

压电式加速度传感器的横向灵敏度表示它对横向(垂直于加速度传感器轴线方向)振动的敏感程度,横向灵敏度常以主灵敏度(即加速度传感器的电压灵敏度或电荷灵敏度)的百分比表示。一般在壳体上用小红点标出最小横向灵敏度方向,一个优良的加速度传感器的横向灵敏度应小于主灵敏度的3%。

6.1.2 激振器

激振器是机械阻抗测试和其他振动试验所不可缺少的装置。它使被试验物体受到某种可控的、符合预定要求的振动。激振器应当能够在一定频率范围内提供波形良好、幅值足够的交变力和一定的稳定力,交变力使试件产生所需的振动加速度,稳定力使试件受到一定的预加载荷。在某些振动试验中,这种预加载荷往往是必需的。

常用的激振器有电动式、电磁式和电液式三种,偶尔也用机械式激振器,但它只能在60 Hz以下的低频范围内工作,波形一般较差,很难得到真正的正弦波激振力。下面以电动式激振器为例来介绍激振器的使用方法。

电动式激振器按其磁场形成的方法分为永磁式和励磁式两种,前者多用于小型激振器,后者多用于较大的激振器,即激振台。电动式激振器(见图6.1.6)大致由支承弹簧1、壳体2、磁钢3、顶杆4、磁极板5、铁芯6和驱动线圈7等元件组成。驱动线圈和顶杆固接并由支承弹簧支承在壳体上,使驱动线圈正好位于磁极所形成的高磁通密度的气隙中,通电导体在磁场中受到安培力作用,将交变电信号转变成交变激振力。当驱动线圈有电流通过时,线圈将受到与电流成正比的安培力作用,此力通过顶杆传到试件上,便是所需的激振力。

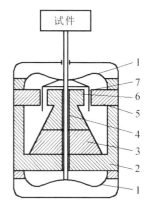

图6.1.6 电动式激振器
1—支承弹簧;2—壳体;3—磁钢;
4—顶杆;5—磁极板;6—铁芯;
7—驱动线圈

值得注意,由顶杆施加到试件上的激振力,一般不等于线圈所受到的安培力,而是等于安培力和激振器运动部件的弹簧力、阻尼力和惯性力之矢量差。只有当激振器的运动部件的质量、支承弹簧刚度和运动阻尼都等于零时,激振力和安培力才相等。通常,在重要的测试当中,不能忽略这些影响,即不能认为激振力与线圈电流成正比。若需要精确了解激振力的大小和相位,比较方便的办法就是使激振器通过一个力传感器来激振试件,由该力传感器来检测激振力。

使用电动式激振器来做绝对激振时,通常采用图6.1.7所示的方法来安装激振器。在进行较高频率的垂直激振时,可用小刚度的弹簧(如橡皮绳),将激振器悬挂起来(见图6.1.7(a)),并在激振器上加上必要的配重,以便尽量降低悬挂系统的固有频率。分析表明,当悬挂系统的固有频率低于激振频率的1/3时,可以认为激振器运动部件的支承刚度和质量对试件振动的影响可以忽略不计。在进行较低频率的垂直激振时,使悬挂系统的固有频率低于激振频率的1/3是有困难的,此时可将激振器刚性地固定在刚性的基础上(见图6.1.7(b)),并使安装的固有频率高于激振频率的3倍。分析表明,这样也可以忽略激振器运动部件的特性对试件振动的影响。

在进行水平绝对激振时,若激振频率较高,可将激振器悬挂起来(见图6.1.7(c))形成一

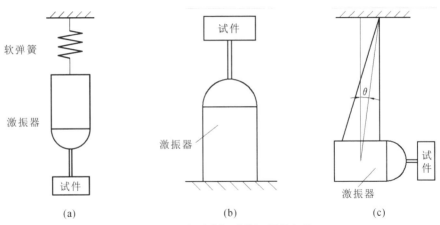

图 6.1.7 绝对激振时激振器的安装

个"单摆"系统。当悬挂长度足够时,"单摆"系统的固有频率将很低,从而激振器的运动部件的特性对试件振动的影响就很小。为了产生一定的预加载荷,需要斜挂 θ 角并加上适量的配重。对于低频激振,用刚性安装较为合适。

6.1.3 力锤

在进行脉冲激振试验时,需要使用一把装有力传感器的锤子(又称力锤)对试件进行激励。采用这种方式激励被测结构,可以很方便地移动激励点。对于需要进行多点激励的场合,力锤相对激振器而言要方便很多。

用力锤敲击试件,可使得试件获得一个 sinc 信号(也称辛格信号,其数学表达式为 $\text{sinc}(x)=\sin(\pi x)/(\pi x)$)来近似理论上的脉冲信号,以近似实现脉冲激振。力锤通常由锤头、力传感器、锤子主体以及配重块这几个主要部件构成,图 6.1.8 展示了一款可调节激振力大小的力锤结构示意图。

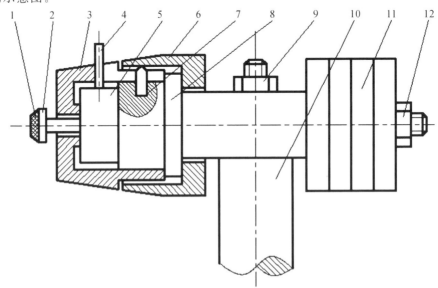

图 6.1.8 力锤的结构

1—锤头垫;2—锤头;3—压紧套;4—力信号引出线;5—力传感器;6—顶紧螺母;7—锤体;
8—垫片;9—螺母;10—锤柄;11—配重块;12—压紧螺母

6.2 机械阻抗测试方法

6.2.1 机械阻抗的概念和定义

机械阻抗是机械系统动态特性的一种描述方法,它的用途很多,能够提供有关材料、元件或结构的刚度和阻尼特性等信息。当知道结构的机械阻抗数据以后,就可直接求得它对一定激励的响应。通过机械阻抗测试,可以得到机械系统的模态参数,进而得到广义坐标下的振动微分方程。机械阻抗测试方法把振动理论分析和试验测试密切联系了起来。结构或系统的机械阻抗参数可以由理论计算,也可以通过试验测量,但试验方法更为重要。机械阻抗实际上多用试验测量方法获得,即便用理论方法计算,也需要通过试验方法进行补充和校正才能获得精确结果。

机械阻抗定义为频域内的响应和激励之比。在用试验方法测量时,最常用的简便做法是,用激振设备对机械结构施加一正弦力。该力和由它所引起的响应的复数比就是结构的机械阻抗数据,这与频率响应函数的概念是一致的。

应根据激振频率和所研究问题的性质,来选用机械阻抗或导纳的不同表达形式。如在低频区,激振力主要和位移恢复力平衡,应选用位移导纳和阻抗;在高频惯性区,激振力主要和惯性力平衡,应选用加速度导纳或阻抗;在共振阻尼区,激振力主要和阻尼力平衡,而阻尼力和速度成正比,故应选用速度导纳或阻抗。

6.2.2 机械阻抗试验方法

机械阻抗参数(或频率响应函数)的传统测量方法是正弦扫频试验法,即对结构施加正弦扫频激振力,同时精确地测定输入和输出的大小与相位,给出幅、相频特性图形,求得机械阻抗参数。随着FFT算法和数字式FFT分析仪的出现,机械阻抗测量就不限于用正弦扫频试验法了。由于实时分析能力的不断提高,现在只要同时测出结构在时域内的输入和输出信号,分析仪就能立即完成傅里叶变换,并算出相应的机械阻抗参数。因此,对输入信号,即激振信号的种类没有限制。它可以是确定性信号,也可以是随机信号;可以是稳定信号,也可以是瞬态信号。

1. 稳态正弦激振

这是一种常用的激振方法,是对被测对象施加一个稳定的单一频率的正弦激振力,并在稳态下测定振动响应和正弦力的幅值比与相位差。为了测得整个频率范围的频率响应,必须无级或有级地改变正弦激振力的频率,这一过程称为扫频过程。应注意到,在无级变换频率时,须有一定缓慢的扫频速度,以保证滤波器有足够的响应时间,并使结构能够处于稳态的振动状态。对于小阻尼系统,此点尤应注意。

此时,通常采用电动式或电液式激振器。

2. 随机激振

随机激振是一种宽带激振的方法,一般用白噪声或伪随机信号发生器作为信号源,白噪声发生器能产生连续的随机信号。当白噪声信号通过功放并控制激振器时,由于功放和激振器的通频带不是无限宽的,所得激振力频谱不再在整个频率域中保持等强度,但它仍是一种宽带激振,可以激起对象在一定频率范围内的随机振动。配合谱分析仪,可以得到被测对象的频率响应。

白噪声发生器所提供的信号是完全随机的,工程上有时希望能重复试验,就用伪随机信号发生器或用计算机产生伪随机码来产生随机激振信号,图 6.2.1 所示是一个二电平制伪随机信号 $u(t)$ 图形。

随机激振测试系统虽有可实现快速甚至"实时"测试的优点,但它所用的设备要复杂一些,价格也较昂贵。许多机械或结构在工作时所受到的干扰力和动载荷往往具有随机的性质,如果能用传感器测出这种随机干扰力和系统的响应,就可利用分析仪器对工作中的机械做"在线"分析。

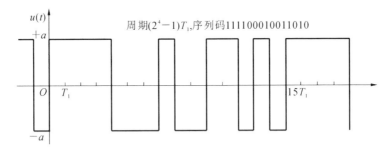

图 6.2.1　伪随机信号

3. 瞬态激振

1) 脉冲激振

单位脉冲函数 $\delta(t)$ 的频谱在 $0\sim\infty$ 频率范围内是等强度的。实际进行脉冲激振时是用一把装有力传感器的锤子(又叫力锤)敲击试件,它对试件的作用力并非理想的 $\delta(t)$ 函数,而是图 6.2.2 所示的近似半正弦波,其有效频率范围取决于脉冲持续时间 τ。锤头垫愈硬,τ 愈小,则频率范围愈大,使用适当的锤头垫材料可以得到要求的频带宽度。

脉冲锤激振简便高效,因此常被选用,但在着力点位置、力的大小、方向的控制方面要有熟练的操作技巧,否则会产生很大的随机误差,为此已有人着手将手锤改进为冲击力恒定的脉冲轮,以提高锤击脉冲的重复精度,减少人为造成的误差,使用起来也更方便。

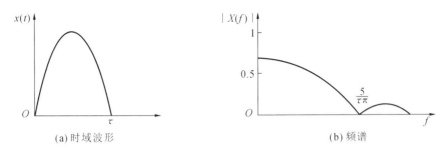

图 6.2.2　半正弦波及其频谱

2) 阶跃(张弛)激振

在拟定的激振点处,用一根刚度大、重量轻的弦经过力传感器对待测结构施加张力,使之产生初始变形。然后突然切断张力弦。这就相当于对该结构施加一个负的阶跃激振力。阶跃激振也属于宽带激振。理想阶跃函数的导数为理想脉冲函数,因此阶跃响应的导数即为脉冲函数的响应。在建筑结构的振动测试中,这种激振方法用得相当普遍。

6.3 多自由度系统的实模态理论及模态参数识别

进行有限元分析时,绝大多数振动结构可离散成为有限个自由度的多自由度系统,对一个有多个自由度的振动系统,需要用物理坐标系描述其物理参数模型。在线性范围内,物理坐标系中的自由振动响应为多个主振动的线性叠加,每个主振动是一种特定形态的自由振动(简谐振动或衰减振动),振动频率即系统的固有频率或有阻尼固有频率,振动形态即为系统的主振型(模态)。

6.3.1 阻抗矩阵和导纳矩阵

对于 n 自由度系统,它的运动微分方程为

$$\boldsymbol{M}\ddot{\boldsymbol{x}} + \boldsymbol{C}\dot{\boldsymbol{x}} + \boldsymbol{K}\boldsymbol{x} = \boldsymbol{f}(t) \tag{6.3.1}$$

若:

$$\boldsymbol{f}(t) = \boldsymbol{f}\exp(\mathrm{j}\omega t) \tag{6.3.2}$$

则设:

$$\boldsymbol{x}(t) = \boldsymbol{x}\exp(\mathrm{j}\omega t) \tag{6.3.3}$$

将式(6.3.2)和式(6.3.3)代入方程(6.3.1),得

$$(\boldsymbol{K} - \omega^2 \boldsymbol{M} + \mathrm{j}\omega \boldsymbol{C})\boldsymbol{x} = \boldsymbol{f} \tag{6.3.4}$$

令

$$\boldsymbol{Z}(\omega) = \boldsymbol{K} - \omega^2 \boldsymbol{M} + \mathrm{j}\omega \boldsymbol{C} \tag{6.3.5}$$

它是系统的阻抗矩阵,是 $n \times n$ 的矩阵。

$$\boldsymbol{H}(\omega) = \boldsymbol{Z}(\omega)^{-1} = (\boldsymbol{K} - \omega^2 \boldsymbol{M} + \mathrm{j}\omega \boldsymbol{C})^{-1} \tag{6.3.6}$$

它是系统的导纳矩阵,也是 $n \times n$ 的矩阵。

利用阻抗矩阵和导纳矩阵,方程(6.3.4)可简写成

$$\boldsymbol{Z}(\omega)\boldsymbol{x} = \boldsymbol{f} \tag{6.3.7}$$

或

$$\boldsymbol{x} = \boldsymbol{H}(\omega)\boldsymbol{f} \tag{6.3.8}$$

由于 $\boldsymbol{K}$、$\boldsymbol{M}$ 和 $\boldsymbol{C}$ 都是 $n \times n$ 方阵,因此,利用式(6.3.6)来计算和实测导纳矩阵,以及用式(6.3.8)来计算系统的响应都存在如下缺点:

(1) 如果系统的自由度数 n 比较大,则计算和实测的工作量比较大。

(2) 如果只需求某几个导纳(或频响函数)的数值,用式(6.3.6)求解,则效率不高。

(3) 这样的计算无助于对导纳(或频响函数)的性质提供深刻的解读。

6.3.2 导纳函数实模态展开式

比例阻尼通常定义为

$$\boldsymbol{C} = a_1 \boldsymbol{K} + a_2 \boldsymbol{M} \tag{6.3.9}$$

式中:a_1、a_2 为常数。

利用主振型做坐标变换,以及利用主振型的正交性质对式(6.3.5)做相应运算。根据主振型矩阵 $\boldsymbol{\Phi} = [\boldsymbol{\phi}_1 \quad \boldsymbol{\phi}_2 \quad \cdots \quad \boldsymbol{\phi}_n]$,式(6.3.5)可写成

$$Z(\omega) = \boldsymbol{\Phi}^{-\mathrm{T}}\boldsymbol{\Phi}^{\mathrm{T}}(\boldsymbol{K} - \omega^2\boldsymbol{M} + \mathrm{j}\omega\boldsymbol{C})\boldsymbol{\Phi}\boldsymbol{\Phi}^{-1}$$

$$= \boldsymbol{\Phi}^{-\mathrm{T}}\left[\begin{bmatrix} k_1 & & & & \\ & \ddots & & & \\ & & k_i & & \\ & & & \ddots & \\ & & & & k_n \end{bmatrix} - \omega^2\begin{bmatrix} m_1 & & & & \\ & \ddots & & & \\ & & m_i & & \\ & & & \ddots & \\ & & & & m_n \end{bmatrix} + \mathrm{j}\omega\begin{bmatrix} c_1 & & & & \\ & \ddots & & & \\ & & c_i & & \\ & & & \ddots & \\ & & & & c_n \end{bmatrix}\right]\boldsymbol{\Phi}^{-1}$$

$$= \boldsymbol{\Phi}^{-\mathrm{T}}\begin{bmatrix} z_{\mathrm{q}1}(\omega) & & & & \\ & \ddots & & & \\ & & z_{\mathrm{q}i}(\omega) & & \\ & & & \ddots & \\ & & & & z_{\mathrm{q}n}(\omega) \end{bmatrix}\boldsymbol{\Phi}^{-1} \tag{6.3.10}$$

式中:

$$\begin{bmatrix} c_1 & & & & \\ & \ddots & & & \\ & & c_i & & \\ & & & \ddots & \\ & & & & c_n \end{bmatrix} = \boldsymbol{\Phi}^{\mathrm{T}}(a_1\boldsymbol{K} + a_2\boldsymbol{M})\boldsymbol{\Phi} = a_1\begin{bmatrix} k_1 & & & & \\ & \ddots & & & \\ & & k_i & & \\ & & & \ddots & \\ & & & & k_n \end{bmatrix} + a_2\begin{bmatrix} m_1 & & & & \\ & \ddots & & & \\ & & m_i & & \\ & & & \ddots & \\ & & & & m_n \end{bmatrix} \tag{6.3.11}$$

模态阻抗矩阵主对角线上的任一项为 $z_{\mathrm{q}i}(\omega) = k_i - \omega^2 m_i + \mathrm{j}\omega c_i$, $z_{\mathrm{q}i}$、k_i、m_i 和 c_i 分别称为第 i 阶模态阻抗、模态刚度、模态质量和模态阻尼。

由式(6.3.6)有

$$\boldsymbol{H}(\omega) = \boldsymbol{Z}(\omega)^{-1} = \boldsymbol{\Phi}\begin{bmatrix} z_{\mathrm{q}1}(\omega) & & & & \\ & \ddots & & & \\ & & z_{\mathrm{q}i}(\omega) & & \\ & & & \ddots & \\ & & & & z_{\mathrm{q}n}(\omega) \end{bmatrix}^{-1}\boldsymbol{\Phi}^{\mathrm{T}} = \boldsymbol{\Phi}\begin{bmatrix} H_{\mathrm{q}1}(\omega) & & & & \\ & \ddots & & & \\ & & H_{\mathrm{q}i}(\omega) & & \\ & & & \ddots & \\ & & & & H_{\mathrm{q}n}(\omega) \end{bmatrix}\boldsymbol{\Phi}^{\mathrm{T}}$$
(6.3.12)

$H_{\mathrm{q}i}(\omega)$ 的表达式为

$$H_{\mathrm{q}i}(\omega) = \frac{1}{k_i - \omega^2 m_i + \mathrm{j}\omega c_i} \tag{6.3.13}$$

称为第 i 阶模态导纳。

由式(6.3.12)和式(6.3.13)可知,导纳矩阵 $\boldsymbol{H}(\omega)$ 中第 l 行第 p 列元素为

$$H_{lp}(\omega) = \sum_{i=1}^{n}\varphi_{li}H_{\mathrm{q}i}\varphi_{pi} = \sum_{i=1}^{n}\frac{\varphi_{li}\varphi_{pi}}{k_i - \omega^2 m_i + \mathrm{j}\omega c_i} = \sum_{i=1}^{n}\frac{1}{k_i}\frac{\varphi_{li}\varphi_{pi}}{1 - \gamma_i^2 + \mathrm{j}2\zeta_i\gamma_i} \tag{6.3.14}$$

式中: φ_{li}、φ_{pi} 分别为系统无阻尼时的第 i 阶主振型矢量中的第 l 个和第 p 个元素; $H_{lp}(\omega)$ 为 p 点激振 l 点响应时的导纳。

式(6.3.14)是一个重要的关系式,它将导纳与模态参数联系起来。按其物理意义,式(6.3.14)又称为导纳函数(频响函数)的实模态展开式,或实模态叠加的表达式,该式还可写成

$$H_{lp}(\omega) = \sum_{i=1}^{n}\frac{1}{\dfrac{k_i}{\varphi_{li}\varphi_{pi}}}\frac{1}{1 - \gamma_i^2 + \mathrm{j}2\zeta_i\gamma_i} = \sum_{i=1}^{n}\frac{1}{K_{pi}^{l}}\frac{1}{1 - \gamma_i^2 + \mathrm{j}2\zeta_i\gamma_i} \tag{6.3.15}$$

式中:

$$K_{pi}^{l} = \frac{k_i}{\varphi_{li}\varphi_{pi}} \tag{6.3.16}$$

称为 p 点激振 l 点响应的第 i 阶等效模态刚度。与此相似：

$$M_{pi}^l = \frac{m_i}{\varphi_{li}\varphi_{pi}} = \frac{K_{pi}^l}{\omega_i^2} \tag{6.3.17}$$

称为 p 点激振 l 点响应的第 i 阶等效模态质量。

由式(6.3.14)可看出，知道了系统的模态刚度 k_i(n 个实数)或模态质量 m_i(n 个实数)、固有频率 ω_i(n 个实数)、模态阻尼比 ζ_i(n 个实数)、主振型矩阵 $\boldsymbol{\Phi}$(n^2 个实数)，就可完全确定整个导纳矩阵。

式(6.3.14)更重要的意义在于：它表明，系统导纳矩阵的任一行或任一列中已包含了系统的全部模态参数 k_i、m_i、ω_i、ζ_i 和 $\boldsymbol{\Phi}$。例如，对于三自由度系统，式(6.3.14)可写成

$$\begin{bmatrix} H_{11}(\omega) & H_{12}(\omega) & H_{13}(\omega) \\ H_{21}(\omega) & H_{22}(\omega) & H_{23}(\omega) \\ H_{31}(\omega) & H_{32}(\omega) & H_{33}(\omega) \end{bmatrix}$$

$$= \begin{bmatrix} \varphi_{11} & \varphi_{12} & \varphi_{13} \\ \varphi_{21} & \varphi_{22} & \varphi_{23} \\ \varphi_{31} & \varphi_{32} & \varphi_{33} \end{bmatrix} \begin{bmatrix} \dfrac{1}{k_1 - \omega^2 m_1 + \mathrm{j}\omega c_1} & 0 & 0 \\ 0 & \dfrac{1}{k_2 - \omega^2 m_2 + \mathrm{j}\omega c_2} & 0 \\ 0 & 0 & \dfrac{1}{k_3 - \omega^2 m_3 + \mathrm{j}\omega c_3} \end{bmatrix} \begin{bmatrix} \varphi_{11} & \varphi_{21} & \varphi_{31} \\ \varphi_{12} & \varphi_{22} & \varphi_{32} \\ \varphi_{13} & \varphi_{23} & \varphi_{33} \end{bmatrix}$$

$$\tag{6.3.18}$$

其中，第 2 行的导纳表达式为

$$\begin{cases} H_{21}(\omega) = \dfrac{\varphi_{21}\varphi_{11}}{k_1 - \omega^2 m_1 + \mathrm{j}\omega c_1} + \dfrac{\varphi_{22}\varphi_{12}}{k_2 - \omega^2 m_2 + \mathrm{j}\omega c_2} + \dfrac{\varphi_{23}\varphi_{13}}{k_3 - \omega^2 m_3 + \mathrm{j}\omega c_3} \\ H_{22}(\omega) = \dfrac{\varphi_{21}\varphi_{21}}{k_1 - \omega^2 m_1 + \mathrm{j}\omega c_1} + \dfrac{\varphi_{22}\varphi_{22}}{k_2 - \omega^2 m_2 + \mathrm{j}\omega c_2} + \dfrac{\varphi_{23}\varphi_{23}}{k_3 - \omega^2 m_3 + \mathrm{j}\omega c_3} \\ H_{23}(\omega) = \dfrac{\varphi_{21}\varphi_{31}}{k_1 - \omega^2 m_1 + \mathrm{j}\omega c_1} + \dfrac{\varphi_{22}\varphi_{32}}{k_2 - \omega^2 m_2 + \mathrm{j}\omega c_2} + \dfrac{\varphi_{23}\varphi_{33}}{k_3 - \omega^2 m_3 + \mathrm{j}\omega c_3} \end{cases} \tag{6.3.19}$$

这三个式子包含有模态刚度 k_1、k_2、k_3(3 个数)，模态质量 m_1、m_2、m_3(3 个数)，模态阻尼 c_1、c_2、c_3(3 个数)，主振型 $\boldsymbol{\Phi}$ 元素(9 个数)，同时要注意：

$$\zeta_i = \frac{c_i}{2\sqrt{k_i m_i}}$$

$$\omega_i^2 = k_i / m_i$$

因此，在用试验的方法来确定系统的模态参数时，只要测量导纳矩阵的一行或一列，而无须测试整个导纳矩阵的所有元素，然后使用模态参数识别方法就能获得系统的全部模态参数。这样实测导纳的工作量就将大大减少。

6.3.3 多自由度系统的响应

将导纳矩阵的表达式(6.3.12)代入式(6.3.8)，就可得到系统的响应，即

$$\boldsymbol{x} = \boldsymbol{\Phi} \begin{bmatrix} H_{q1}(\omega) & & & & \\ & \ddots & & & \\ & & H_{qi}(\omega) & & \\ & & & \ddots & \\ & & & & H_{qn}(\omega) \end{bmatrix} \boldsymbol{\Phi}^{\mathrm{T}} \boldsymbol{f} \tag{6.3.20}$$

或

$$x = \sum_{i=1}^{n} \frac{\boldsymbol{\varphi}_i^{\mathrm{T}} \boldsymbol{f} \boldsymbol{\varphi}_i}{k_i - \omega^2 m_i + \mathrm{j}\omega c_i} \quad (6.3.21)$$

该式表示了在系统上同时作用有频率相同而幅值和相位不同的 n 个力时系统的响应。

当激振频率 ω 小于第 k 阶固有频率 ω_k 时,很难激起大于 k 的各阶振动,在公式中可以忽略 $i>k$ 的各项而不会带来很大的误差,这种处理称为模态截断。

6.3.4 模态参数识别

假设单自由度振动系统具有结构阻尼(对于黏性阻尼系统,亦可做相应的近似将其转化为结构阻尼系统进行模态参数识别),则在结构阻尼系统下的位移导纳表达式为

$$H(\omega) = \frac{1}{k} \frac{1}{1 - \left(\frac{\omega}{\omega_0}\right)^2 + \mathrm{j}\eta} \quad (6.3.22)$$

对式(6.3.22)求模可以得到位移导纳函数的幅值:

$$|H(\omega)| = \frac{1}{k} \frac{1}{\sqrt{\left[1 - \left(\frac{\omega}{\omega_0}\right)^2\right]^2 + \eta^2}} \quad (6.3.23)$$

对式(6.3.23)的讨论如下:

(1) 由 $|H(\omega)|$ 峰值所对应的频率确定固有频率 ω_0,因为当 $\omega = \omega_0$ 时,$|H(\omega)|$ 达极大值。

(2) 由半功率带宽 $\Delta \omega = \omega_2 - \omega_1$ 确定 η(见图6.3.1),因为:

$$\frac{|H(\omega)|_{\max}}{\sqrt{2}} = \frac{1}{\sqrt{2}k\eta} = \frac{1}{k\sqrt{\left[1 - \left(\frac{\omega}{\omega_0}\right)^2\right]^2 + \eta^2}} \quad (6.3.24)$$

由此解出 ω/ω_0:

$$(\omega/\omega_0)_{1,2}^2 = 1 \mp \eta \quad (6.3.25)$$

根据1.4.2节的分析,当 $\eta \ll 1$ 时,得:

$$\eta \approx \frac{\omega_2 - \omega_1}{\omega_0} \quad (6.3.26)$$

(3) 当 $\omega = \omega_0$ 时,得到

$$|H(\omega)|_{\max} = \frac{1}{k\eta} \quad (6.3.27)$$

由此,可确定 k 值。

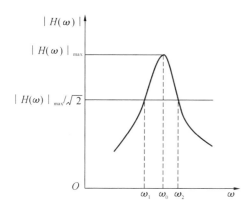

图 6.3.1 半功率带宽

(4) 对于多自由度系统,若它的固有频率之间离得较远且阻尼不大,则各模态之间的相互影响较小,可近似地把各共振峰看作独立的单自由度系统,用上述方法求出各模态的固有频率、阻尼比和模态刚度,然后按下述方法求振型。

对于结构阻尼,类似式(6.3.14),得:

$$H_{lp}(\omega) = \sum_{i=1}^{n} \frac{1}{k_i} \frac{\varphi_{li} \varphi_{pi}}{1 - \gamma_i^2 + \mathrm{j}\eta_i} \quad (6.3.28)$$

在第 r 个共振峰处,只有式(6.3.28)中的第 r 项突出出来,并且 $\gamma_r^2 = \omega^2/\omega_r^2 = 1$,故:

$$H_{lp}(\omega_r) \approx \frac{1}{k_r} \frac{\varphi_{lr} \varphi_{pr}}{\mathrm{j}\eta_r} \quad (6.3.29)$$

$$\frac{\varphi_{lr}\varphi_{pr}}{k_r} = |H_{lp}(\omega_r)|\eta_r \tag{6.3.30}$$

令激振点 p 的位置不变,而测振点 l 由 1 变到 n,得到 n 个量:$(\varphi_{1r}\varphi_{pr})/k_r,\cdots,(\varphi_{ir}\varphi_{pr})/k_r$, $\cdots,(\varphi_{nr}\varphi_{pr})/k_r$。其中,$\varphi_{ir}$ 是第 r 个模态的振型元素,可随意地令 $\varphi_{pr}=1$,用 k_r 遍乘各项,得到 φ_{1r}, $\varphi_{2r},\cdots,\varphi_{nr}$。

这样得到的振型都是同相位的(各项的符号都为正),而实际的实模态各点的振型有同相的,也有反相的。为了得到真实的相位,可利用 $H_{pp}(\omega_r)$ 的相位,凡相位与 $H_{pp}(\omega_r)$ 相同的,就在相应的 φ_{ir} 之前冠以正号,否则就冠以负号。

这一方法十分简单,常被用来求固有频率、阻尼比、振型向量等。它的主要不足是:

(1) 只能用于求实模态,即用于具有比例阻尼的结构。

(2) 完全忽略了相邻模态的相互影响,因而精度不高,只能用于模态不密集,而且阻尼不大的场合。

(3) 振型和阻尼的精度都取决于共振峰处导纳的测量精度,在小阻尼的情况下,共振峰很尖锐,导纳很难测得准确。

6.4 船舶振动评估及控制标准

6.4.1 船舶振动标准的起源与发展

与船舶振动相关的标准最早是由泰勒(J. L. Taylor)于 1930 年提出的,随后,各国研究机构以及船级社相继在船舶振动标准化方面做出了许多贡献。目前,在评估船舶振动性能的问题上,各国际组织公认的参考标准主要有以下两份,其一是《机械振动 客船和商船适居性振动测量、报告和评价标准》,另外一份是《人体暴露于真实振动环境下的评价基准》。

ISO 6954 是由国际标准化组织机械振动与冲击技术委员会 SC2 分技术委员会(机械、车辆和结构的机械振动冲击的测量和评定)制定的振动评价标准,该标准规范了客船及商船的振动评价准则。该标准目前经历了两个版本,分别是 1984 年版的"商船振动综合评估指南"和 2000 年版的"客船和商船适居性振动测量、报告和评价准则"。1984 年版的 ISO 6954 主要用于评估船体振动,在船舶居住舒适性方面比较简略,该标准规定人体对船舶舒适性的评估应满足 ISO 2631-1-1985 的相关要求。然而,ISO 2631 是由国际标准化组织机械振动与冲击技术委员会 SC4 分技术委员会(处于振动与冲击下的人体)制定的振动评价标准,该标准从人体感官的角度出发,对环境振动的评价准则进行了规范,其评价体系与 ISO 6954-1984 存在着较大的差异。并且,随着时代的推进与技术的进步,ISO 2631 在 1997 年进行了比较大的调整,使得 ISO 6954-1984 与 ISO 2631-1997 的冲突进一步扩大。因此,为了与 ISO 2631 相适应,ISO 6954 于 2000 年进行了迭代更新,其主要内容进行了从侧重于船体结构强度界限方面的评估过渡到侧重于关注人体对船舶居住性能的评估的转变,从而结束了 ISO 6954 与 ISO 2631 多年的不一致。按照 ISO 6954-2000 的规定,新版标准理应取代旧版标准。但是实际操作过程中,由于旧版使用多年,积累了很多有价值的数据和经验,而新版本与这些数据和经验之间缺乏合理的对应关系,从而导致工业界对新版的接受进度显得较为缓慢。因此,很多船级社在船舶振动方面的评估指导意见方面出现了新旧两个版本混用的现象。

以这些国际标准为参考,我国相关研究机构针对我国具体国情,亦对各类船型制定了相应的振动评价标准。用于民船的标准主要有《机械振动 客船和商船适居性振动测量、报告和评价准则》(GB/T 7452—2007)等以及中国船级社编制的《船上振动控制指南》。此外,对于军船,我国科研机构亦对各类舰艇的振动参数给出了相应的评价衡准,这些军船相关标准主要有《舰艇船体振动评价基准》(GJB 1045.1—1990)、《舰艇船体振动评价基准 快艇》(GJB 1045.2—1990)和《舰艇船体振动评价基准 潜艇》(GJB 1045.3—1990)等。

6.4.2 船舶振动评价物理量

船体振动一般采用测点的位移、速度、加速度以及应力这些参数来进行衡量,这些参数被称作振动衡准特征参数。船体振动衡准特征参数的取法主要有两种:① 使用单个简谐激振频率的单幅峰值;② 使用单个简谐激振频率的均方根值(rms),又称有效值。

此处的单幅峰值是指对振动响应的时域信号进行谐波分析后,获得的各简谐波分量的最大值。若谐振波分量 $x(t)=A\sin(\omega t)$,则其对应的单幅峰值为

位移:$X=A$;

速度:$\dot{X}=A\omega$;

加速度:$\ddot{X}=A\omega^2$。

振动衡准特征参数的另外一种表达方式为均方根值,其表达式为

位移均方根值:

$$X_{rms} = A\sqrt{\frac{1}{T}\int_0^T x^2(t)\,\mathrm{d}t} = \frac{A}{\sqrt{2}}$$

速度均方根值:

$$\dot{X}_{rms} = \frac{A}{\sqrt{2}}\omega$$

加速度均方根值:

$$\ddot{X}_{rms} = \frac{A}{\sqrt{2}}\omega^2$$

6.4.3 各类标准的具体振动评价方法

ISO 6954:2000 对测点处 1～80 Hz 范围内的 1/3 倍频程的振动速度、加速度的均方根值进行加权均方根计算,然后对振动强度进行评级。对速度、加速度的均方根值进行加权均方根计算的公式如下。

速度:

$$v_w = \sqrt{\sum (W_{v_i} v_i)^2}$$

加速度:

$$a_w = \sqrt{\sum (W_{a_i} a_i)^2}$$

式中:v_i、a_i 分别表示在 1～80 Hz 全频带内 1/3 倍频程的第 i 频带的速度、加速度的均方根值(单位 mm/s、mm²/s);W_{v_i}、W_{a_i} 分别表示速度、加速度的第 i 频带的加权系数,其具体取值如表 6.4.1 所示。

表 6.4.1 1～80 Hz 全频带内 1/3 倍频程加权系数

频带数 i	频率/Hz	速度加权系数 W_{v_i}	加速度加权系数 W_{a_i}
0	1	0.147	0.833
1	1.25	0.201	0.907
2	1.6	0.260	0.934
3	2	0.327	0.932
4	2.5	0.402	0.910
5	3.15	0.485	0.872
6	4	0.573	0.818
7	5	0.661	0.750
8	6.3	0.743	0.669
9	8	0.813	0.582
10	10	0.869	0.494
11	12.5	0.911	0.411
12	16	0.941	0.337
13	20	0.961	0.274
14	25	0.973	0.220
15	31.5	0.979	0.176
16	40	0.978	0.140
17	50	0.964	0.109
18	63	0.925	0.0834
19	80	0.844	0.0604

计算出测点处的 v_w、a_w，然后查阅表 6.4.2，即可将该振动进行定级。船舶居住性可按表 6.4.2 分为 A、B、C 三个等级，A 级振动区适合作为乘客的居住环境，B 级振动区适合作为船员的居住环境，C 级振动区适合作为工作区。

表 6.4.2 船上不同区域居住性等级

等级	A 级		B 级		C 级	
加速度、速度均方根值	速度/(mm/s)	加速度/(mm/s²)	速度/(mm/s)	加速度/(mm/s²)	速度/(mm/s)	加速度/(mm/s²)
上限值	4	143	6	214	8	286
下限值	2	71.5	3	107	4	143

与 ISO 6954-2000 不同，由中国船级社编制的《船上振动控制指南》（后文称之为《指南》）采用了位移、速度、加速度的三轴诺模图来对船舶振动进行评价。《指南》以最大重复值来评价船上振动，如果实测值为均方根值，则应将均方根值乘以 $\sqrt{2}C_F$ 换算成等效最大重复值，其中，$\sqrt{2}C_F$ 为等效波峰因数（$C_F=1.0$ 指纯稳态正弦振动），换算系数 C_F 由测量确定，或假定 $C_F=1.8$。

该指南中的振动评价衡准规定了海船与内河船船体、上层建筑，以及人员的工作居住场所的振动评价基准。该基准适用于船长大于或等于 30 m、小于 100 m 的柴油机驱动的商船，其振动评价范围为 1～100 Hz。

该指南按船长将船舶分为三类，即

Ⅰ类船：垂线间长等于或大于 90 m、小于 100 m 的船舶；
Ⅱ类船：垂线间长等于或大于 60 m、小于 90 m 的船舶；
Ⅲ类船：垂线间长大于 30 m、小于 60 m 的船舶。

以上三类船舶中，其中Ⅰ类和Ⅱ类船舶的振动按照图 6.4.1 和表 6.4.3 给出的振动评价衡准进行评价。而Ⅲ类船舶的振动应按照图 6.4.2 和表 6.4.4 给出的评价衡准进行评价。并且《指南》还指出，船长小于 60 m 的商船的上、下界限可以进行放宽，且船长小于 60 m 的船舶一般只评价垂向振动。

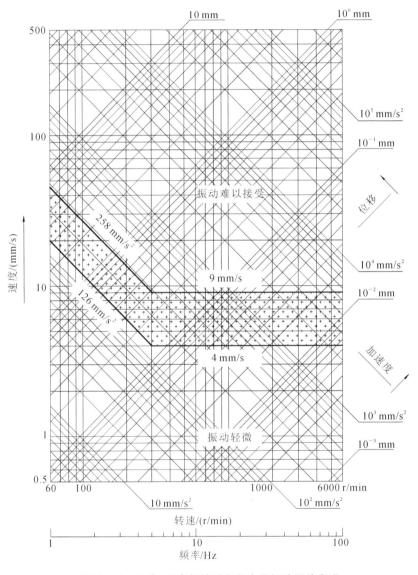

图 6.4.1　Ⅰ类、Ⅱ类船舶垂向和水平振动评价衡准

表 6.4.3　Ⅰ类、Ⅱ类船舶垂向和水平振动评价衡准

频率范围	1～5 Hz	5～100 Hz
上限	峰值加速度为 285 mm/s²	峰值速度为 9 mm/s
下限	峰值加速度为 126 mm/s²	峰值速度为 4 mm/s

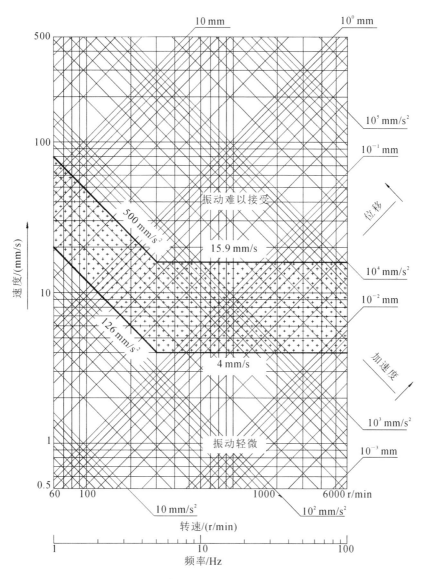

图 6.4.2　Ⅲ类船舶垂向和水平振动评价衡准

表 6.4.4　Ⅲ类船舶垂向和水平振动评价衡准

频率范围	1～5 Hz	5～100 Hz
上限	峰值加速度为 500 mm/s²	峰值速度为 15.9 mm/s
下限	峰值加速度为 126 mm/s²	峰值速度为 4 mm/s

6.4.4　防止共振

前面振动试验内容提到了结构物的模态试验，通过模态试验，可以得到结构物的振动模态频率及振型等参数。可将这些参数作为指导，调整结构的固有频率或激励频率以避免共振，减小激励的幅值与减少激励的传递以降低强迫振动的程度；增加结构的刚度和阻尼以降低响应等。

对于船舶总体振动,船体发生低阶共振时,振动阻尼小,共振特性曲线峰值高而陡,减小船体总体振动共振响应最有效的方法是避开共振区。当采用梁模型计算船体固有频率时,其1至3阶固有频率一般应与激励频率分别错开±10%~±15%、±15%~±20%和±20%~±30%。若不满足频率储备要求,则需进行船体振动响应计算或实船振动响应测量,如响应值超过评价基准,应采取减振措施。

对于板和板格、板架和上层建筑的局部振动,一般要求其首阶固有频率与主要的激励频率错开±50%、±8%~±10%及±10%~±15%。若不满足此要求,则需进行振动响应计算或实船振动响应测量,当其响应值超过评价基准时,应采取减振措施。

6.5 典型船体板架结构模态试验分析实例

本节选取的研究对象为船舶结构中极为常见的板架结构,其广泛应用于船底、甲板、舷侧、舱壁等船舶结构中。采用软支撑的方式模拟全自由边界条件下的板架结构,对比多点力锤法模态试验结果与仿真分析结果,并分析其模态结果的差异及原因。

6.5.1 模态试验流程简介

板架模态试验分析可采用力锤法多点激励单点测量,即多点力锤法,以下开展板架多点力锤法模态试验,并简要分析试验结果。

1. 试验对象

板架结构如图 6.5.1 所示,上下面板尺寸为 1200 mm×800 mm,厚度为 5 mm,腹板交叉分布,将每个面板分割为 6(3×2)个 400 mm×400 mm 的板格,腹板高度为 300 mm,厚度与面板厚度相同。材料为 Q235 钢材。

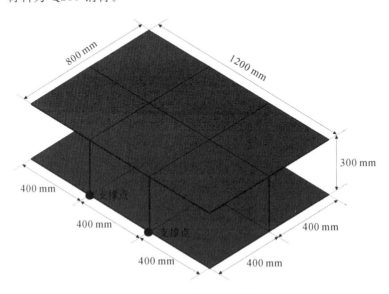

图 6.5.1 板架示意图

该板架结构采用弹簧软支撑以模拟自由状态,支撑位置设在底部加筋处,共设置 4 个。支撑位置示意图如图 6.5.1 所示,另外 2 个支撑位置与图示支撑位置对称。

2. 试验流程

试验流程分为设备准备、测点布置、传感器安装、仪器调试、数据采集等步骤。

1）设备准备

多点力锤法模态试验所需设备主要有计算机、采集仪、力锤、电荷放大器、加速度传感器等。力锤敲击板架结构，引起板架结构振动，安装在板架上的加速度传感器将响应信号传递至采集仪，另一方面，力锤的激励信号经过电荷放大器也传递至采集仪，最后将该次力锤敲击下的激励信号和响应信号存储在试验计算机上并进行分析直至输出试验结果。各设备连接示意图如图 6.5.2 所示。

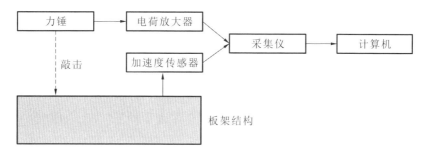

图 6.5.2　多点力锤法试验设备连接示意图

2）测点布置与传感器安装

在板架的上面板布置测点，测点布置如图 6.5.3 所示。

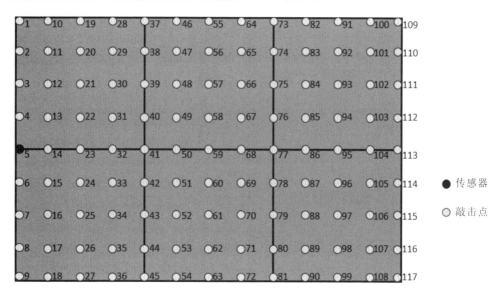

图 6.5.3　多点力锤法试验测点

图中共布置 9×13＝117 个测点。测点均匀分布在板架的上面板，其中测点 37 至 45 号，73 至 81 号以及 5、14、23、32、50、59、68、86、95、104、113 号位于腹板加强处，特别是 41 号、77 号测点下部为横纵腹板相交处，其他测点下方为空腔。传感器安装在 5 号测点处（测量法向加速度）。

3）仪器调试

试验系统搭建完毕后，进入测试环节。依次设定通道参数，包括设置各通道状态及窗函数类型，选择触发通道并设置其触发量级，设置各通道对应的测点号，将激励信号通道设置为参考通道，以及设置各通道灵敏度系数、输入方式等。

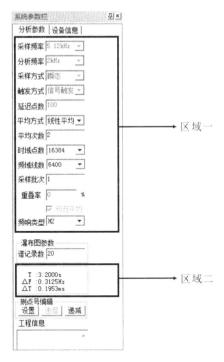

图 6.5.4　系统参数设置

同时,设置系统参数,诸如采样频率、采样方式、触发方式、平均次数、时域点数等。系统参数设置如图 6.5.4 所示。

图 6.5.4 展示了多点力锤法模态试验中分析参数的设置样例。对于区域一的参数,在分析频率取整的条件下,调节采样频率以使分析频率满足分析要求。多点力锤法模态试验中采样方式选择瞬态,触发方式选择信号触发。平均次数即为每个测点的敲击次数,利用多次平均的方法减小试验随机误差。时域点数、频域线数之间的关系与采样频率、分析频率之间的关系类似。调节时域点数,频域线数随之变化。

区域二的参数随区域一中参数的设置而改变。

T 表示力锤敲击一次后的采样时长,主要由采样频率和时域点数决定。设采样频率为 F_s,时域点数为 N_{ut},那么单次采样时长 $T=N_{ut}/F_s$。如图 6.5.4 所示,$T=16384/5120$ s$=3.2$ s。

ΔF 表示频率分辨率,主要由分析频率和频域线数决定。设分析频率为 F_a,频域线数为 N_{uf},那么频率分辨率 $\Delta F=F_a/N_{uf}$。根据图 6.5.4 设置,$\Delta F=2000/6400$ Hz $=0.3125$ Hz。也可以通过单次采样时长 T 计算得到 ΔF,即 $\Delta F=1/T=1/3.2$ Hz$=0.3125$ Hz。

ΔT 表示时间分辨率,由采样频率决定,其值大小等于采样频率的倒数,$\Delta T=1/F_s$。如图 6.5.4 所示,$\Delta T=1/5120$ s≈ 0.1953 ms。

至此,参数设置完毕。试采样如图 6.5.5 所示。

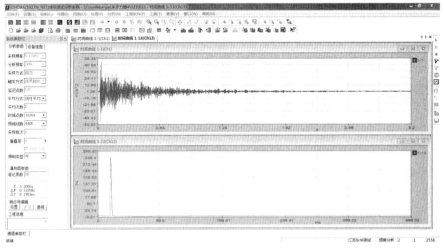

图 6.5.5　多点力锤法模态试验数据试采样

如图 6.5.5 所示,响应信号随时间不断衰减,至单次采样时间结束时幅值基本为零,力锤法的激励信号近似脉冲信号。

4）数据采集

按照以下步骤进行数据采集:

(1) 完成所有的试验准备工作,测试系统调试完毕,系统参数设置如图 6.5.4 所示,单次采样时长 3.2 s,频率分辨率 0.3125 Hz。

(2) 建立文件存储路径,进行通道平衡和清零操作,敲击人员就位,开始采集数据。

(3) 第一次敲击 1 号测点,检查激励信号与响应信号,若信号正确完好,进行第二次敲击,反之,重复第一次敲击,直至信号满足分析要求。同样,第二次敲击信号也必须满足分析要求。

(4) 保存 1 号测点试验数据。

(5) 将敲击点改为其他测点,重复步骤(2)至(4),顺次敲击 2 至 117 号测点,完成信号采集工作。

(6) 数据采集完成,试验结束。

3. 试验结果

多点力锤法模态试验分析结果可在模态分析软件中查看。根据测点分布建立结构文件,如图 6.5.6 所示。

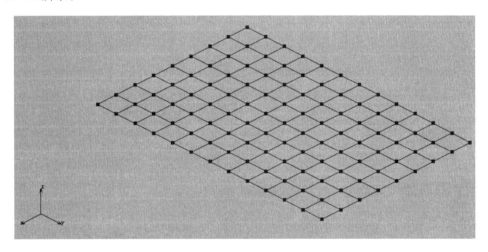

图 6.5.6　多点力锤法结构文件

导入每个测点对应的频响函数文件,并检查测点编号的对应关系,利用软件得到频响函数图,如图 6.5.7 所示。

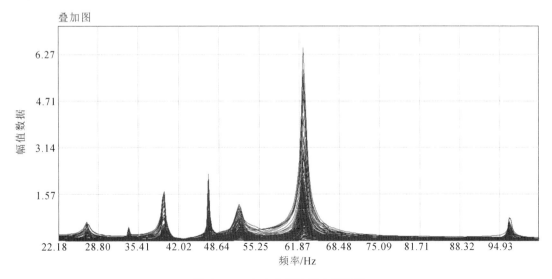

图 6.5.7　多点力锤法频响函数图

图 6.5.7 中,117 个测点的频响函数曲线重叠。观察图 6.5.7 发现,频响函数的峰值突出,且峰与峰较为分散,可以采用实模态理论下的峰值拾取法进行模态识别。利用软件采用峰值拾取法进行板架模态参数的提取。

多点力锤法模态试验的分析结果如表 6.5.1 所示。

表 6.5.1 多点力锤法模态试验分析结果

阶数	频率/Hz	阻尼比/(%)
1	26.88	1.73
2	33.75	0.66
3	39.69	0.80
4	46.88	0.28
5	51.88	1.16
6	62.50	0.56
7	96.56	0.33

取前 7 阶模态进行分析,每阶频率对应的振型在 6.5.3 节结果对比中给出,此处不再赘述。

6.5.2 仿真分析

板架结构仿真分析在 ANSYS 中完成,选择合适的单元类型,设置材料参数,测量得到模型的实际尺寸,如图 6.5.1 所示,建立仿真分析模型,并进行网格划分,随后设置边界条件和计算参数,进行模态计算,最后提取模态分析结果。

1. 仿真模型

选用 Solid185 单元,设置其杨氏模量、泊松比、密度等参数,根据模型实际尺寸完成建模工作,如图 6.5.8 所示。

如图 6.5.8 所示的坐标系,约定 x 向为横向,y 为垂向,z 为纵向。称 3 号、4 号腹板为纵向腹板,5 号、6 号、7 号腹板为横向腹板。

板架结构接缝处采用焊接,上下面板(即

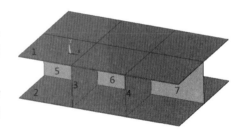

图 6.5.8 板架仿真分析模型

图 6.5.8 中 1 号、2 号)为完整钢板,纵向腹板(即图 6.5.8 中 3 号、4 号)与上下面板焊接,横向腹板(即图 6.5.8 中 5 号、6 号、7 号)由三块钢板组成,分别与上下面板和纵向腹板焊接。建模时采用 Solid 方式,依次建立 1 至 7 号面板,对 1 至 4 号面板接缝处进行切割,但不同编号面板之间不连接。

对板架仿真模型进行网格划分,设定单元尺寸为 5 mm,划分方式采用 Mapped 方式,接缝处采用建立刚性域的方式进行模拟,细节如图 6.5.9 所示。图 6.5.9 展示的是 1 号与 3 号、1 号与 5 号、1 号与 6 号、3 号与 5 号、3 号与 6 号面板刚性域建立的细节图。

该板架系统的刚性域连接分为两种形式。

区域 1 的连接方式是其主要形式,设置中间节点为主节点,两侧节点为次节点。图 6.5.9 中区域 1 展示的是 1 号面板与 3 号面板的连接,主节点在 1 号面板上,次节点在 3 号面板上。

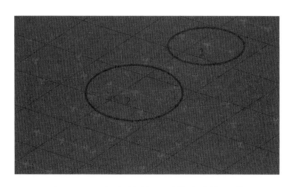

图 6.5.9　板架接缝处刚性域连接细节

区域 2 的连接方式在垂向接缝与横向、纵向接缝交点处出现。此时中心节点设置为主节点，其周围节点都为次节点。图 6.5.9 中区域 2 显示的为 1 号与 3 号、5 号、6 号面板的连接，中心节点在 1 号面板上，6 个次节点在 3 号、5 号、6 号面板上。

按照上述方式，采用 APDL 语言编程实现所有接缝处刚性域的建立，如图 6.5.10 所示。

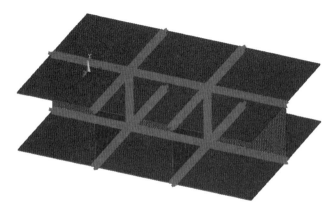

图 6.5.10　板架接缝处刚性域建立

试验中采用四点软支撑的方式对板架进行全自由状态的模拟，因此仿真计算采用全自由边界条件。至此，仿真模型设置完毕。

之后在 ANSYS 的 Solution 模块中对该板架模型进行模态计算，并查看模态计算结果。

2. 仿真结果

在 ANSYS 的 General postproc 模块中通过 Result viewer 查看模态计算结果，得到其频率计算结果，如表 6.5.2 所示。

表 6.5.2　板架仿真分析模态计算结果

阶数	频率/Hz
1	29.56
2	32.87
3	42.77
4	45.14
5	46.71
6	59.41
7	102.36

6.5.3 结果对比

在 6.5.1 节中通过多点力锤法获得了板架的模态试验结果,在 6.5.2 节中通过仿真计算得到了板架的仿真分析模态结果,下面将分别从模态频率和模态振型两方面进行对比。

1. 频率对比

对比多点力锤法识别出的模态频率和仿真分析得到的模态频率,如表 6.5.3 所示,以多点力锤法的识别结果为基准,计算两者相对误差。相对误差计算公式为

$$相对误差 = \frac{仿真分析频率 - 多点力锤法频率}{多点力锤法频率} \times 100\%$$

表 6.5.3 多点力锤法、仿真分析模态频率对比

阶数	多点力锤法频率/Hz	仿真分析频率/Hz	相对误差/(%)
1	26.88	29.56	9.97%
2	33.75	32.87	−2.61%
3	39.69	42.77	7.76%
4	46.88	45.14	−3.71%
5	51.88	46.71	−9.97%
6	62.50	59.41	−4.94%
7	96.56	102.36	6.01%

由表 6.5.3 可得,多点力锤法和仿真计算的模态频率差异较大,其中第二阶、第四阶、第六阶频率误差小于 5%,第一阶、第三阶、第五阶、第七阶误差略大,但是误差都稳定在 −10%~10%之间。

产生误差的原因与实际试验时的边界条件有关。实际试验中,采用四点软支撑法模拟全自由模态,故而仿真计算时采用全自由边界条件,但是两者之间的差异客观存在。实际试验中几乎无法做到试验结构的全自由状态,只是尽可能去近似,四点软支撑方式与全自由状态之间的些许不同反映在模态频率的差异上。此外,接缝的模拟也是误差的来源之一。在仿真分析中采用建立刚性域的方式模拟接缝,但在实际模型中各处的接缝并非完全均匀的,仿真模型采用理想均一化的方式对所有接缝进行统一设置,这样的模拟方式与实际接缝的差异无可避免。

基于以上原因,在既定的边界条件和仿真处理下,基本认为多点力锤法模态频率与仿真分析频率的误差在可接受的范围之内,频率误差处于 −10%~10%,认为两者分析结果相近。

2. 振型对比

试验模态振型与仿真分析模态振型的对比如图 6.5.11 至图 6.5.17 所示,各图中左图为多点力锤法振型,右图为仿真分析振型。由于试验时仅在上层面板布置测点,故而着重对比上层面板振型的差异。

第一阶振型特征表现为四角振动,长边振动方向相同,短边振动方向相反。多点力锤法与仿真分析振型相似,振动幅值略有差异。

第二阶振型特征表现为四角振动,长边振动方向相反,短边振动方向也相反。与第一阶振型对比结果类似,多点力锤法与仿真分析振型相似,振动幅值略有差异。

第三阶振型特征表现为四角振动,四角振动方向相同,长边出现半波。对比发现,多点力

第 6 章 船体结构振动测试与评估

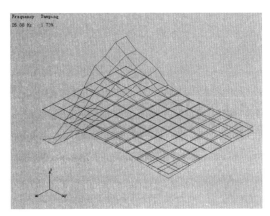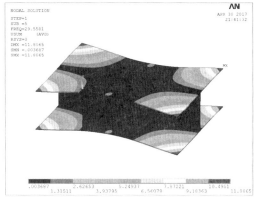

图 6.5.11　多点力锤法、仿真分析第一阶振型对比

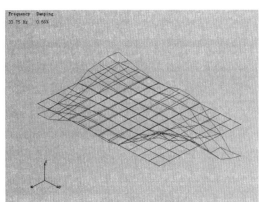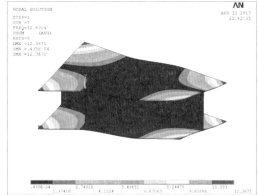

图 6.5.12　多点力锤法、仿真分析第二阶振型对比

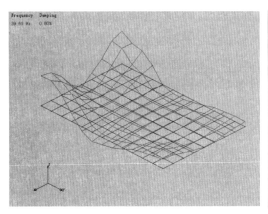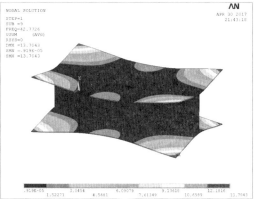

图 6.5.13　多点力锤法、仿真分析第三阶振型对比

锤法与仿真分析都呈现此振动特征,区别依旧表现在振动幅值上。

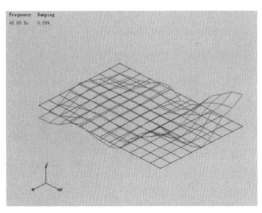 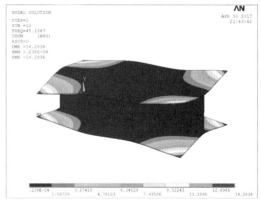

图 6.5.14　多点力锤法、仿真分析第四阶振型对比

第四阶振型表现为四角振动,长边振动方向相反,短边振动方向相同。多点力锤法和仿真分析振型相似,幅值略有差异。仿真分析四角振动幅值基本相等,而多点力锤法则有所区别。

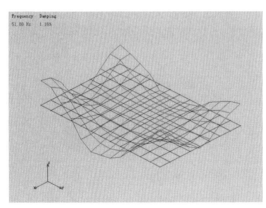 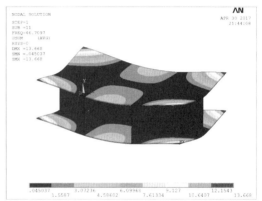

图 6.5.15　多点力锤法、仿真分析第五阶振型对比

第五阶振型表现为四角振动方向相同,长边出现半波,且中部振动明显。多点力锤法与仿真分析振型结果几乎完全相同,振动特征及振动幅值都相似。

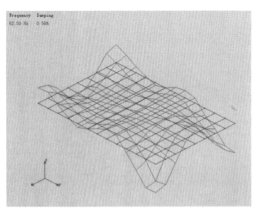 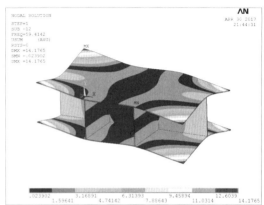

图 6.5.16　多点力锤法、仿真分析第六阶振型对比

第六阶振型表现为四角振动,长边振动方向相反,短边振动方向相同,且短边出现半波。

观察发现多点力锤法和仿真分析结果类似,四角振动形态一致,短边都出现半波,不同之处在于仿真分析四角振动幅值相同,多点力锤法振型则略有差别。

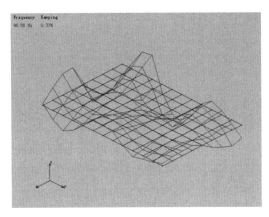 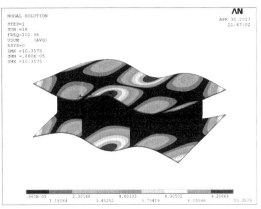

图 6.5.17　多点力锤法、仿真分析第七阶振型对比

第七阶振型表现为板格振动,沿着长边方向相邻板格振动方向相反,沿短边方向相邻两个板格振动方向相反。观察可得,多点力锤法和仿真分析振动特征相似。

根据以上分析,从第一阶到第七阶多点力锤法与仿真分析各阶振型的振动特征一致,几乎完全相同,略有差异的地方在于振动幅值。产生差异的原因应该与实际模型的构造有关,仿真计算中模型是完全均匀对称的,而实际模型由于手工接缝的存在、支撑差异等会出现结构并非完全对称的现象,而这一差异反映在了振型振幅上。因此,基本可认为多点力锤法和仿真分析的第一阶到第七阶振型基本一致。

综上所述,多点力锤法和仿真分析的模态频率在一定误差范围内可认为相近,其模态振型从第一阶到第七阶基本一致。

本 章 习 题

6.1　振动测试包括哪几种类型?它们各自的测试系统主要由哪些仪器设备组成?

6.2　加速度传感器主要有哪些类型?各自有什么特点?

6.3　加速度传感器的上限频率由哪些因素决定?为什么?

6.4　振动测试时,有效信号频带的下限由什么因素决定?

6.5　激振器的安装方式有哪些?各自适用于什么样的场合?

6.6　采用实模态理论,为什么可以只测量阻抗矩阵的一行或者一列就能够获取结构所需的所有模态参数?

6.7　在进行模态试验时,采用力锤激励所有激励点,而只使用一个加速度传感器测试其中一个点的振动响应,这在模态测试中,被称为多点激励单点测量(MISO)。请问,这是测试阻抗矩阵一行还是一列?

6.8　试述采用实模态理论进行模态参数识别的局限性。

6.9　试列出我国有哪些标准涉及对各类船型的振动评价。

6.10　为防止船舶出现共振现象,对船舶的频率储备有什么要求?

第 7 章 船舶结构振动控制

船舶上存在各种振源,如主机、辅机、推进轴系等,它们安装在船舶结构上,运转时会产生船舶结构的振动。为了减小这些振动的影响,通常需要采取一些措施控制船舶结构的振动。特别是船舶向高速化大型化方向发展之后,船舶振动问题日益重要且十分突出。本章对船舶结构振动控制的基本概念、知识进行简要介绍。

7.1 隔振原理

隔振是在振源和船舶结构之间增加柔性元件(隔振器)形成串联系统,从而使振源传至结构的力响应或运动响应得以降低。

7.1.1 第一类隔振

第一类隔振问题如图 7.1.1 所示,要求减小传到支座上的力。船上的各种主机、辅机在运转时都会产生激振力,使船体发生振动。减小船体振动的方法之一就是把机器安装在弹性元件和阻尼元件上,形成隔振系统,使传递到船体的激振力减小。减小激振力的传递,常称为第一类隔振(积极隔振),简称为隔力。

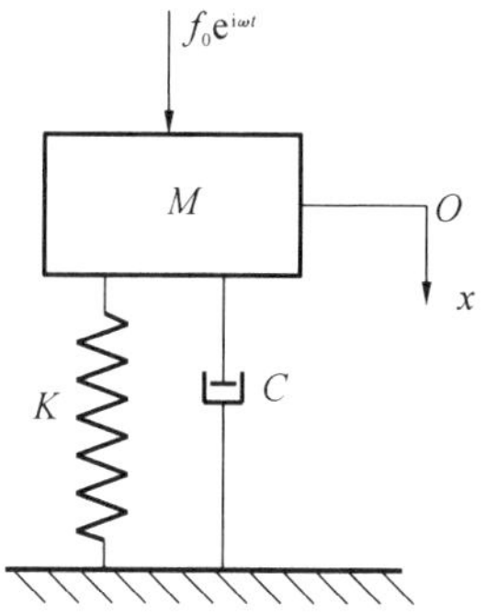

图 7.1.1 所示系统的运动方程为

$$M\ddot{x} + C\dot{x} + Kx = f_0 e^{i\omega t} \quad (7.1.1)$$

其简谐形式的解为

$$x = \frac{f_0}{(K - M\omega^2) + iC\omega} e^{i\omega t} \quad (7.1.2)$$

通过弹簧和阻尼器传到支座上的力为

$$\overline{P} = Kx + C\dot{x} = \frac{K + iC\omega}{(K - M\omega^2) + iC\omega} f_0 e^{i\omega t} \quad (7.1.3)$$

$\overline{P}$ 与激振力 $\overline{f} = f_0 e^{i\omega t}$ 之比称为力传递函数 $\overline{H}_1(\omega)$:

$$\overline{H}_1(\omega) = \frac{\overline{P}}{\overline{f}} \frac{K + iC\omega}{(K - M\omega^2) + iC\omega} \quad (7.1.4)$$

图 7.1.1 隔振系统

$\overline{H}_1(\omega)$ 的相位是 $\overline{P}$ 与 $\overline{f}$ 之间的相位差 θ,模是 $\overline{P}$ 与 $\overline{f}$ 的幅值比 T_F(也称为力传递率 T_F):

$$T_F = |\overline{H}_1(\omega)| = \sqrt{\frac{1 + (2\zeta\gamma)^2}{(1-\gamma^2)^2 + (2\zeta\gamma)^2}}, \quad \theta = \arctan\frac{2\zeta\gamma^3}{1 - \gamma^2 + (2\zeta\gamma)^2} \quad (7.1.5)$$

力传递函数的模 $|\overline{H}_1(\omega)|$ 的图形如图 7.1.2(a)所示,其相位 θ 与频率比 γ 的关系如图 7.1.2(b)所示。从图可知:

(1) 只有当 $\gamma > \sqrt{2}$ 时力传递率才小于 1,即可以减小传递到支座上的激振力,此时才有隔振的效果。

(2) $\gamma < 1/\sqrt{2}$ 时,力传递率接近于 1。

(3) 在 $1/\sqrt{2}<\gamma<\sqrt{2}$ 的范围内，力传递率出现峰值。此时阻尼比对抑制峰值的大小起决定性作用。阻尼比越大，峰值越小。但当 $\gamma>\sqrt{2}$ 时，阻尼比的增加反而使力传递率增大。

(4) 当 $\gamma>5$ 后，力传递率曲线趋于平缓。此时若将隔振器设计得过软（相当于降低隔振器刚度，减小固有频率，增大 γ），力传递率的减小并不显著，但却将在静变形及其他方面付出代价。所以一般工程实际中采用的 γ 值常在 2.5～5 之间。

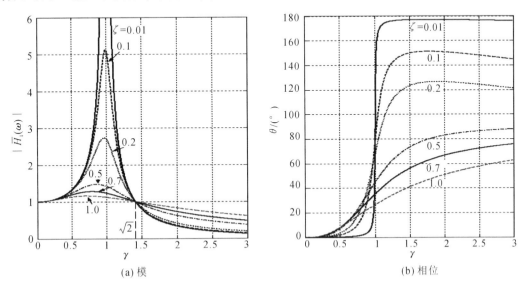

图 7.1.2 力传递函数图形

例 7.1.1 均匀简支梁的中点上安装有质量为 M 的电动机（见图 7.1.3）。电动机转速为 n r/min，电动机运转时，由于转子偏心产生幅值为 f_0 的简谐激振力。求梁中的最大弯矩及传递到支座上的载荷。

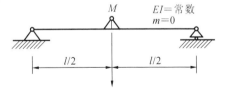

图 7.1.3 例 7.1.1 图

解 设激振力为
$$\overline{f}(t) = f_0 \cos\omega t$$

其中
$$\omega = 2\pi \frac{n}{60} \quad (\text{rad/s})$$

重力作用下的静挠度为
$$\delta = \frac{Mgl^3}{48EI}$$

因而固有频率为
$$\omega_n = \sqrt{\frac{g}{\delta}} = \sqrt{\frac{48EI}{Ml^3}}$$

简谐激振力 $\overline{f}(t)$ 产生的稳态响应由式(1.4.8)和式(1.4.7)可得（此时 $\zeta=0$）：
$$x = \frac{f_0}{K} \frac{1}{1-\gamma^2} \cos\omega t$$

K 为简支梁中点的刚度：

$$K = \frac{48EI}{l^3}$$

传递到支座上的载荷即为弹性力加上重力：

$$P = Kx + Mg = \frac{f_0}{1-\gamma^2}\cos\omega t + Mg$$

其最大值为

$$P_{\max} = \frac{f_0}{1-\gamma^2} + Mg$$

由于传递到每一个支座上的力最大为 $P_{\max}/2$，因此在梁的中点产生的最大弯矩为

$$M_{\max} = \frac{P_{\max}}{2} \cdot \frac{l}{2} = \frac{1}{4}P_{\max}l$$

7.1.2 第二类隔振

减小支座运动的激振传递，常称为第二类隔振（消极隔振），简称隔幅。振幅可以是隔振对象的绝对振幅或隔振对象相对于支座的振幅，振幅可取位移、速度或加速度。安装在运动中的船舶结构上的电子设备或精密仪器等的振动隔离即属于第二类隔振。

考察图7.1.4(a)所示的系统，其支座的运动为 $y(t)$，分析质量 M 的运动响应 $x(t)$。$y(t)$ 和 $x(t)$ 都是绝对位移量，即相对于惯性参考系（地球参考系）的位移。由图7.1.4(b)所示的受力分析，根据力平衡原理，可以建立如下运动微分方程（进行受力分析时设 $x>y$，如设 $x<y$，运动微分方程不变）：

$$M\ddot{x} + C(\dot{x} - \dot{y}) + K(x - y) = 0 \tag{7.1.6}$$

或

$$M\ddot{x} + C\dot{x} + Kx = C\dot{y} + Ky \tag{7.1.7}$$

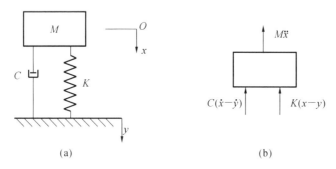

图 7.1.4 支座激振问题

方程右边的两项都是已知的函数，可把它们看作激振力。对于任意支座运动激振，可用杜哈姆积分求解质量的运动响应 $x(t)$。若支座做简谐运动，则可用复数法求解。设

$$\begin{cases} y = Y\mathrm{e}^{\mathrm{i}\omega t} \\ x = \overline{X}\mathrm{e}^{\mathrm{i}\omega t} \end{cases}$$

代入式(7.1.7)得

$$(-M\omega^2 + \mathrm{i}C\omega + K)\overline{X} = (\mathrm{i}C\omega + K)Y$$

$$\overline{X} = \frac{K + \mathrm{i}C\omega}{(K - M\omega^2) + \mathrm{i}C\omega}Y \tag{7.1.8}$$

式中:$\overline{X}$ 是复数,它包含了 x 的幅值及 x 与 y 的相位差。因此,可以把 $\overline{X}$ 写成指数形式:

$$\overline{X} = |\overline{X}|e^{-i\theta} \tag{7.1.9}$$

由式(7.1.8)可以得出

$$|\overline{X}| = \sqrt{\frac{1+(2\zeta\gamma)^2}{(1-\gamma^2)^2+(2\zeta\gamma)^2}}|Y| \tag{7.1.10}$$

$$\theta = \arctan\frac{2\zeta\gamma^3}{1-\gamma^2+(2\zeta\gamma)^2} \tag{7.1.11}$$

θ 是质量 M 的运动落后于支座运动的相位差。

由式(7.1.8)可得绝对位移频率响应函数 $\overline{H}_1(\omega)$:

$$\overline{H}_1(\omega) = \frac{\overline{X}}{Y} = \frac{K+iC\omega}{(K-M\omega^2)+iC\omega} \tag{7.1.12}$$

绝对位移频率响应函数的模 $|\overline{H}_1(\omega)|$ 的图形如图7.1.2(a)所示,其相位 θ 与频率比 γ 的关系如图7.1.2(b)所示。分析图7.1.2可以得出如下结论:

(1) 在 $\gamma=1$ 附近发生共振。

(2) 在 $\gamma\ll 1$ 时,质量与支座的振幅和相位几乎相同,即两者同步运动,几乎没有相对运动。

(3) $\gamma=\sqrt{2}$ 时, $|\overline{H}_1(\omega)|=1$。$\gamma>\sqrt{2}$ 时,$|\overline{H}_1(\omega)|<1$,即质量的运动小于基座的运动,弹簧能起到隔振的作用。当 $\gamma\gg\sqrt{2}$ 时,质量几乎不动。从图7.1.2可看出,在 $\gamma>\sqrt{2}$ 的条件下,γ 越大,隔振效果越好,阻尼越大,隔振效果越差。因此,要良好的隔振效果,弹簧应很柔软,此时固有频率降低而 γ 增大,而阻尼不应过大。实际的隔振系统,若弹簧太软,阻尼过小,则外界偶然的扰动会使质量摇晃不止,这对机械的正常工作不利。因此,不宜把 γ 设计得过大,也不宜使阻尼过小。

也可对第二类隔振进行下面的分析。把式(7.1.6)两边加 $(-M\ddot{y})$,得到

$$M(\ddot{x}-\ddot{y})+C(\dot{x}-\dot{y})+K(x-y)=-M\ddot{y} \tag{7.1.13}$$

而 $z=x-y$ 是质量 M 相对于支座的运动,代入式(7.1.13)得相对运动的微分方程:

$$M\ddot{z}+C\dot{z}+Kz=-M\ddot{y} \tag{7.1.14}$$

若支座做简谐运动,设

$$\begin{cases} y=Ye^{i\omega t} \\ z=\overline{Z}e^{i\omega t} \end{cases} \tag{7.1.15}$$

可解得相应的位移频率响应函数,其幅值为

$$|\overline{H}_2(\omega)|=\left|\frac{\overline{Z}}{Y}\right|=\frac{\gamma^2}{\sqrt{(1-\gamma^2)^2+(2\zeta\gamma)^2}} \tag{7.1.16}$$

相对运动落后于支座运动的相位差为

$$\theta=\arctan\frac{2\zeta\gamma}{1-\gamma^2} \tag{7.1.17}$$

$|\overline{H}_2(\omega)|$ 与 θ 的图形如图7.1.5所示,注意与图7.1.2的区别。

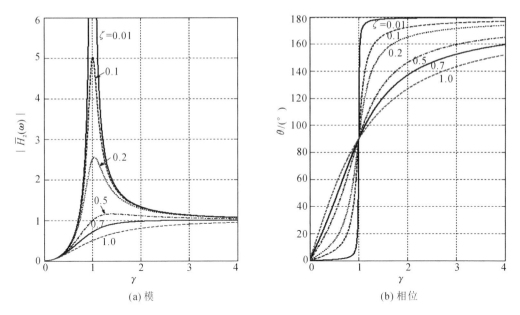

图 7.1.5　相对位移频率响应函数图形

7.1.3　隔振效果评价指标

隔振的目的是减小振动的传递。对实际工程中具体的隔振设计而言，人们最关心的无疑是通过隔振，基础的振动量级获得了多大程度的衰减或控制。

隔振效果评估包含两方面的内容：一是对系统的隔振效果进行理论分析预测；二是对实际隔振效果进行测定。一般地基上动力设备以力传递率作为隔振效果的理论预测依据；但是对于实际效果的测定，由于力传递率是不易测量的，因而通常采用插入损失或振级落差来评定各种实际系统的隔振效果。

1. 插入损失

以基础的加速度响应为例，定义插入响应比 R：

$$R = a_1/a_0$$

式中：a_0 是未加隔振器时基础的加速度有效值；a_1 是施加隔振器后基础的加速度有效值。一般 $a_0 > a_1$。

定义加速度插入损失为采取隔振措施前后基础加速度响应的有效值之比的常用对数的 20 倍：

$$L_1 = 20 \log_{10}(1/R) \quad (\text{dB})$$

由于 $(1/R) > 1$，按照对数函数的性质，$L_1 > 0$。同理可定义位移插入损失、速度插入损失。

工程上常采用两种方法测量插入损失：

（1）专门制作一些与隔振器同样高度的钢块，换下全部隔振器，将机组改装为刚性支撑进行测量。

（2）用带斜面的钢楔近似代替钢块，但这样做改变了支撑条件，降低了支撑刚度，影响测量精度。

2. 振级落差

以基础的加速度响应为例，定义振级落差比 D：

$$D = a_2/a_1$$

式中:a_2、a_1 分别是施加隔振器后被隔振设备、基础的加速度有效值。一般 $a_2 > a_1$。

定义加速度振级落差为
$$L_D = 20 \log_{10} D \quad \text{(dB)}$$

由于 $D > 1$,按照对数函数的性质,$L_D > 0$。同理可定义位移振级落差、速度振级落差。振级落差的测量比较容易实现,也是实践中用得最多的隔振效果评价指标。

3. 力传递率

力传递率是最早的隔振效果评估指标,如式(7.1.5)所示。

(1) 由于传递力及激励力的实测都是难以实现的,工程上一般不用实测的方法来获取力传递率,而是设法从插入损失及振级落差的实测中估算力传递率。

(2) 力传递率的概念是建立在刚性基础的假设之上的(此时认为基础无变形响应),它只是表明了传递力与激励力之比,并不能反映基础的运动状况,且只适用于低频段。

(3) 对于非刚性基础(弹性基础),用它来评价隔振效果不够合理。由于非刚性基础弹性的影响,即使不安装弹性支撑(隔振器),此时质量块存在惯性力,作用在基础上的力也将小于扰动力。所以对于非刚性的船舶结构,不宜利用力传递率作为隔振效果的评价指标。

7.2 吸振原理

7.2.1 动力吸振器的减振原理

如图 7.2.1 所示,主振系的质量设为 m_1,刚度为 k_1,附加动力吸振器的质量设为 m_2,刚度为 k_2,主振系上作用一简谐激振力 $F_0 \sin\omega t$,则 m_1、m_2 及弹簧 k_1、k_2 组成了一个二自由度系统。

由图 7.2.1 可以列出系统的运动方程组:
$$\begin{cases} m_1\ddot{x}_1 + k_1 x_1 + k_2(x_1 - x_2) = F_0 \sin\omega t \\ m_2\ddot{x}_2 + k_2(x_2 - x_1) = 0 \end{cases} \quad (7.2.1)$$

写成矩阵的形式为
$$\begin{bmatrix} m_1 & 0 \\ 0 & m_2 \end{bmatrix} \begin{bmatrix} \ddot{x}_1 \\ \ddot{x}_2 \end{bmatrix} + \begin{bmatrix} k_1+k_2 & -k_2 \\ k_1 & k_2 \end{bmatrix} \begin{bmatrix} x_1 \\ x_2 \end{bmatrix} = \begin{bmatrix} F_0 \\ 0 \end{bmatrix} \sin\omega t$$
(7.2.2)

$$\begin{bmatrix} x_1 \\ x_2 \end{bmatrix} = \begin{bmatrix} A_1 \\ A_2 \end{bmatrix} \sin\omega t \quad (7.2.3)$$

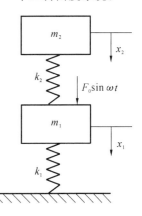

图 7.2.1 主振系附加无阻尼单自由度动力吸振器

将式(7.2.3)代入式(7.2.2),得到
$$\begin{bmatrix} k_1+k_2-m_1\omega^2 & -k_2 \\ -k_2 & k_2-m_2\omega^2 \end{bmatrix} \begin{bmatrix} A_1 \\ A_2 \end{bmatrix} \sin\omega t = \begin{bmatrix} F_0 \\ 0 \end{bmatrix} \sin\omega t$$
(7.2.4)

解得:
$$\begin{bmatrix} A_1 \\ A_2 \end{bmatrix} = \begin{bmatrix} k_1+k_2-m_1\omega^2 & -k_2 \\ -k_2 & k_2-m_2\omega^2 \end{bmatrix}^{-1} \begin{bmatrix} F_0 \\ 0 \end{bmatrix}$$

$$= \frac{1}{(k_1+k_2-m_1\omega^2)(k_2-m_2\omega^2)-k_2^2}\begin{bmatrix} k_2-m_2\omega^2 & k_2 \\ k_2 & k_1+k_2-m_1\omega^2 \end{bmatrix}\begin{bmatrix} F_0 \\ 0 \end{bmatrix}$$
(7.2.5)

由式(7.2.5)可以求出主振系的振幅 A_1 和动力吸振器的振幅 A_2：

$$A_1 = \frac{(k_2-m_2\omega^2)F_0}{(k_1+k_2-m_1\omega^2)(k_2-m_2\omega^2)-k_2^2} \quad (7.2.6)$$

$$A_2 = \frac{k_1 F_0}{(k_1+k_2-m_1\omega^2)(k_2-m_2\omega^2)-k_2^2} \quad (7.2.7)$$

由式(7.2.6)可知,若选取弹簧的刚度 k_2 满足式(7.2.8),则可以求得主振系的振幅 $A_1=0$,即主振系没有振幅响应,这种现象称为反共振。

$$k_2 = m_2\omega^2 \quad (7.2.8)$$

由式(7.2.6)和式(7.2.8)可以看出,当动力吸振器的固有频率 ω_0 和激振力频率 ω 相等,即满足式(7.2.9)时,能够得到显著的减振效果,这就是动力吸振器减振的基本原理。

$$\omega = \omega_0 = \sqrt{\frac{k_2}{m_2}} \quad (7.2.9)$$

引入下列参数：

$$\omega_n^2 = \frac{k_1}{m_1}, \quad \omega_0^2 = \frac{k_2}{m_2}, \quad f = \frac{\omega_0}{\omega_n}$$

$$g = \frac{\omega}{\omega_n}, \quad \mu = \frac{m_2}{m_1}, \quad x_0 = \frac{F_0}{k_1}$$

引入动力放大系数 $R_1(\omega)$、$R_2(\omega)$,则式(7.2.6)、式(7.2.7)可表示为

$$\begin{cases} A_1 = R_1(\omega)\dfrac{F_0}{k_1} = \dfrac{f^2-g^2}{g^4-g^2[1+f^2(1+\mu)]+f^2}\dfrac{F_0}{k_1} \\ A_2 = R_2(\omega)\dfrac{F_0}{k_1} = \dfrac{f^2}{g^4-g^2[1+f^2(1+\mu)]+f^2}\dfrac{F_0}{k_1} \end{cases} \quad (7.2.10)$$

此时,动力放大系数 $R_1(\omega)$、$R_2(\omega)$ 可表示为

$$\begin{cases} R_1(\omega) = \sqrt{\dfrac{(2\zeta fg)^2+(g^2-f^2)^2}{(2\zeta fg)^2(g^2-1+\mu g^2)^2+[\mu f^2 g^2-(g^2-1)(g^2-f^2)]^2}} \\ R_2(\omega) = \sqrt{\dfrac{(2\zeta fg)^2+f^4}{(2\zeta fg)^2(g^2-1+\mu g^2)^2+[\mu f^2 g^2-(g^2-1)(g^2-f^2)]^2}} \end{cases} \quad (7.2.11)$$

式中：$\zeta = \dfrac{c}{2\sqrt{m_2 k_2}}$,定义为动力吸振器的阻尼比。

选择质量比 $\mu=0.25$,固有频率比 $f=1.0$,按照式(7.2.10)绘制出动力放大系数 $R_1(\omega)$ 与频率比 g 的关系曲线,如图 7.2.2 所示。由图可见,激振频率一旦偏离吸振器的固有频率,主质量的振幅急剧增大。就是说单自由度动力吸振器的有效工作频带宽度很窄且固定不变,不能够满足外界激振力频率大范围变动的情况,不能广泛地应用到工程当中。为了克服这个不足,常将 k_2 并联一个阻尼器,如图 7.2.3 所示。

由式(7.2.11)可知,当阻尼比 $\zeta=0$ 时,$R_1(\omega)\to\infty$；当阻尼比 $\zeta=\infty$ 时,$R_1(\omega)\to\infty$；当阻尼比 ζ 较小时,$R_1(\omega)$ 随着阻尼比的增加而减小,但是当阻尼比超过某一个值时,$R_1(\omega)$ 随着阻尼比的增加而增加。通过对系统进行优化设计,可以得到动力吸振器的最佳阻尼。

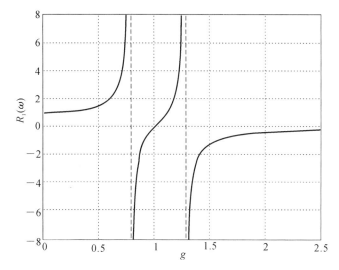 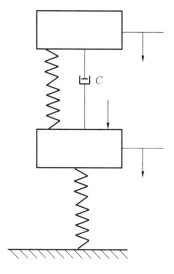

图 7.2.2 动力放大系数 $R_1(\omega)$ 与频率比 g 的关系曲线

图 7.2.3 主振系附加阻尼单自由度动力吸振器

7.2.2 动力吸振器的参数优化

通常动力吸振器的结构可以划分成三个单元:质量单元、弹性单元和阻尼单元。相应地,动力吸振器的质量、弹性单元的刚度和结构的阻尼就成为了设计中要考虑的主要参数。下面分别对它们进行讨论分析。

1. 动力吸振器的质量

先假设动力吸振器无阻尼,动力吸振器和主振系的固有频率比恒为 1.0。考虑质量比 μ 分别为 0.01、0.05 和 0.10,动力吸振器质量越大,减振频带宽度越宽,相应的减振效果越好,如图 7.2.4 所示。但对于实际结构,总是希望附加的质量尽可能小,且当质量比大于 0.1 时,再增加动力吸振器的质量,减振效果提高很缓慢,所以,动力吸振器质量只能根据实际限制条件酌情选取,通常质量比取 0.01 或稍大一些。

2. 动力吸振器的阻尼

假定固有频率比为 1.0,质量比为 0.05,选不同的阻尼比 ζ,计算主振系的动力放大系数与频率比 g 的关系,动力吸振器对主振系的减振效果有明显的影响。如图 7.2.5 所示,主要表现在:

(1) 对于有阻尼动力吸振器,恢复力不再能完全抵消激振力的作用,因而不能实现完全消振,导致主质量存在残余振幅。

(2) 明显加宽了吸振器的减振频带。而且,增加动力吸振器的阻尼,吸振器的减振频带也加宽。

(3) 图 7.2.5 中曲线皆过公共点 P、Q。合理选取频率比,正好使动力作用下的振动响应曲线的最大峰值与公共点 P、Q 重合,此时得到给定固有频率比时的最佳减振效果。

3. 动力吸振器的固有频率

假定质量比为 0.01,阻尼比为 0.06,取不同的固有频率比 f,计算动力放大系数与频率比 g 的关系,如图 7.2.6 所示。对应不同的频率比,公共点 P、Q 的纵坐标不等,如果改变固有频率比 f,一个公共点将升高,而另一个则降低。仅当固有频率比为某一特定值时,两公共点的

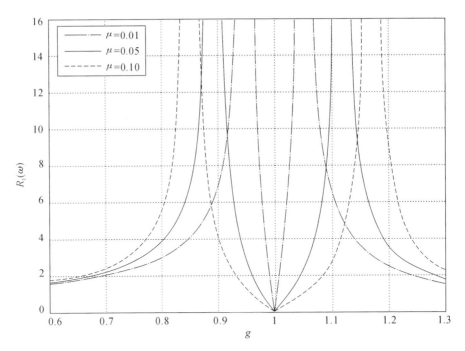

图 7.2.4　不同质量比下动力放大系数与频率比 g 的关系曲线

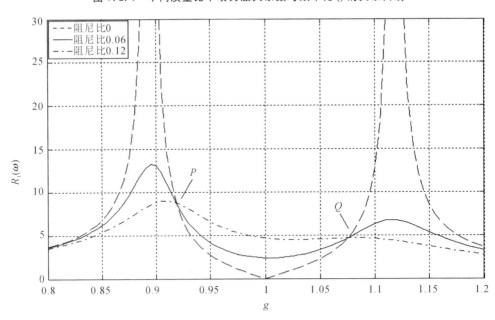

图 7.2.5　不同阻尼比下动力放大系数与频率比 g 的关系曲线

纵坐标才相等。此时，如果动力吸振器阻尼比选择适当，使曲线的一个峰值与公共点重合，振动响应将能得到最小值。

通过上述讨论可得出：只要合理选择动力吸振器的参数，使结构振动的峰值等于 P、Q 两点的响应值，即可达到最佳的减振效果，这就是动力吸振器的参数优化原理。

4. 参数优化

由上述可知，将公共点动力放大系数相等，即 $R_1(g_P) = R_1(g_Q)$，作为动力吸振器结构参数的第一个优化条件。动力放大系数的一个峰值与公共点重合作为动力吸振器结构参数的第

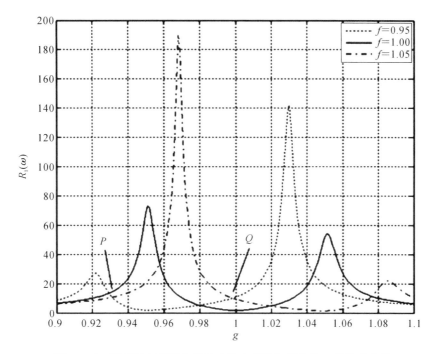

图 7.2.6 不同固有频率比下动力放大系数与频率比 g 的关系曲线

二个优化条件。

以主振动系受外力激励条件下主质量的加速度振幅最小作为优化目标,导出有阻尼动力调谐吸振器的最优化参数解析式。

最优固有频率比的解析式为

$$f_{\text{opt}} = \frac{1}{\sqrt{(1+\mu)}} \tag{7.2.12}$$

最优阻尼比为

$$\zeta_{\text{opt}}^2 = \frac{3\mu}{8(1+\frac{\mu}{2})} \tag{7.2.13}$$

由此可以看出,设计有阻尼的动力吸振器时,首先应选择合适的质量比,将它代入式(7.2.12)和式(7.2.13),分别算出最优固有频率比和最优阻尼比,进一步可求得动力吸振器的结构参数 m、c 和 k。

7.3 阻　　振

7.3.1 阻尼的分类及作用机制

阻尼是指阻碍物体的相对运动,并把运动能量转化为热能或其他可以耗散能量的一种作用。由于阻尼对结构振动响应有重要影响,因此适当增大系统的阻尼是振动控制的一种重要手段。增加系统阻尼的方法很多,如采用高阻尼材料制造零件,选用阻尼特性较优的结构形式,在系统中附加阻尼,增加运动件的相对摩擦,甚至安装专门的阻尼器等。

结构振动时,使结构振动的能量尽可能多的耗散在阻尼层中的方法,称为阻尼减振。从工程应用的角度讲,阻尼的产生机理就是将广义振动的能量转换成可以损耗的能量,从而抑制振动、噪声。从物理现象上分,最主要的阻尼机制包括以下三种。

(1) 材料的内阻尼。工程材料种类繁多,尽管其耗能的微观机制有差异,宏观效应却基本相同,都表现为对振动系统具有阻尼作用,由于这种阻尼起源于介质内部,故称为材料内阻尼。材料内阻尼的机理是:宏观上连续的金属材料会在微观上由于应力的作用产生分子或晶界之间的位错运动、塑性滑移等,这种运动消耗能量,产生阻尼效应。衡量材料内阻尼的指标通常用损耗因子,不同类型的材料具有不同的损耗因子。

各种常用材料在室温和声频范围内的损耗因子值如表 7.3.1 所示。从表可以看出,金属材料的阻尼损耗因子是很小的,但是金属材料是最常用的机器零部件和结构材料,所以它的阻尼性能备受关注。为满足特殊领域的需求,近年来已经研制了多种类型的阻尼合金,这些阻尼合金的阻尼损耗因子比普通金属材料的高出 2~3 个数量级。

表 7.3.1 各种常用材料的损耗因子值

材料	损耗因子	材料	损耗因子
钢、铁	0.0001~0.0006	木纤维板	0.01~0.03
铝	0.0001	层夹板	0.01~0.013
镁	0.0001	软木塞	0.13~0.17
锌	0.0003	砖	0.01~0.02
铅	0.0005~0.002	混凝土	0.015~0.05
铜	0.002	干砂	0.12~0.6
锡	0.002	复合材料	0.2
玻璃	0.0006~0.002	阻尼合金	0.05~0.2
塑料	0.005	阻尼橡胶	0.1~5
有机玻璃	0.02~0.04	高分子聚合物	0.1~10

(2) 流体的黏性阻尼。各种结构往往和流体相接触,而流体具有黏性,在运动中会损耗能量。对于理想流体,不考虑其黏性,那么流体在管道中按同等速度运动;考虑黏性时,流体各部分流动速度是不等的,多数情况下同一横截面内流速呈抛物面分布。这样,流体内部均会因流体具有黏性而产生能耗及阻尼作用,称为黏性阻尼。黏性阻尼的阻力一般和速度成正比,如式 (1.1.3) 所示。

(3) 接合面阻尼与库仑摩擦阻尼。机械结构的两个零件表面接触并承受动态载荷时,可产生接合面阻尼或库仑摩擦阻尼。在试验观测基础上,阿蒙顿和库仑提出了三条摩擦定律:

① 干摩擦力与物体接触面面积的大小无关。
② 干摩擦力与物体接触面上的正压力成正比。
③ 动摩擦力与相对滑动速度无关。

从满足工程计算精度要求出发,可以忽略静摩擦力与动摩擦力间的差值。库仑摩擦阻尼力的方向与物体运动的方向相反,计算公式为

$$f = -\mu N \operatorname{sign}(u) \tag{7.3.1}$$

式中:μ 为动摩擦系数;N 为正压力;$\operatorname{sign}(u)=u/|u|$,表示速度 u 的符号。

库仑摩擦阻尼的当量黏性阻尼系数为

$$c_{\mathrm{eq}} = \frac{\mu N}{\pi \omega X_0} \tag{7.3.2}$$

式中:X_0 为振幅值。

以上三种阻尼的作用形式各不相同,但有时为方便起见可以将结构阻尼和库仑摩擦阻尼等效到黏性阻尼上。

7.3.2 黏弹性阻尼材料

黏弹性阻尼材料的性能包括物理力学性能和动态力学性能。进行阻尼减振设计时,黏弹性阻尼材料的选用应着重考虑其动态力学性能。由于黏弹性材料同时具有黏性流体和弹性固体的双重特性,其动态力学性能与弹性材料不同,故在交变应力作用下,其应力-应变曲线也不同于弹性材料。对弹性材料而言,在施加交变应力之后,其内部应力和应变几乎同时增加或减小,即说明二者的相位一致或很接近,应力-应变曲线表现为一直线。而黏弹性阻尼材料的应变滞后于应力,滞后的相位角为 α,如图 7.3.1 所示。黏弹性材料的应力-应变曲线表现为一椭圆形的滞回曲线,如图 7.3.2 所示。

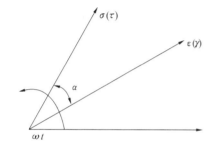
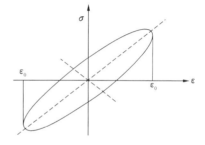

图 7.3.1 黏弹性材料的应变滞后于应力　　图 7.3.2 黏弹性材料的应力-应变曲线

椭圆形滞回曲线所包围的面积就表示结构振动后黏弹性材料耗散的振动能量,黏弹性阻尼材料是目前应用最为广泛的一种阻尼材料,可以在相当大的范围内调整材料的成分及结构,从而满足特定温度及频率下的要求。

黏弹性阻尼材料主要有橡胶类和塑料类,一般以胶片形式生产,使用时可用专用的黏结剂将它贴在需要减振的结构上。为了便于使用,还有一种压敏型阻尼胶片,即在胶片上预先涂好一层专用胶,然后覆盖一层隔离纸,使用时,只需撕去隔离纸,直接贴在结构上,加一定压力即可粘牢。

黏弹性材料(热塑性材料、聚合物及橡胶等)具有非线性材料特性。通常以复弹性模量 $E(1+i\eta)$ 或剪切模量 $G(1+i\eta)$ 定义黏弹性材料特性,也可以将其模量写为 $E = E_R + iE_I$ 的形式,其中 E_R 为储存模量,E_I 为损失模量。同一种材料的特征参数 $E、G、\eta$ 取决于频率、温度、应变幅度及预载等因素,其中频率相关性和温度相关性常常可以相互转化(高频等同于低温,反之亦然)。

阻尼材料在不同温度范围内有不同的阻尼性能,图 7.3.3 所示是阻尼材料性能随温度变化的典型曲线。

可将温度范围划分为三个温度区:温度较低时阻尼材料表现为玻璃态,此时模量高而损耗因子较小;温度较高时表现为橡胶态,此时模量较低且损耗因子也不高;在这两个区域中间有一个过渡区,过渡区内材料模量急剧下降,而损耗因子较大。损耗因子最大处称为阻尼峰值,

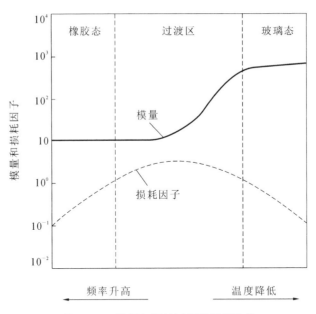

图 7.3.3 模量与损耗因子的温频特性

达到阻尼峰值的温度称为玻璃态转变温度。

定义黏弹性阻尼材料的适用温度为材料损耗因子 $\eta>0.7$ 的温度范围。且 $\eta>0.7$ 的温度宽带定义为半宽带,记为 $\Delta T_{0.7}$,表征了转变区的宽窄特性,实际上也是材料的工作温度宽度。对于适用的黏弹性阻尼材料,希望能够有尽可能大的 $\Delta T_{0.7}$ 和较高的 η 值。国内制造的阻尼橡胶 $\eta_{\max}$ 为 1.5~2.0(国外可以达到 5.0),$\Delta T_{0.7}$ 为 40~50 ℃。

频率对阻尼材料性能也有很大影响,其影响取决于材料的使用温度区。在温度一定的条件下,阻尼材料的模量大致随频率的增大而增大,对大多数阻尼材料来说,温度与频率两个参数之间存在着等效关系。对其性能的影响,高温相当于低频,低温相当于高频。这种温度与频率之间的等效关系是十分有用的,可以利用这种关系把这两个参数合成为一个参数,即当量频率 f_{aT}。对于每一种阻尼材料,都可以通过试验测量其温度和频率与阻尼性能的关系,从而求出其温频等效关系,绘制出一张综合反映温度与频率对阻尼性能影响的总曲线图,也叫示性图,如图 7.3.4 所示。

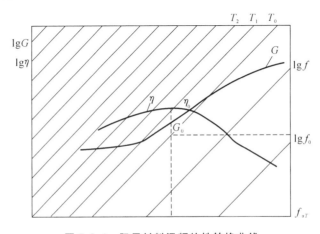

图 7.3.4 阻尼材料温频特性转换曲线

图 7.3.4 就是一张典型的阻尼材料性能总曲线图,图中横坐标为当量频率 f_{aT},左边纵坐标是实剪切模量 $\lg G$ 和损耗因子 $\lg \eta$,右边纵坐标是实际工作频率 $\lg f$,斜线坐标是测量温度 T。例如欲知频率为 $\lg f_0$、温度为 T_0 时的实剪切模量 $\lg G_0$ 和损耗因子 $\lg \eta_0$ 之值,只需要在图上右边频率坐标上找出 $\lg f_0$ 点,作水平线与 T_0 斜线相交,然后画交点的垂直线,与 $\lg G$ 和 $\lg \eta$ 曲线的交点所对应的分别为所求的 $\lg G_0$ 和 $\lg \eta_0$ 的值。

7.3.3 表面阻尼处理结构

阻尼减振技术是通过阻尼结构实施的,而阻尼结构又是各种阻尼基本结构与实际工程结构相结合而组成的。通过在各种结构件表面直接粘附阻尼材料结构层,可增加结构件的阻尼性能,提高其抗振性。这种结构特别适用于梁、板、壳件的减振,在汽车外壳、飞机舱壁、轮船等薄壳结构的减振设计中较广泛采用。表面直接粘附阻尼材料的阻尼结构主要有自由阻尼结构和约束阻尼结构,它是提高结构阻尼的重要结构。

自由阻尼结构是将一层大阻尼材料直接粘附在需要做减振处理的机器零件或结构件上(见图 7.3.5),机械结构振动时,阻尼层随结构件变形,产生交变的应力和应变,起到减振和阻尼的作用。

图 7.3.6 所示是约束阻尼结构,由基本弹性层、阻尼材料层和弹性材料层(称约束层)构成。当基本弹性层产生弯曲振动时,阻尼材料层上下表面各自产生压缩和拉伸变形,使阻尼材料层受剪切应力和应变,从而耗散结构的振动能量。约束阻尼结构比自由阻尼结构可耗散更多的能量,因此具有更好的减振效果。

约束阻尼结构具有三明治结构的形式,其主要通过阻尼材料层的剪切变形来消耗能量,所以阻尼材料的剪切损耗因子是主要的性能参数。同时,其约束层自身的拉伸刚度必须比较大,这样较薄的阻尼材料层才可能产生较好的阻尼效果。

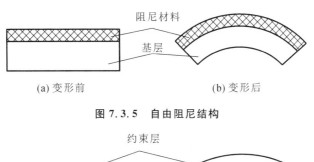

图 7.3.5 自由阻尼结构

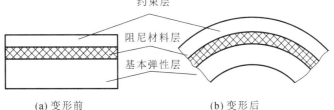

图 7.3.6 约束阻尼结构

在阻尼结构形式的选择上,应根据工作环境条件等要求合理选取、综合考虑。通常,自由阻尼结构适合于拉压变形,而约束阻尼结构适合于剪切变形。用两种以上不同质地的阻尼材料制成多层结构,可提高阻尼性能。由于多层结构同时使用不同的玻璃态转变温度和模量的阻尼材料,因此可加宽温度带宽和频率带宽。阻尼处理位置对减振性能影响显著,有时在结构的全面积上进行阻尼处理可能会造成浪费,而实际工程结构通常也只能进行局部阻尼处理。

如何使局部阻尼处理达到最佳的阻尼效果是阻尼处理位置的优化问题,可以根据不同阻尼结构的阻尼机理,相应地进行优化处理,以达到最佳的性能价格比。

7.3.4 主要船用阻尼减振材料

经过多年的发展,我国船用阻尼材料的品种已比较齐全,型号也较为众多。有代表性的船用自由型阻尼材料有 SA-3 型、GW-1 型;约束型阻尼材料有 SB-2 型、SB-1 型等,如表 7.3.2、表 7.3.3 所示。

表 7.3.2 主要船用阻尼材料

类型	型号名称	研制生产单位	阻尼类型
粘贴型阻尼材料	SA 系列阻尼胶板	中国船舶重工集团公司第七二五研究所	自由型和约束型
	QZD 管系隔振材料	中国船舶重工集团公司第七二五研究所	自由型
	DFM 管系阻尼胶带	中国船舶重工集团公司第七二五研究所	自由型
	SDR 系列阻尼谐振吸声复合板	中国船舶重工集团公司第七二五研究所	自由型多层
	D-801 阻尼胶板	天津市橡胶工业研究所有限公司	自由型和约束型
	D-803 阻尼胶板		
	LZN-Ⅱ 自由型阻尼板	北京中工贝克降噪材料有限公司	自由型和约束型
	LZN-Ⅱ 约束型阻尼板		
	HF-91-04 阻尼胶板	湖北省麻城市海风降噪材料有限公司	自由型
结构型阻尼材料	S-2 型复合阻尼钢板	上海钢铁研究所有限公司	约束型
	ZF 型阻尼复合材料	中国船舶重工集团公司第七二五研究所	约束型
涂覆型阻尼材料	T54/T60 阻尼涂料	海洋化工研究院有限公司	约束型
	SB 型阻尼涂料	中国船舶重工集团公司第七二五研究所	约束型
	GW 阻尼涂料	中国船舶重工集团公司第七二五研究所	自由型
	SZT 水性阻尼涂料	吉林省劳动保护科学研究所 (更名为吉林省安全科学技术研究院)	自由型

表 7.3.3 部分船用阻尼材料特性

材料	适用温度/℃	适用频率/Hz	复合损耗因子	施工工艺
SA 系列阻尼胶板	$-20\sim 60$ ℃	$5\sim 500$ Hz	$0.5\sim 1.0$	自由阻尼层/约束阻尼层
T54/T60 阻尼涂料	$-20\sim 60$ ℃	$5\sim 500$ Hz	$0.5\sim 1.0$	自由阻尼层/约束阻尼层
S-2 型复合阻尼钢板	—	—	$(25\sim 73)\times 10^{-3}$	约束阻尼层
DFM 管系阻尼胶带	$0\sim 30$ ℃	$100\sim 300$ Hz	$0.8\sim 1.2$	管系缠绕、包覆
QZD 管系隔振材料	$-20\sim 60$ ℃		$0.3\sim 0.6$	管系缠绕、包覆
SB-2 型阻尼涂料	$20\sim 70$ ℃		$0.03\sim 0.23$	约束阻尼层
GW-1 高温型阻尼涂料	$50\sim 80$ ℃		$0.047\sim 0.083$	自由阻尼层
LZN 型阻尼板	$50\sim 80$ ℃		$0.05\sim 0.1$	自由阻尼层/约束阻尼层

7.4 振动主动控制简介

上述振动控制属于被动振动控制,被动振动控制由于不需外界能源,装置结构较简单,易于实现,经济性与可靠性好,在许多场合对较宽频率范围内的振动均有较好的隔离效果,已广泛地应用在船舶结构振动控制领域。但随着舰艇声隐身性能要求的提高,振动被动控制的局限性逐渐暴露出来。例如,无阻尼动力吸振器对频率不变或变化很小的简谐外扰激起的振动能进行有效的抑制,但它不适用于频率变化较大的简谐外扰情况;另外,吸振器质量块的质量代价与振幅限制也是妨碍吸振器广泛应用的原因。又如,被动隔振装置在外扰频率大于隔振系统固有频率的$\sqrt{2}$倍时才能起隔振作用,但是对低频外扰,隔振系统的固有频率很难满足这一要求;同时,过低的系统固有频率也会导致静变形过大与失稳等问题,造成低频隔振难题。

另外,隔振器的阻尼对提高隔振效率不利,但又是减小共振频率下的响应所必不可少的。再如,由黏弹性材料构成的阻尼材料比金属材料有较大的损耗因子,但其阻尼值还有待进一步提高。因此,人们除在振动被动控制的研究领域内继续探讨更为有效的控制方法外,又进一步寻求了新的振动控制方法。主动控制技术由于具有效果好、适应性强等潜在的优越性,很自然地成为一条重要的新途径。1960年前后才出现较复杂的振动主动控制系统,其中以解决航空工程中出现的振动问题为主。我国自20世纪80年代初在航空界率先研究飞机机翼的颤振主动抑制,随后振动主动控制的研究遍及其他重要的国防与民用工程,如船舶结构、海洋工程结构的振动控制。

振动主动控制是主动控制技术在振动领域中的重要应用,包括开环与闭环二类控制。开环控制又称程序控制,如图 7.4.1 所示,其控制器中的控制律按预先规定的要求设置好,与受控对象的振动状态无关。

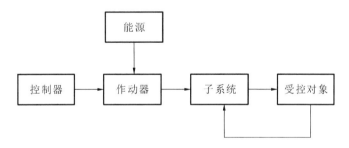

图 7.4.1　开环振动主动控制示意图

闭环控制中的控制器是以受控对象的振动状态为反馈信息而工作的,它是目前应用最为广泛的一类控制,如图 7.4.2 所示。

振动闭环控制根据受控对象的振动状态进行实时的外加控制,使振动满足人们的预定要求。具体地说,就是通过安装在受控对象上的传感器感受其振动,传感器的输出信号(经适调、放大后)传至控制器,控制器实现所需的控制律,其输出即为作动器动作的指令,作动器的动作通过附加子系统或直接作用于受控对象,这样,构成一个闭环振动控制系统。

(1) 受控对象:这是控制对象的总称。
(2) 作动器:它是一种能提供作用力的装置。
(3) 控制器:它是主动控制系统中的核心环节,控制器的输出是驱动作动器所需的指令。
(4) 测量系统:包括传感器等将受控对象的振动信息转换并传输到控制器输入端的各个

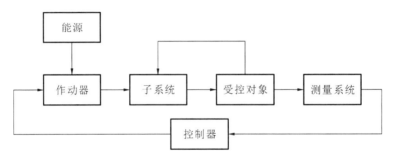

图 7.4.2 闭环振动主动控制示意图

环节。

(5) 能源:它是供给作动器工作所需的外界能量,有液压油源、气源、电源等。

(6) 附加子系统:附加的控制子结构或其他子系统的总称。

不是所有的振动主动控制系统都必须有附加子系统,而前面 5 个环节却是必不可少的。

本章习题

7.1 某机器质量为 $W=1.5$ t,用 4 个弹簧对称支承,每个弹簧的刚度为 $k=82$ kg/cm。

(1) 试计算此系统的临界阻尼系数 c_c;

(2) 这个系统安装有 4 个阻尼器,每个的阻尼系数 $c=1.68$ kg·s/m,问此系统自由振动经过多少时间后,振幅衰减到 10%?

(3) 衰减自由振动的周期是多少?

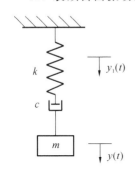

习题 7.2 图

7.2 试导出习题 7.2 图中所示弹簧与阻尼器串联的单自由度系统的运动微分方程,并分析其振动解。

7.3 电动机质量为 W,装在弹性基础上,静下沉为 Δ_s,在转速为 n r/min 时,由于转子的不平衡,沿竖直方向有正弦激振力,使电动机产生振幅为 A 的强迫振动,试求激励力的幅值,阻尼可以不计。

7.4 某设备用橡胶隔振器隔振,如习题 7.4 图所示。已知系统的固有频率为 3.8 Hz,橡胶隔振器的无因次阻尼比为 0.125。如果它安装在船上的某处,该处基础的垂直振动为正弦振动,振幅为 2×10^{-3} mm,最大振动速度为 0.126 mm/s,试求经过隔振器后的设备振幅 A。

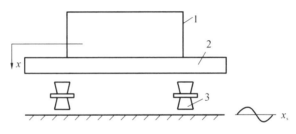

习题 7.4 图
1—设备;2—基础;3—橡胶隔振器

7.5 如习题 7.5 图所示隔振试验台,台面质量 $M=2.0\times 10^3$ kg,台面由四组弹簧支撑。

每组弹簧承受最大负荷 700 kg 时,弹簧产生静位移 2 cm。求振动系统的固有频率。当地基振动的位移幅值为 1 mm、频率为 25 Hz 时,隔振台产生的位移振幅为多少?

7.6 如习题 7.6 图所示,试分别求出系统对应位移、速度、加速度的共振频率表达式。

7.7 在习题 7.6 中,振动系统传递到基础的力为 $\overline{P}=Kx+C\dot{x}$。试分析弹性力 Kx 与阻尼力 $C\dot{x}$ 的相位差是多少?传递到基础的力的幅值可否表达为 $|\overline{P}|=\sqrt{|Kx|^2+|C\dot{x}|^2}$?

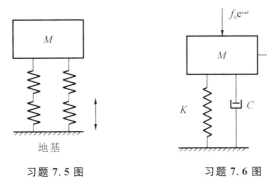

习题 7.5 图　　　　　习题 7.6 图

第 8 章　声学基础与船舶空气噪声控制

船舶动力设备和装置运转时会使船舶结构产生振动,并向周围的空气流体(轻流体)介质或水流体(重流体)介质传递能量,在流体中产生声波。舱内低噪声环境已成为目前船舶设计的重要要求之一,2014 年 7 月,国际海事组织(IMO)通过并强制实施《船上噪声等级规则》修订案,对船舶舱室声学性能提出了更高的要求。而船体产生的水下噪声对海洋生物可能产生短期和长期的负面影响,对于潜艇等水下航行器,水下噪声恶化了其隐声性能,影响其生命力和战斗力。为便于后续学习,本章对声学基本概念、空气噪声控制等基础知识进行简要介绍。

8.1　声音及其物理特性

声音是由物体的振动而产生的,振动的物体是声源。振动在弹性介质(气体、固体和液体)中以波的形式进行传播,这种弹性波叫声波。人们日常听到的声音,通常来自空气中传播的声波。

声源在每秒内振动的次数称为声音的频率,通常用 f 表示,其单位为赫兹(Hz),完成一次振动的时间称为周期,用 T 表示,声源质点振动的速度不同,所产生的声音的频率也不一样。振动速度越快,声音的频率越高,反之就低。根据声音频率的不同,人们将声音分为三个区域,即次声、可听声和超声。频率低于 20 Hz 的声波称为次声,频率在 20 Hz～20 kHz 之间的声波称为可听声,频率高于 20 kHz 的声波称为超声。人的听觉器官只能感受到可听声,次声和超声人耳都听不见,但通过其他仪器可测量得到。

在介质中,声波振荡一个周期所传播的距离即为波长。波长与频率的关系为

$$\lambda = c/f \tag{8.1.1}$$

式中:λ 为声波波长;c 为声速。

在不同密度的介质中,声波传播的速度不同,因而波长也就随之成比例地改变。表 8.1.1 给出了常温下几种介质中的声速。

表 8.1.1　常温下几种介质中的声速

介质名称	空气	水	钢	松木	砖
声速/(m/s)	343	1500	5000	2500～3500	3600

声速不是固定不变的,它随着介质温度的变化而改变,如在空气中 0 ℃时的声速为 331.5 m/s,当温度为 20 ℃时,声速则变为 343 m/s。

声音有大小即强弱之分,物体振动的幅度越大,发出的声音就越强,反之则弱。声音的强弱常用声压级或响度来表示。声压级越高,表示声音强度越大,对可听声来讲,响度越大,声音的强度就越大。

声音需要通过传播媒质才能使声能向外传递,我们日常所听到的声音通常是通过空气介质来传递的。如果把一只钟放在玻璃罩里,当把罩内的空气逐渐抽出时,钟的嘀嗒声就逐渐减弱,空气接近抽完时,钟声就听不见了。这说明声音不能在真空中传播。除空气外,固体和液体也能传播声音。

声波在传播过程中遇到障碍物时,会发生反射、透射、折射和衍射现象。声波波长是影响声波传播的一个重要参数。例如声波遇到障碍物时,若波长比障碍物的尺寸大得多,声波便不受障碍物的影响而绕过它继续传播。另外,障碍物对声波的隔声效果也与波长密切相关,频率越低,波长越长,声透射能力越强。

8.2 噪声及噪声污染

在我们生活的空间里,可以说无处不充满着声音。那么,什么是噪声,什么样的声音才是乐声,如何区分它们呢?

从物理学的观点来看,各种不同频率、不同强度的声音无规律地杂乱组合,称噪声。如汽车的轰隆声,工厂里机器的尖叫声。乐音是包含许多频率的声音,而这些频率都具有一定的周期性和节奏性。

从生理学的观点来看,凡是使人烦恼的、讨厌的、不需要的声音都叫噪声。因此,从这个意义上说,噪声和乐音就很难区分了。例如从收录机里传出来的广播节目对正在学习和思考的人来说,是一种干扰,就成了讨厌的噪声。因此,广义地讲,凡是人们不需要的声音都是噪声。

几乎任何地方都存在噪声,噪声可来自远、近的很多声源。经过许多物体反射后,部分噪声可成为无定向性的。某一环境中所有这些噪声的组合,统称为环境噪声。

随着工业的发展,噪声污染已经成为一个世界性的问题。它与空气污染及水污染一起被列为当今世界三大主要污染源。噪声污染是一种物理污染,它具有以下特点:

(1) 污染面积大,到处都有,高低不等;

(2) 噪声没有污染物,不会积累,它的能量最后完全转变为热能;

(3) 噪声声源停止振动,噪声污染就没有了。噪声污染的程度常用分贝(dB)来表示,噪声强度越高,对人体的影响就越大。

8.3 船舶噪声源

船舶噪声按其产生方式的不同可以划分为以下几类:机械噪声、电磁噪声、流体动力噪声。机械噪声是由固体的振动扰动周围空气而产生的空气噪声;电磁噪声是电流与磁场相互作用引起振动而产生的空气噪声;流体动力噪声既包括流体动力引起的机械噪声,又包括流体运动的噪声。

1. 螺旋桨及推进系统的噪声

螺旋桨是船舶的一个主要噪声源,它可以引起船体振动而导致噪声。螺旋桨引起船体振动所产生的噪声,按频率观念常常划分为叶频和轴频。按噪声的产生原因又可分为涡流噪声和旋转噪声。涡流噪声是由水流对螺旋桨的冲击及桨叶叶梢和螺旋桨桨毂的涡流破裂而引起的。它具有连续谱,但最大的声能在某窄频带内。而旋转噪声是由螺旋桨周期性地击水引起的,它的频谱是不连续的,它能使船体形成 100 Hz 以内的低频噪声和振动。总之,涡流噪声和旋转噪声一般是由船体的振动传递而导致的,当然也有直接发出可听声的。

螺旋桨直接产生的噪声有空泡噪声和谐鸣声。空泡螺旋桨的空泡噪声是螺旋桨水下噪声的主要成分。气泡在爆破时产生的冲击波冲击船体和螺旋桨,此时会出现类似铁锤打击船底的巨响,它的频率成分实际上不随转速而变,主要取决于桨叶结构和尺寸。空泡引起的桨叶振动噪声具有明显的音调特性,其频率一般在 400~1000 Hz,强度可能达到 100 dB。螺旋桨的谐鸣声是在一定转速下叶片随边产生漩涡,漩涡的频率与桨叶固有频率相近时发出的清脆的谐鸣声(又称为唱音)。

在螺旋桨一定的转速范围内,漩涡频率介于螺旋桨叶片的第一和第二谐调固有频率之间时,这个唱音达到极大值。它的频率变化很小,基本上是一个确定频率的噪声,改变转速,会使该噪声减小。有时谐鸣声是由两种或三种音调组成的。这种谐鸣声往往有较大的声级和较高的频率,在水中能传播相当远的距离,使舰艇暴露。

2. 船舶机械的噪声

当螺旋桨不发生空泡时,机械噪声基本上决定了船舶的噪声声级。机械工作的噪声是由整个主机或个别零部件的弹性振动而引起的机械噪声以及由流体动力所引起的机械噪声。其中主要的是由主机和辅机产生的在低频和中频段(可到几百赫兹)内的噪声。

船上的各种机械设备如内燃机、涡轮机、排气管、减速齿轮、泵、阀和通风设备等都是机械噪声源。

机舱是主机、发电机、变速传动装置等许多强噪声机器集中的地方,而且噪声频率很高,因此,有时将机舱视为一个主要的声源,它与螺旋桨是船舶最大的噪声源。

3. 结构噪声

由各种原因引起的船体或其局部结构的振动,只要其频率范围在声频范围里,均引起结构噪声。

当破冰船航行在冰区,船艉螺旋桨工作时,水流里的冰块被螺旋桨搅起沉重地打到船上,除了引起船体振动外,也产生强烈的金属响声,舱内往往会出现几乎不间断的轰响,犹如激烈的雷鸣声。

波浪对船体的拍击,除引起船体振动外,也引起结构与其他部件的噪声。这些噪声的频率从几十赫兹到几千赫兹,但这种噪声的声级随着频率的增加而减小,所以,只有在低频段内才有意义。

船体总体振动的固有频率,除高谐调外,一般都在听不见的次声范围内,但船体的周期性变形使壳板、木质盖板与其他附件之间产生摩擦,使船体发出各种轧轧声以及一些部件的撞击声。

8.4 噪声的危害

1. 噪声对人们生活的干扰

噪声是一种声学污染源,它不仅影响人们的身心健康,影响人们正常的工作与休息,而且也是降低工作人员的劳动效率,导致各种事故的重要根源。

噪声源的特性不同,其对人的影响程度是不一样的。比如噪声对人们睡眠的干扰,在相同声级的情况下,冲击性噪声的影响要比连续性噪声的影响大得多,如表 8.4.1 所示。

表 8.4.1 噪声对睡眠的干扰程度

噪声强度	连续性噪声	冲击性噪声
40 dB(A)	有 10% 的人感觉到噪声影响	有 10% 的人突然惊醒
65 dB(A)	有 40% 的人感觉到噪声影响	有 80% 的人突然惊醒

由表 8.4.1 可知,从睡眠的角度来看,大约 40 dB(A) 以下的噪声对人体影响较小,噪声越大,对睡眠的干扰程度越大。通常情况下,在人们休息的场所,噪声低于 50 dB(A) 较为适宜。

另外,噪声对人们工作效率也有影响,当噪声低于 60 dB(A)时,其对工作效率的影响较小,随着噪声的增大,对工作效率的影响程度逐步加大。正因为如此,办公室、控制室、计算机房等场所的噪声一般要求在 60 dB(A)以下。

2. 噪声对听觉系统的影响

长期暴露在高噪声环境(如 90 dB(A)以上)下的人们,由于持续地受到噪声的刺激,耳感受器易发生器质性病变,导致人耳听力下降。噪声性听力损失一般最先出现在 4000 Hz 处,而后逐渐扩展到 3000 Hz 和 6000 Hz,然后再扩展到 2000 Hz 和 8000 Hz,最后涉及 2000 Hz 以下的频率。

不同强度噪声对听力的影响是有差别的。噪声强度越高,危害也很大。很弱的噪声一般不会对听力产生不利的影响。通常认为足以引起听力损失的噪声强度必须在 85 dB(A)以上,所以目前国际上大都以 85 dB(A)作为制定工业噪声标准的依据。尽管如此,这并不意味着低于 85 dB(A)的噪声就不会引起永久性听力损伤,只不过是这种听力损伤未必达到语频听力损伤的程度而已。另外,在同样噪声强度的情况下,噪声的频率不同,其对听力的影响也是不一样的,高频噪声较低频噪声危害严重。如低频噪声只有在 100 dB(A)时才会导致听力损伤,而中频噪声则在 80~96 dB(A),高频噪声在 75 dB(A)的情况下即可造成听力损伤。

在不同噪声强度的作用下,除听力减退外,尚有耳鸣和耳痛的症状。其中,耳鸣发病率较高,当噪声强度为 100 dB(A)时,耳鸣出现的概率已达接触者的 50%。但当噪声继续增大至 105 dB(A)时,耳鸣和耳聋发病率均大幅度增加。

实际上,耳聋症状出现率一般比耳鸣少。原因有两个方面,其一是大多数人长期接触的噪声强度大都在 105 dB(A)以下;其二是工业噪声对听力的影响主要表现为 2000 Hz 以上的高频听力损失。尽管人耳出现高频听力损失,但多无明显症状。随着暴露在噪声中的时间的延长,听力损失不断加重,只有当听力受损的频率范围逐渐扩展至 500 Hz、1000 Hz、2000 Hz 等时,才出现明显的耳聋症状。

3. 噪声的生理效应

噪声所引起的人体生理变化称为噪声的生理效应,噪声对人体的影响是多方面的,除引起耳聋以外,对大脑神经系统、心血管系统及消化系统等均有影响。噪声声级越高,对人体的影响越大,其影响情况如表 8.4.2 所示。

表 8.4.2 噪声对人体的影响

影响部位	主要症状	作用机制
神经系统	头疼脑涨、昏晕、耳鸣、多梦、失眠、心慌、记忆力减退及全身无力等	噪声使大脑皮层的兴奋和抑制平衡失调,导致反射条件异常、脑血管受损,严重时还会使脑电位改变
心血管系统	心跳加快、心律不齐、心电图 T 波升高或缺血型改变、传导阻滞、血管痉挛、血压变化等	噪声使交感神经紧张,导致代谢或微循环失调,以及引起心室组织缺氧
视觉系统	视力清晰度变差,视野也有所变化,如对蓝色和绿色光线视野增大,对金红色光线视野缩小	噪声作用于听觉器官后,由于神经传入系统的相互作用,视觉器官功能发生变化
消化系统	食欲不振、恶心、肌无力、消瘦、体质减弱等	噪声使胃功能紊乱
内分泌系统	血液中油脂及胆固醇升高,甲状腺活动增强并轻度肿大	噪声使内分泌失调

4. 噪声对工业产品质量的影响

噪声不仅对人体身心健康具有重要影响,而且也是工业产品质量的综合反映。一般来讲,产品的噪声越大,产品的质量就越低劣,因而其在市场上的占有率就越低。特别是由于产品的噪声能够直接被用户感觉到,因而其噪声状况往往成为影响产品生产和销售的关键因素。一般来讲,设计优良、加工精度高的产品,噪声就低,反之则高。

5. 噪声对舰船的影响

由于在船舶上及其周围的水中有着多种振动源,故各类船舶都存在噪声问题。这些问题如果得不到适当的解决,往往会造成相当严重的后果。噪声会让乘客不舒适,使船员感到烦恼和疲劳。此外,还会影响船上的设备和仪表的正常工作,降低使用精度,缩短使用寿命。对于军用船只,噪声问题的危害就更加严重,军舰、潜艇的噪声将大大限制声呐的作用并导致它们向水中辐射的噪声声级增加,从而暴露目标而招致敌方攻击。因此,近数十年来世界上许多国家的造船和使用部门投入了大量人力物力从事船舶噪声的控制工作,并已取得一些明显的效果。

8.5 噪声控制的一般步骤

1. 从声源上降低噪声

所谓从声源上降噪,就是采取改进机器或设备的结构、改变操作工艺方法、提高加工精度或装配精度等措施,将发声的机器或设备的噪声控制在所允许的范围内的方法。可采取以下措施。

1) 选用内阻尼大、内摩擦大的低噪声材料

一般的金属材料,如钢、铜、铝等,它们的内阻尼、内摩擦较小,消耗振动能量的本领弱,因此,凡是用这些材料做成的机械零件,在载荷的作用下,机件表面会辐射较强的噪声。而当采用内摩擦大的高分子材料或高阻尼合金时,由于内摩擦将引起振动滞后损耗效应,振动能量会转化为热能而耗损。因而,在同样振动激励作用下,内阻尼大、内摩擦大的合金或高分子材料要比一般的金属材料所辐射的噪声小得多。

2) 采用低噪声结构形式

在保证机器功能不变的情况下,改变设备的结构形式,可以有效地降低噪声。如对窗式空调器来讲,其室内噪声大都在 54~60 dB(A),若将其室内通风系统的离心叶轮改为惯流式叶轮,则其噪声可降低 10 dB(A)左右。而在齿轮传动装置中,斜齿轮或螺旋齿轮比直齿轮所辐射的噪声小。

3) 提高加工精度和装配精度

机械设备在运行时,机件间的冲击和摩擦,或者由动平衡不好而产生的偏心振动,都会导致机器设备噪声增大。提高机器设备的加工精度,使机件间的撞击和摩擦尽量减少,或提高机器的装配精度,调整好运行部件的动平衡,减小偏心振动等,都会使机器设备的噪声减小。因此,提高加工精度和装配精度也是从声源上降噪的有效方法。

4) 调整机器的结构参数,抑制共振

共振使结构振动加剧,噪声辐射增大。在机器的设计过程中,应尽可能地将机器的运转频率(或激励频率)与结构的固有频率错开,以避免结构共振。

2. 从传播途径上降低噪声

相关措施与降噪效果如表 8.5.1 所示。

表 8.5.1 几种从传播途径上降低噪声的措施

降噪措施	机理与处理方法	降噪量/dB(A)
隔声	采用隔声屏、隔声罩等装置,将噪声源与接收者分离开来	20~50
吸声	在噪声的传播通道上,如墙壁、隔声罩内表面等安装吸声材料,使一部分声能在传播过程中被吸声材料吸收并转化为热能	3~10
阻尼	在机器表面或壳体上涂抹阻尼涂料或采用高阻尼材料来抑制振动,从而降低噪声	5~10
隔振	采用减振器、橡胶垫等将振源与机器隔离开来,减弱外界激振力对机器的影响,降低噪声辐射	5~25
消声器	在声源和接收者之间通过管道安装消声器,使声能量在通过消声器时被耗损,从而达到降噪的目的	15~30

3. 在接收点进行防护

在上述方法无法实现而噪声又很强,或者在某些只需要少数人在机器旁操作的情况下,可以对接收噪声的个人进行防护,最简单的办法就是带个人防护耳具。由于噪声一方面影响人耳听力,另一方面通过人耳将信息传递给神经中枢系统并对人体全身产生影响。因而,在耳朵上带防声用具,不仅保护了听力,也保护了人体的各个器官免受噪声危害。常用的有耳塞、防声棉、耳罩及防声头盔等。这些防护用具,主要是利用隔声原理,使强烈的噪声传不进耳内,从而达到保护人体不受噪声危害的目的。

8.6 级的概念与计算

1. 级的概念

空气中,正常人刚刚能听到的声压是 2×10^{-5} Pa(1 kHz),称为听阈声压。(注:声压是压强的改变量,是动压而不是静压。)而刚刚使人耳产生疼痛感觉的声压是 20 Pa,称为痛阈声压。可以看出,从听阈声压到痛阈声压,二者的绝对值之比为 $1:10^6$,即相差一百万倍。直接用声压的绝对值来表示声音的强弱,其数字变化范围太大,不便于记忆和使用。因此,常用一个成倍比关系的对数量级表示声压的大小,称声压级,单位是贝尔(B),但常用的是贝尔的十分之一,称分贝,用 dB 表示。例如声压级 L_p 与声压 p(不特别说明时,指有效声压)的关系用下式表示:

$$L_p = 10\lg \frac{p^2}{p_0^2} = 20\lg \frac{p}{p_0} \quad (\text{dB}) \tag{8.6.1}$$

式中:p_0 是基准声压值,$p_0 = 2\times 10^{-5}$ Pa,即听阈声压。表 8.6.1 列出了典型环境中的声压及声压级。

表 8.6.1 典型环境中的声压及声压级

噪声源或噪声环境	声压/Pa	声压级/dB
普通谈话	0.02	60
繁华街道	0.063	70
公共汽车内	0.2	80
织布车间	2	100
汽车喇叭	7	110
大型柴油机	20	120
喷气式飞机附近	200	140

有关声学量级的表达式及基准值如表 8.6.2 所示。

表 8.6.2 主要声学量级及其基准值

名称	定义/dB	基准值
声压级(气体)	$L_p = 20\lg(p/p_0)$	$p_0 = 20 \times 10^{-6}$ Pa
声压级(液体)	$L_p = 20\lg(p/p_0)$	$p_0 = 1 \times 10^{-6}$ Pa
振动加速度级	$L_a = 20\lg(a/a_0)$	$a_0 = 1 \times 10^{-6}$ m/s²
振动速度级	$L_V = 20\lg(V/V_0)$	$V_0 = 1 \times 10^{-9}$ m/s
振动位移级	$L_d = 20\lg(d/d_0)$	$d_0 = 1 \times 10^{-12}$ m
力级	$L_F = 20\lg(F/F_0)$	$F_0 = 1 \times 10^{-6}$ N
声功率级	$L_W = 10\lg(W/W_0)$	$W_0 = 1 \times 10^{-12}$ W
声强级	$L_I = 10\lg(I/I_0)$	$I_0 = 1 \times 10^{-12}$ W/m²
声能量级	$L_E = 10\lg(E/E_0)$	$E_0 = 1 \times 10^{-12}$ J

2. 级的计算

分贝既然是对数单位,其就不能按一般的自然数运算,应当依照对数法则,即按能量叠加原理进行运算。

1) 分贝的加法(声压级的合成)

设合成的声压级为 L_1、L_2、$\cdots$、L_n,求总的合成声压级 L_p。虽然对数值不能代数相加,但声能量可以代数相加,即声场中某处的总声能为各声源辐射到该处的声能之和,故总声强 $I = I_1 + I_2 + \cdots + I_n$。由于 $I = p^2/(\rho c)$,因此有

$$p^2 = p_1^2 + p_2^2 + \cdots + p_n^2 \tag{8.6.2}$$

故

$$L_p = 10\lg \frac{p^2}{p_0^2} = 10\lg\left[\left(\frac{p_1^2}{p_0^2}\right) + \left(\frac{p_2^2}{p_0^2}\right) + \cdots + \left(\frac{p_n^2}{p_0^2}\right)\right] = 10\lg\left(\sum_{i=1}^{n} 10^{\frac{L_i}{10}}\right) \tag{8.6.3}$$

例如求 90 dB、95 dB、88 dB 三个声压级的合成总声压级,按照式(8.6.3)得到

$$L_p = 10\lg(10^{\frac{90}{10}} + 10^{\frac{95}{10}} + 10^{\frac{88}{10}}) \text{ dB} = 96.8 \text{ dB}$$

可见,低声压级对合成声压级的贡献较小,主要是高声压级的贡献。按照式(8.6.3)计算合成声压级时计算工作量大,为了简便起见,实际应用中常用查图表的办法计算合成声压级。

2) 分贝的减法(声压级的分解)

若已知两个声压级的合成声压级为 L_p,甲的声压级为 L_1,求乙的声压级 L_2。此即声压级的分解问题。分贝的减法常用下式计算:

$$L_2 = 10\lg(10^{\frac{L_p}{10}} - 10^{\frac{L_1}{10}}) \tag{8.6.4}$$

同样,亦可用查图表的办法进行声压级相减的计算。

3) 分贝的平均值求法

在某点做 n 次测量时,往往取 n 次测量结果的平均值 $\bar{L}$ 作为最后的测量结果。分贝的平均值可用下式精确计算:

$$\bar{L} = 10\lg\left(\frac{1}{n}\sum_{i=1}^{n} 10^{\frac{L_i}{10}}\right) = 10\lg\left(\sum_{i=1}^{n} 10^{\frac{L_i}{10}}\right) - 10\lg n \tag{8.6.5}$$

近似计算时可采用下面的方法。当各噪声声压级相差小于或等于 5 dB 时,可按算术平均值计算平均值,误差小于 1 dB,即

$$\bar{L} = \frac{1}{n}\sum_{i=1}^{n} L_i \tag{8.6.6}$$

当最大差值大于 5 dB 小于等于 10 dB 时,平均值的近似值为

$$\bar{L} = \frac{1}{n}\sum_{i=1}^{n} L_i + 1 \tag{8.6.7}$$

8.7 频带与频谱分析

1. 频带

人耳的可听声频率是 20 Hz～20 kHz,它有一千倍的变化范围。人们不大可能也不必要对每个频率进行分析。为了方便对噪声进行分析研究,人为将如此宽广的声频范围分成几个频率区段,这就是通常所说的频带(频段或频程)。

频带的划分有两种类型:一种是保持频带宽度恒定(频率轴采用线性刻度);另一种是保持频带相对宽度恒定(频率轴采用对数刻度)。当要细化所研究的噪声频率时,宜采用恒定带宽,且带宽较窄,常为 4～20 Hz 的数量级。反之,若要在很宽的频率范围内研究,宜采用相对带宽。

恒定相对带宽划分的原则是,每个频带的上限频率 $f_{上}$ 与下限频率 $f_{下}$ 有下列关系:

$$f_{上} = 2^n f_{下} \tag{8.7.1}$$

当 $n=1$ 时,称为倍频带;当 $n=1/2$ 时,称为二分之一倍频带;当 $n=1/3$ 时,称为三分之一倍频带。无论 n 取何值,每个频带的中心频率 f_0 定义为

$$f_0 = \sqrt{f_{上} \cdot f_{下}} \tag{8.7.2}$$

由式(8.7.1)和式(8.7.2)可得

$$\begin{cases} f_{上} = 2^{n/2} f_0 \\ f_{下} = 2^{-n/2} f_0 \end{cases} \tag{8.7.3}$$

而频带的宽度为

$$\Delta f = f_{上} - f_{下} = (2^{n/2} - 2^{-n/2}) f_0 \tag{8.7.4}$$

目前常用倍频带和三分之一倍频带的相对带宽,即每个频带宽度与其中心频率的比值(亦称恒定百分比带宽)分别为

$$\begin{cases} \Delta f/f_0 = 0.707, \quad f_0 = 1.414 f_{下} \quad (n=1) \\ \Delta f/f_0 = 0.231, \quad f_0 = 1.123 f_{下} \quad (n=1/3) \end{cases} \tag{8.7.5}$$

此表明这种划分频带的方法,其相对带宽是常数,而其绝对带宽则随中心频率的增加而成正比地增大。

另外,可以证明一个倍频程带宽 Δf,刚好可划分为三个三分之一倍频程 Δf_1、Δf_2、Δf_3,关系式为

$$\begin{cases} \Delta f = \Delta f_1 + \Delta f_2 + \Delta f_3 \\ \Delta f_1 = 0.26 \Delta f, \quad \Delta f_2 = 0.327 \Delta f, \quad \Delta f_3 = 0.413 \Delta f \end{cases} \tag{8.7.6}$$

表 8.7.1 与表 8.7.2 分别列出了倍频程与三分之一倍频程的中心频率与频率范围(即上、下限频率)。应该指出,表中中心频率并不完全符合前述比例关系,而是略做了修正。例如两

个相邻的倍频程的中心频率，应是两倍的关系，但表 8.7.1 中的 63 Hz 与 125 Hz 并不正好是 1∶2 的关系。经稍做修正，使每隔 10 个数据，对于倍频程来说，频率数值正好增大为原来的 1000 倍；而对三分之一倍频程来说则正好增大为原来的 10 倍，这样修正后更便于人们使用和记忆。

表 8.7.1　倍频程中心频率与频率范围（Hz）

中心频率	31.5	63	125	250	500	1000	2000	4000	8000
频率范围	22	45	90	180	355	710	1400	2800	5600
	45	90	180	355	710	1400	2800	5600	11200

表 8.7.2　三分之一倍频程中心频率与频率范围（Hz）

中心频率	频率范围	中心频率	频率范围	中心频率	频率范围
50	45~56	400	355~450	3150	2800~3550
63	56~71	500	450~560	4000	3550~4500
80	71~90	630	560~710	5000	4500~5600
100	90~112	800	710~900	6300	5600~7100
125	112~140	1000	900~1120	8000	7100~9000
160	140~180	1250	1120~1400	10000	9000~11200
200	180~224	1600	1400~1800	12500	11200~14000
250	224~280	2000	1800~2240	16000	14130~17780
315	280~355	2500	2240~2800	20000	17780~22390

2. 频谱分析

在噪声研究中，对噪声频率成分与对应声学量（分贝、相位、幅值等）关系的分析，称为频谱分析（亦称频率分析）。其中以频率（或频带）为横坐标，对应声学量为纵坐标表示的噪声分析图形，叫作频谱图。噪声的频谱分析，实质上是在频率域内研究噪声。对于纯音，它的频谱只是一条线（线谱），显然，这种声的全部能量仅集中在单一频率上。对于复杂的周期性噪声信号 $x(t)$，可用傅里叶级数展开成离散谱，即

$$x(t) = \frac{a_0}{2} + \sum_{n=1}^{\infty}[a_n\cos(n\omega t) + b_n\sin(n\omega t)] \tag{8.7.7}$$

式中：ω 是圆频率，$\omega = 2\pi f$。

$$a_n = \frac{2}{T}\int_0^T f(t)\cos(n\omega t)\mathrm{d}t, \quad n = 0,1,2,\cdots$$

$$b_n = \frac{2}{T}\int_0^T f(t)\sin(n\omega t)\mathrm{d}t, \quad n = 1,2,3,\cdots$$

其中：$f_1 = \omega/2\pi$ 是基频，$f_2 = 2f_1$、$f_3 = 3f_1$、……，是二次谐波、三次谐波等。

冲击或瞬态噪声、随机噪声，均可用傅里叶积分变为连续频谱。

噪声与振动的频谱分析对噪声源识别、降噪研究、故障诊断等方面的研究是一个非常重要的手段。

8.8 噪声的主观评价

从人耳感知的角度出发,两个声压级(分贝值)相同的噪声,如果其频率不同,则会有强弱不同的感觉。一般情况下,人耳对高频声音敏感,对低频声迟钝。这样就有一个噪声客观物理量与人耳主观感觉统一的问题,为此提出了噪声的主观评价。

1. 响度级和等响度级曲线

选取 1 kHz 纯音作为基准,若某一声音听起来与该纯音一样响,则该噪声的响度级定为 1 kHz 纯音的声压级数值,单位为方(Phon)。如某一噪声听起来与频率为 1 kHz、声压级为 60 dB 的纯音同样响,则该噪声的响度级为 60 方。

响度级既考虑了声音的物理效应,又考虑了人耳对声音的生理效应。利用与基准声音比较的方法,经过大量的听觉试验,国际标准化组织(ISO)制定了等响度级曲线,如图 8.8.1 所示。

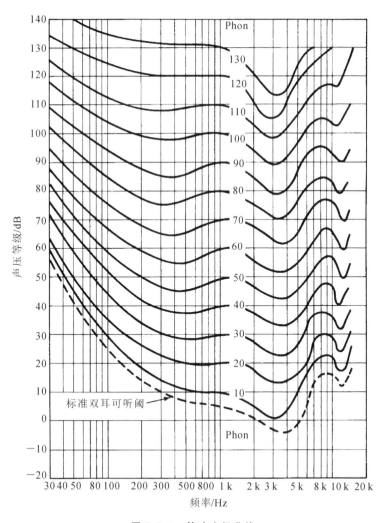

图 8.8.1 等响度级曲线

如响度级同样为 10 方,则 1 kHz 纯音的声压级是 10 dB,100 Hz 声音声压级约为 30 dB,

而 20 Hz 声音的声压级约为 77 dB。由此可见,人耳对低频声很迟钝,对高频声敏感。人耳最敏感的区域在 2～5 kHz 的频带内。

响度级(方)只表示可听范围内频率为 1 kHz 的等响声音的分贝数,因此,方数不能直接相互比较。例如,当响度级变化 2 倍的数量级时,并不意味主观感觉响度变化也为 2 倍的关系。响度级是一种"级"的概念,是相对量,有时需要将其转化为有量纲的量,这就要用响度的概念。响度是描述声音大小的主观感觉量,它与人的主观感觉成正比,单位为宋(Sone)。其定义为:1 kHz 纯音声压级为 40 dB 时的响度为 1 宋。也就是响度级为 40 方的声音所对应的响度为 1 宋,响度级为 50 方、60 方的声音所对应的响度分别为 2 宋、4 宋。响度 S 与响度级 L_S 的换算关系为

$$L_S = 40 + 10\log_2 S \tag{8.8.1}$$

2. 计权声级

人们对声音的主观感受可以用响度级来描述,但其测量与计算都十分复杂。为了使测量仪器的读数与人的主观感觉相一致,需对仅能反映声音物理特性的测量仪器,根据人耳的听觉特性加以修正,即在测量声压级的仪器中设置计权网络。经过计权网络测量得到的读数,称为计权声压级。声学测量仪器中通常设置 A、B、C 三种计权网络。

A 计权网络是模拟人耳对 40 方纯音的响应,它代表人耳对低声压级声音的响度感觉,测量结果记为 dB(A);B 计权网络是模拟人耳对 70 方纯音的响应,它代表人耳对中等强度声音的响度感觉,测量结果记为 dB(B);C 计权网络是模拟人耳对 100 方纯音的响应,它代表人耳对高强度声音的响度感觉,测量结果记为 dB(C)。

利用 A、B、C 三挡声压级可约略了解噪声的频谱特性。当 $L_A = L_B = L_C$ 时,噪声的高频成分突出;当 $L_B = L_C > L_A$ 时,噪声以中频为主;当 $L_C > L_B > L_A$ 时,噪声主要是低频成分。

A 计权声压级既可以由声级计直接测量,也可以通过测量倍频程或三分之一倍频程声压级并按式(8.8.2)转换而得:

$$L_A = 10\lg \sum_{i=1}^{n} 10^{(L_i + A_i)/10} \quad (dB(A)) \tag{8.8.2}$$

式中:L_i 是测量得到的 i 频程声压级;A_i 是 i 频程声压级的修正值(具体数值见表8.8.1)。同理,只要知道某噪声的倍频程或三分之一倍频程频谱,即可仿照式(8.8.2)计算出该噪声的 B、C 计权声压级。

A 声级对于连续的稳态噪声是一种较好的评价方法,但对于起伏变化的或不连续的噪声,用 A 声级就很难得出确切的评价。针对这种情况,人们提出了等效连续 A 声级 L_{eq} 的评价方法。所谓等效连续 A 声级,就是在声场中某一位置、某一段时间(T)内 A 声级的能量平均值,单位为 dB,即

$$L_{eq} = 10\lg \left(\frac{1}{T} \int_0^T 10^{0.1L_A} dt \right) \tag{8.8.3}$$

式中:L_A 为某时刻 t 的瞬时 A 声级;T 为规定的测量时间。

当进行采样测量,且测量时间间隔一定时,式(8.8.3)可表示为

$$L_{eq} = 10\lg \left(\frac{1}{n} \sum_{i=1}^{n} 10^{0.1L_{Ai}} \right) = 10\lg \left(\sum_{i=1}^{n} 10^{0.1L_{Ai}} \right) - 10\lg n \tag{8.8.4}$$

式中:L_{Ai} 为第 i 次测量的 A 声级;Δt 为时间间隔;$n = T/\Delta t$。

由于等效连续 A 声级考虑了噪声能量的累积效应,因而用它来衡量噪声对人的影响是比

较合理的。

表 8.8.1 倍频程或三分之一倍频程记权声压级的修正值 (dB)

中心频率/Hz	A 声级修正值	B 声级修正值	C 声级修正值
20	−50.5	−24.2	−6.2
25	−44.7	−20.4	−4.4
31.5	−39.4	−17.1	−3.0
40	−34.6	−14.2	−3.0
50	−30.2	−11.6	−1.3
63	−26.2	−9.3	−0.8
80	−23.5	−7.4	−0.5
100	−19.1	−5.6	−0.3
125	−16.1	−4.2	−0.2
160	−13.4	−3.0	−0.1
200	−10.9	−3.0	0
250	−8.6	−1.3	0
315	−6.6	−0.8	0
400	−4.8	−0.5	0
500	−3.2	−0.3	0
630	−1.9	−0.1	0
800	−0.8	0	0
1000	0	0	0
1250	+0.6	0	0
1600	+1.0	0	−0.1
2000	+1.2	−0.1	−0.2
2500	−1.3	−0.2	−0.3
3150	+1.2	−0.4	−0.5
4000	+1.0	−0.7	−0.8
5000	+0.5	−1.2	−1.3
6300	−0.1	−1.9	−3.0
8000	−1.1	−3.9	−3.0
10000	−3.5	−4.3	−4.4
12500	−4.3	−6.1	−6.2
16000	−6.6	−8.4	−8.5
20000	−9.3	−11.1	−11.1

3. 累积统计声级

实际的环境噪声并不都是稳态的,比如交通噪声,它受多种因素的影响,是随机变化的。对于这种噪声,常用统计的方法评价。累积统计声级 L_{10}、L_{50}、L_{90} 就是用声级出现的累积概率来表示噪声的大小。它们表示在规定的测量时间内,有 $N\%$ ($N=10,50,90$) 的时间声级超过某一 L_A 值,这个 L_A 值叫作累积统计声级 L_N (L_{10}、L_{50}、L_{90}),单位为 dB(A)。

按定义,累积统计声级的计算方法为:将在规定时间内测量得到的所有 A 声级数据(例如 200 个数据),按大小顺序排列(由大到小),则第一个值就是最大值,第 20 个数据表示在规定时间内有 10% 的声级超过此声级值,即为 L_{10},它相当于在规定时间内噪声的平均峰值;L_{50} 为第 100 个数据,它是在规定时间内噪声的中值;L_{90} 为第 180 个数据,它相当于在规定时间内噪声的平均背景值。从上可知 $L_{10} \geqslant L_{50} \geqslant L_{90}$。

如实测数据 L_{Ai} 服从正态分布,则等效连续 A 声级可用下式近似计算:

$$L_{eq} = L_{50} + \frac{d^2}{60} \tag{8.8.5}$$

式中:$d = L_{10} - L_{90}$。

8.9 室内声学和吸声处理

声波在室内传播与在开阔空间中的传播是不一样的。因为声源在室内向各个方向辐射的声波会受到室内壁的一次或多次反射,反射波与从声源直接发出的声波相互交织在一起,叠加后形成复杂的室内声场。从统计平均的意义分析,如果室内声能密度达到了稳定的状态,此时的室内声场称为稳态声场。

为了便于分析,常把复杂室内声场分为两部分:一部分是由声源直接发出的直达声所形成的声场,称直达声场;另一部分是经过壁面的一次或多次反射后的反射声形成的声场,称混响声场。

1) 直达声场

根据定义可知,直达声场是自由声场。设室内点声源的声功率是 W,则距其 r 处的直达声的声强 I_r 为(通过与声波方向垂直的单位面积的声能量的平均值,它可类比为电路中的有功功率)

$$I_r = \frac{QW}{4\pi r^2} \tag{8.9.1}$$

式中:Q 为指向性指数。当声源做球面辐射时,$Q=1$;当声源做半球面辐射时,$Q=2$;当声源做 1/4 球面辐射时,$Q=4$;当声源做 1/8 球面辐射时,$Q=8$。

直达声声压平方为

$$p_r^2 = \rho c I_r \tag{8.9.2}$$

故 r 处的声压级 L_r 为

$$L_r = L_W + 10\lg \frac{Q}{4\pi r^2} \tag{8.9.3}$$

式中:L_W 为声源的声功率级。

2) 混响声场

由于室内壁面不规则,当从声源发出的声波以各种不同的角度射向壁面时,经过多次反射后相互叠加,此时声波沿各方向传播的概率几乎是相同的。因此在室内各处(紧靠壁面和声源处除外)的声场也几乎是相同的。这种传播方向各向同性,而且各处均匀的声场称为完全扩散声场。

当声波入射到壁面时,除一部分声能被反射外,还有一部分声能被壁面吸收。被吸收的声能与入射声能的比值被称为吸声系数 α。对稳于态声场,记无规入射时的平均吸声系数为 $\bar{\alpha}$,转化成混响声的能量只有直达声的 $(1-\bar{\alpha})$ 倍。由于直达声直接由声源发出,因此在单位时间内可补充混响声的能量为 $W(1-\bar{\alpha})$,它在数值上又等于混响声场被壁面吸收的能量。经过分析,得到混响声场的声能密度

$$D = \frac{4W(1-\bar{\alpha})}{cS\bar{\alpha}} = \frac{4W}{cR} \tag{8.9.4}$$

式中:S 是室内壁总表面积(m^2);$R=S\bar{\alpha}/(1-\bar{\alpha})$,它是反映房间声学特性的重要常数,称为房间常数($m^2$)。

混响声场中声压平方为

$$p_h^2 = \rho c^2 D \tag{8.9.5}$$

空气中与此对应的声压级为

$$L_h = L_W + 10\lg\frac{4}{R} \tag{8.9.6}$$

3) 室内总声场

把直达声场与混响声场的能量叠加在一起,就得到室内实际的总声场,其声压平方为

$$p^2 = p_r^2 + p_h^2 = \rho c W\left(\frac{Q}{4\pi r^2} + \frac{4}{R}\right) \tag{8.9.7}$$

所以总声压级 L_p 为

$$L_p = L_W + 10\lg\left(\frac{Q}{4\pi r^2} + \frac{4}{R}\right) \tag{8.9.8}$$

从式(8.9.8)可以看出,如果声源的声功率一定,那么室内各处声压级的相对变化就由式中第二项决定。当壁面接近全反射时,$\bar{\alpha}\approx 0$,$R\approx 0$,房间内声场主要为混响声场,这种房间称为混响室;反之,当室壁接近全吸收时,$\bar{\alpha}\approx 1$,$R\to\infty$,房间内声场主要为直达声场,这种房间称为消声室。混响室和消声室是声学研究和噪声测量中常用的两种声学实验室。

在室内布置吸声材料和吸声结构来降低室内噪声的工艺措施,称吸声处理。一般来说,吸声处理只能降低反射声的影响,对直达声是无能为力的,故不能希望通过吸声处理来降低直达声。所以,吸声措施的降噪效果是有限的,其降噪量通常不超过 10 dB。

4) 混响和混响时间

当室内声场达到稳定时,突然关闭声源,室内声音要延续一定时间才会消失,这种声音的延缓现象称为混响。在扩散声场中,当声源停止发声后,声能密度下降为原有数值的百万分之一所需的时间,或者说室内声压级衰减 60 dB 所需的时间,称为混响时间。如果不考虑空气的吸收,可用式(8.9.9)计算混响时间 T。

$$T_{60} = \frac{0.163V}{\bar{\alpha}S} \tag{8.9.9}$$

式中:V 是房间体积(m^3)。此式称为赛宾公式。

对于语言用或音乐用的房间,混响时间可作为重要的音质评价指标,其推荐值取决于房间的大小和用途。

如果流体域是水,则水下封闭空间混响时间的计算公式为

$$T_{60} = \frac{55.26V}{c \sum S_i} \cdot \frac{-1}{\ln(1-\bar{\alpha})} \tag{8.9.10}$$

式中：V 为封闭空间的总体积；c 为水中声波的传播速度（1500 m/s）；$\sum S_i$ 为表面的总面积。

5）吸声量

吸声系数只表明材料在某一频率下所具有的吸声能力。而使用吸声材料后室内实际的吸声效果不仅与 α 有关，还和其表面积 S 有关。引进吸声量 A：

$$A = S\alpha \quad (\text{m}^2) \tag{8.9.11}$$

如 $A = 1.0$ m²，则相当于向着自由空间敞开且面积为一平方米的窗子的吸声量，因为这时窗子无任何反射，声波全部传出室外，相当于声能全部被窗子吸收，此时可以认为 $\alpha = 1$。

对某一个房间而言，室内总吸声量 A 为

$$A = \sum S_i \alpha_i \tag{8.9.12}$$

式中：S_i 是第 i 个壁面的面积（m²）；α_i 是第 i 个壁面的吸声系数。

6）吸声材料和吸声结构

同一种材料对不同频率的声波具有不同的吸声系数，在实际应用中，通常给出 125 Hz、250 Hz、500 Hz、1000 Hz、2000 Hz、4000 Hz 六个倍频程中心频率下的吸声系数。有时为了用一个数值来表示某种材料的吸声性能，往往取上述六个频率下的吸声系数的算术平均值，只有当它大于 0.2 时，才称得上是吸声材料。

吸声材料按物理性能和吸声方式可分为多孔吸声材料和共振吸声结构两大类，前者以吸收高、中频声波为主，后者主要吸收中、低频声波。

多孔吸声材料大体分为以下四类。

(1) 无机纤维材料类：如离心玻璃棉、岩棉、超细玻璃棉、矿棉及其制品等；
(2) 泡沫塑料类：如聚氨酯泡沫塑料、脲醛泡沫塑料和氨基甲酸泡沫塑料等；
(3) 有机纤维材料类：如棉、麻、木屑、植物纤维、海草、棕丝及其制品等；
(4) 吸声建筑材料类：如泡沫玻璃、膨胀珍珠岩、陶土吸声砖、加气混凝土等。

上述吸声材料的结构特点是多孔纤维性材料之间具有许多微小的间隙和连续的孔洞，而且内外相通。当声波顺着这些细孔进入材料内部时，孔内空气发生振动，和孔壁的摩擦，因摩擦和黏滞力的作用，相当一部分声能转化为热能而被消耗掉，反射声也就相应地减弱了，从而达到了吸声的作用。

吸声结构的种类也很多，大体分为如下四类：

(1) 薄板共振吸声结构；
(2) 穿孔板吸声结构；
(3) 微穿孔板吸声结构；
(4) 各类空间吸声体。

薄板共振吸声结构包括薄膜吸声结构和帷幕吸声结构等，它们是利用薄板、薄膜及其板后的空腔在声波作用下发生共振时，板内空气层因振动而出现摩擦损耗而吸收声能，在共振频率处达到最大的声吸收。穿孔板吸声结构是利用亥姆霍兹效应，即孔颈中的气体分子被声波激发产生振动，由于摩擦和阻尼作用而达到吸声作用。微穿孔板吸声结构则是在穿孔板吸声结构的基础上发展起来的一种新型吸声结构，是我国声学专家马大猷院士的新贡献。它也是利用微孔中空气的黏滞阻力消耗入射声能的，在较宽的频带范围内具有较高的吸声性能。各类

空间吸声体结构,多数是将多孔性吸声材料组合在一定形状和尺寸的结构内,制成产品,吊挂在需要吸声的地方,这种结构灵活方便,经济实用。

8.10 隔　　声

所谓隔声就是用围护结构将声音限制在某一范围之内,或者在声波传播的途径上用屏蔽物将它遮挡住一部分的方法。隔声分为两大类:一类是隔绝空气声,另一类是隔绝固体声。本节只研究空气声的隔声。

隔声与吸声都是噪声控制中常用的重要技术措施,但二者有着本质的区别。在实际应用中又常有联系,明确它们的区别是十分必要的。

1. 吸声与隔声在原理上的区别

如图 8.10.1 所示,声波传到墙上时,一部分声能(E_1)被反射,另一部分声能(E_2)透过墙体传到墙的另一侧,还有一部分声能(E_3)为墙体所吸收。墙体材料的吸声系数 α 为

$$\alpha = \frac{E_0 - E_1}{E_0} \quad (8.10.1)$$

而透射系数 τ 为

$$\tau = \frac{E_2}{E_0} \quad (8.10.2)$$

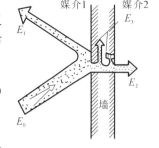

图 8.10.1　声能传播

显然 $\tau \leqslant 1$。

工程中常用隔声量(亦称传声损失或透声损失)R 来表示结构物的隔声性能:

$$R = 10 \lg \frac{1}{\tau} \quad (\text{dB}) \quad (8.10.3)$$

或者用 125~4000 Hz 六个倍频程中心频率下隔声量的算术平均值来表示隔声能力,称平均隔声量,用 $\bar{R}$ 表示。

吸声与隔声的主要区别是:

(1)二者实现降噪的机理不同。吸声是通过减弱声反射,降低混响声实现降噪的;隔声是利用结构物对声波起阻挡作用,减弱声透射,实现降噪的。

(2)二者的着眼点不同。吸声减少了反射声,降低了墙左侧的噪声声级;隔声需要减少透射声,降低墙右侧的噪声声级。

(3)二者所用的材料不同。吸声多用一些多孔的、疏松的材料;而隔声则用重而密实的材料,如钢板、砖墙、混凝土板等。

二者虽有区别,但在噪声控制中,又是紧密联系的。它们的合理综合应用,有助于得到良好的降噪效果。

2. 单质均质墙体隔声的频率特性

实验发现,一个均质的实心墙对空气声隔声能力的大小,取决于墙体单位面积的质量 m (kg/m^2)。m 越大,隔声效果越好。这一原理称为"质量定律",用经验公式表示为(声波无规入射时)

$$R = 18 \lg m + 12 \lg f - 25 \quad (\text{dB}) \quad (8.10.4)$$

式中:f 是入射声波的频率。从式中可得到,质量(面密度)增加一倍,隔声量增加 5.4 dB,频率

增加一倍,隔声量增加 3.6 dB。

在实际工程中,有些板墙的实际隔声效果往往低于质量定律的计算值。因为板墙的隔声性能还与其刚度和阻尼有关。图 8.10.2 所示是一般单质均质墙体的隔声性能曲线,从图中可以看出,其隔声特性按频率可分为三部分。

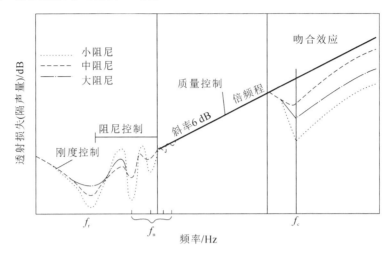

图 8.10.2　单质均质墙体的隔声性能曲线

(1) 刚度控制区。在这个区域内,当频率很低(低于板的自振频率)时,隔声量主要由板的刚度控制。这时板受声波激发后,其类似一单位面积刚度均匀的等效活塞。一般来说,在此频段内板的刚度愈大、声波的频率愈低,隔声量就愈大。随着频率增大,隔声特性曲线进入由板共振频率所控制的频段。这时板的阻尼起作用。共振频率激发了大振幅而产生很大的透射效应,因而隔声量下降到最小,其中影响最大的是第一阶共振频率。对于隔声材料,人们总是希望共振频率区域越小越好。

(2) 质量控制区,此时质量(面密度)愈大,频率愈高,隔声量愈大。这就是所谓的质量定律。

(3) 吻合效应控制区。当声波频率高到一定值时,质量效应与弯曲刚度效应相互抵消,结果阻抗较小,隔声量出现了低谷。这种效应称为吻合效应。用一平面波入射到无限大墙板上的模型来解释吻合效应。如图 8.10.3 所示,当平面声波以一定入射角 θ 射向墙板时,将激起板做弯曲振动,它在板内以弯曲波形式向前行进。当入射声波达到某一频率,板中弯曲波的波长 λ_B,正好等于空气中声波波长 λ 在板上的投影值(即声波留下的迹)$\lambda = \lambda_B \sin\theta$ 时,便发生了波的吻合,这时板与空气运动之间达到高度耦合。出现吻合效应的最低频率称为临界频率 f_c。发生波的吻合时的条件又可写作

$$\sin\theta = \frac{\lambda}{\lambda_B} \tag{8.10.5}$$

在高于临界频率 f_c 时,如果频率给定,即对某一个固定波长 λ,总有一个 θ 角存在,这个发生波的吻合的角称为吻合角;如果入射角给定,也总会有一个能满足式(8.10.5)的波长 λ_B,在该波长下的频率称为吻合频率。所谓临界频率也就是可能的最低吻合频率,在该频率时吻合发生在掠入射情况下,即 $\theta = 90°$。如果空气中声波的波长大于板中弯曲波的波长,即声波的频率低于 f_c,则不会发生波的吻合,因为正弦函数不能大于1,所以只有 λ 小于或等于 λ_B 时才会出现吻合效应。此时隔声量可比质量定律的计算值低十几分贝。

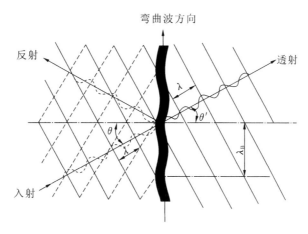

图 8.10.3 波的吻合效应

为了完整地计算整个频率段的隔声量,可利用如下的分析方法。

(1) 当 $f < f_c/2$ 时,利用改进的质量定律计算隔声量:

$$R = -10\lg\left\{\frac{\ln(k\sqrt{A}) + 0.16 - U(\Lambda) + \dfrac{1}{4\pi A k_0^2}}{\left[\left(\dfrac{\mu\pi f}{\rho c}\right)\left(1 - \dfrac{f^2}{f_c^2}\right)\right]^2}\right\} \quad \text{(dB)} \quad (8.10.6)$$

式中: k_0 是空气声的波数($k_0 = 2\pi/\lambda$); k 是板中弯曲波的波数($k = 2\pi/\lambda_B$); A 是板的面积; Λ 是板的边长比; μ 是板的阻尼损耗因子; $U(\Lambda)$ 是非方板的形状修正因子,其表达式为

$$U(\Lambda) = -0.0000311\Lambda^5 + 0.000941\Lambda^4 - 0.0107\Lambda^3 + 0.0526\Lambda^2 - 0.0407\Lambda - 0.00534$$

(2) 当 $f_c/2 \leqslant f \leqslant f_c$ 时,分别将 $f = f_c/2$ 和 $f = f_c$ 代入式(8.10.4)得到对应频率的隔声量,然后利用线性插值即可得出其他频率处的隔声量。

(3) 当 $f > f_c$ 时,利用下式计算隔声量:

$$R = 20\lg\left(\frac{\mu\pi f}{\rho c}\right) + 10\lg\left(\frac{2\mu f}{f_c}\right) - 5 \quad \text{(dB)} \quad (8.10.7)$$

3. 隔声设计

用隔声装置把声源与工作、生活环境隔离开来是一种有效的控制噪声的方法,常用的隔声装置有隔声墙、隔声顶棚、隔声室、隔声间、隔声箱、隔声控制室、隔声罩、隔声屏、隔声门、隔声窗、隔声通风百叶等。

当噪声源在外部时,可采用隔声室、集控室等形式;当噪声源在内部时,可采用隔声罩、隔声箱等形式,相对来说,隔声罩体积小,花费较低,但应考虑隔声罩的通风散热及设备的检修保养;当噪声源和接收者都在外部时,可采用敞开结构,例如隔声屏障,噪声源和接收者在屏障两侧,隔声量有限,但便于操作和维修隔声设备。

在噪声控制工程中,究竟选用何种隔声结构,应根据噪声的声级高低、频谱特性、噪声源形状尺寸、噪声控制标准、周围环境状况、施工场地大小、设备操作要求、投资费用等综合考虑。

一般来说,隔声室的隔声量为 20~40 dB(A),特别设计的土建隔声室,隔声量可达 50 dB(A)以上;固定式密闭型隔声罩隔声量为 20~30 dB(A);局部隔声罩或半封闭隔声罩的隔声量为 10~20 dB(A);隔声屏障对高频噪声有 10~15 dB(A)的隔声量,对于低频噪声,隔声量较低。

8.11 消声器设计

1. 消声器简介及设计要求

消声器是控制空气动力性噪声的有效措施之一。空气动力性噪声是一种常见的噪声污染，从喷气式飞机、火箭、宇宙飞船，到气动工具、通风空调设备、内燃发动机、压力容器、管道阀门等的进排气，都会产生声级很高的空气动力性噪声。在这些空气动力设备的气流通道或进排气口上加装消声器，就可以降低其噪声污染。消声器是一种既能允许气流顺利通过，又能有效地阻止或减弱声能向外传播的装置。值得指出的是，消声器只能用来降低空气动力设备的进排气口噪声或沿管道传播的噪声，而不能降低空气动力设备的机壳、管壁、电机等辐射的噪声。不是所有的噪声源装上消声器就能降低其噪声，消声器是针对空气动力性噪声而设计的。

一个好的消声器应满足下列五项要求。

（1）声学性能要求。应具有较好的消声特性，即消声器在一定的流速、温度、湿度、压力等工作环境下，在所要求的频率范围内，有足够大的消声量，或在较宽的频率范围内，有满足需要的消声量。

（2）空气动力性能要求。消声器对气流的阻力要小，阻力系数要低，即安装消声器后所增加的压力损失或功率损耗要控制在实际允许的范围内。气流通过消声器时所产生的气流再生噪声要低。消声器不应影响空气动力设备的正常运行。

（3）结构性能要求。消声器的体积要小，重量要轻，结构要简单，便于加工、安装和维修。材质应坚固耐用，对于耐高温、耐腐蚀、耐潮湿等特殊要求，尤其应注意材质的选用。

（4）外形及装饰要求。消声器的外形应美观大方，体积和外形应满足设备总体布局的限制要求，表面装饰应与设备总体相协调，体现环保产品的特点。

（5）价格费用要求。消声器要价格便宜，使用寿命长，在可能条件下，应尽量减少消声器的材料消耗。

以上五项要求缺一不可，既互相联系，又相互制约。当然，根据实际情况可以有所侧重，但不可偏废。应该说明的是，消声器的加工制造质量和安装质量对消声器的性能均有较大影响。加工质量不好，安装不合适，消声器壳体隔声不足或消声器吸声材料的密度、厚度、护面材料、结构尺寸等选择不当，都会直接影响消声器的声学性能和动力性能。

2. 消声器性能评价

消声器的消声量是评价其声学性能好坏的重要指标。但是，测量方法不同，所得消声量也不同。当消声器内没有气流通过而仅有声音通过时，测得的消声量称为静态消声量；当有声音和气流同时通过消声器时，测得的消声量称为动态消声量。

消声器测量方法国家标准 GB/T 4760—1995 对消声器实验室测量方法和现场测量方法做了详细的规定。实验室测量方法是在可控实验条件下较深入细致地测试消声器的性能，主要适用于以阻性为主的管道消声器。现场测量方法是在实际使用条件下直接测试消声器的消声效果，适用于一端连通大气的一般消声器。

工程上评价消声器声学性能好坏的物理量主要有下列两种：

1）插入损失（D）

在系统中，将装置消声器以前和装置消声器以后，通过管口辐射噪声的声功率级之差定义为消声器的插入损失（单位为 dB）。在通常情况下，管口大小、形状和声场分布基本保持不变，这时插入损失等于在给定测点处装置消声器以前与以后的声压级之差。简而言之,插入损失就是指系统中插入消声器前后在系统外某定点测得的声压级差。

2) 传声损失(R)

将消声器进口端入射声能与出口端透射声能进行比较,入射声与透射声声功率级之差,称为消声器的传声损失(单位为 dB)。在通常情况下消声器进口端与出口端的通道截面相同,声压沿截面近似均匀分布,这时传声损失等于入射声与透射声声压级之差。

目前,一般采用静态消声量来表示消声器的消声效果,因为静态消声量是一个定值,而动态消声量则受气流速度的影响,是一个不定值,故评价指标以静态消声量为宜。当声源噪声经静态消声后的剩余声级(简称静态出口声级)大于消声器气流噪声声级时,消声器的动态、静态消声量基本一致,不受气流的影响;当消声器静态出口声级低于消声器气流噪声声级时,则消声器的动态消声量低于静态消声量,其差值随流速的增加而增大;当气流噪声声级大于消声器入口声级时,此时消声器不仅不能消声,反而变成了一个噪声放大器。为解决静态和动态消声量可能不一致的问题,有些消声器产品已采用静态消声量和气流噪声声级两个指标来表示产品的声学性能。

3. 阻性消声器

消声器的形式很多,按其消声原理及结构的不同,大体分为四大类:阻性消声器、抗性消声器、微穿孔板消声器、复合式消声器等。

阻性消声器是利用声阻消声的,声抗的影响可忽略不计。阻性消声器是一种吸收型消声器,声波在多孔性吸声材料中传播时,摩擦会将声能转化为热能而散发掉,从而达到消声的目的。一般来说,阻性消声器具有良好的中高频消声性能,低频消声性能较差,而且不宜在高温、油污、粉尘等恶劣环境中使用,如在内燃机的排气管路中不宜采用阻性消声器。阻性消声器按气流通道几何形状不同,可分为直管式、片式、折板式、迷宫式、蜂窝式、声流式、障板式、弯头式等(见图 8.11.1)。

为了提高阻性消声器低频消声性能,可适当增加消声器吸声材料的厚度和密度,选用较低穿孔率的护面结构等。直管式消声器是阻性消声器中应用最为广泛的一种形式,设计计算较为方便准确,这种消声器在一定条件下的消声量可按式(8.11.1)计算。

$$D = 1.05 \frac{GL}{S} \alpha^{1.4} \tag{8.11.1}$$

式中:G 是消声器截面内气流通道的周长(m);L 是消声器长度(m);S 是气流通道的截面积(m^2);α 是声波无规入射时吸声材料的吸声系数。式(8.11.1)是在下列条件下得出的:

(1) 消声器的长度至少应为其最小横向尺寸的 2 倍;

(2) 气流速度应小于 20 m/s;

(3) 频率高于一定值时,管道中的声波呈束状传播,很少与吸声材料表面接触,于是消声性能显著下降,该频率称为上限截止频率,即

$$f_上 = 1.85 \frac{c}{b} \tag{8.11.2}$$

式中:c 是声速;b 是截面最小横向尺寸(m)。

4. 抗性消声器

抗性消声器是通过控制声抗的大小来进行消声的,即利用声波的反射、干涉及共振等原理,吸收或阻碍声能向外传播,它相当于一个声学滤波器。抗性消声器不使用纤维性吸声材

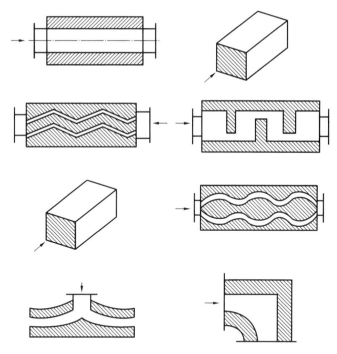

图 8.11.1　阻性消声器结构示意图

料,声阻的影响可以忽略不计。它适用于消除中低频噪声或窄带噪声,其按作用原理不同,可分为扩张式、共振腔式和干涉式等多种形式,如图 8.11.2 所示。

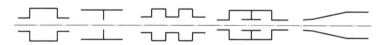

图 8.11.2　抗性消声器结构形式示意图

扩张式消声器是抗性消声器最常用的结构形式,也称膨胀式消声器。其主要消声原理是利用管道的截面突变引起声阻抗变化,使得一部分沿管道传播的声波反射回声源;同时,通过腔室和内接管长度的变化,使得向前传播的声波与在不同管截面上的反射波之间产生180°的相位差,相互干涉,从而达到消声的目的。

5. 微穿孔板消声器

微穿孔板消声器是 20 世纪 80 年代研制成功并已广泛使用的一种新型消声器,是建立在微穿孔板吸声结构基础上的既有阻又有抗的共振式消声器。国际著名声学专家、中国科学院院士马大猷教授给出了具体的设计计算方法,奠定了微穿孔板吸声结构的理论基础。根据这一理论设计制造的各种形式的微穿孔板消声器,在许多领域得到了应用。微穿孔板消声器阻力损失小,再生噪声低,消声频带宽,可承受较高气流速度的冲击,耐高温,不怕水和潮湿,能耐一定粉尘。因此,特别适用于医疗、卫生、食品、制药、电子、国防等行业的消声工作;对于高速、高温排气放空和内燃机排气消声等也较适用。

微穿孔板消声器的设计方法与阻性消声器基本相同,不同之处在于用微穿孔板吸声结构代替阻性吸声材料。为了保证在较宽的频带范围内有较好的吸声效果,一般均采用双层吸声结构或多层吸声结构,前后空腔的厚度可以相同,也可以不相同,接触气流的第一层穿孔板的穿孔率可以适当高于后面一层。

6. 复合式消声器

阻性消声器主要用于消除中高频噪声,抗性消声器则适用于中低频及某些特定频率的消声。为了达到宽频带、高吸收的消声效果,往往把阻性消声器和抗性消声器组合在一起而构成阻抗复合式消声器。阻抗复合式消声器,既有阻性吸声材料,又有共振腔、扩张室、穿孔屏等声学滤波器件。一般将抗性部分放在气流的入口端,阻性部分放在气流入口的后面。根据不同的消声原理,结合具体的现场条件及声源特性,通过不同方式的组合,即可设计出不同结构形式的阻抗复合式消声器。

对于阻抗复合式消声器,可以定性地认为消声值是阻性段与抗性段在同频带内的消声值相叠加,但定量地讲,总的消声值并非简单的叠加关系。因为声波在传播过程中产生的诸如干涉、反射等声学现象,以及声波的耦合作用,相互影响,不易确定简单的定量关系。在实际应用中,一般通过实际测量来了解复合消声器的消声效果。

微穿孔板消声器实际上是阻抗复合式消声器的一种特殊形式。

本 章 习 题

8.1 某声源的功率是 1 W,试求此声源的声功率级。

8.2 若一个声源的声压 p_1 是另一个声源声压 p_2 的 10 倍,试求这两个声压级差($L_{p1} - L_{p2}$)是多少分贝。如果 p_1 是 p_2 的 100 倍,级差又是多少?

8.3 假设有三个频率不同的噪声,声压级分别为 90 dB、88 dB 和 85 dB,试求这三个噪声在某处相加时所得到的总声压级(用公式或图表)。

8.4 某机器辐射的噪声声压级为 90 dB,如果有两部同类型的机器,引起的总声压级是多少?

8.5 某机房里测得总噪声声压级为 105 dB,若主机停机测得背景噪声为 100 dB,求该主机单独运转之声压级。

8.6 在室内某处不同时间里读出的声压级分别为 90 dB、87 dB、87 dB、88 dB 和 89 dB,试求该处的平均声压级。

8.7 若离开某机器 2 m 处的声压级为 90 dB,试计算离机器 7 m 处的声压级(设为自由场)。

8.8 测得某些频率为 900 Hz,基准量为 10^{-6} m/s^2 的加速度级为 $L_a = 95$ dB,试求其速度级 L_V(dB)。

附录 δ(·)函数简介

设在无穷直线上的 $-l/2 < x < l/2$ 区间内有均匀分布的电荷,总电量为 1 个单位,则电荷线密度为

$$\delta_l = \begin{cases} 0 & x \leqslant -l/2 \\ 1/l & -l/2 < x < l/2 \\ 0 & x \geqslant l/2 \end{cases}$$

当 $l \to 0$ 时,就得到一维状态下点电荷的线分布密度函数:

$$\delta(x) = \lim_{l \to 0} \delta_l(x) = \begin{cases} 0 & x < 0 \\ \infty & x = 0 \\ 0 & x > 0 \end{cases}$$

一般定义的 δ(·) 函数为

$$\delta(x) = \begin{cases} 0 & x \neq 0 \\ \infty & x = 0 \end{cases}$$

在通常情况下它是没有意义的,δ(·)函数表示的是函数的极限,它所给出的"函数值"在积分运算中才有意义:

$$\int_{-\infty}^{\infty} \delta(x) \mathrm{d}x = \lim_{l \to 0} \int_{-\infty}^{\infty} \delta_l(x) \mathrm{d}x = 1$$

从计算的角度,引进 δ(·) 函数的目的,在于简化先进行微积分计算、后取极限的过程。例如可把

$$\int_{-\infty}^{\infty} f(x) \delta(x - x_0) \mathrm{d}x = f(x_0)$$

直接表示为

$$f(x) \delta(x - x_0) = f(x_0)$$

也可从上式推导出:

$$f(x) \delta(x - x_0) = f(x_0) \delta(x - x_0)$$

总之,凡是涉及 δ(·) 函数的等式都应该从积分意义来理解。可把 δ(·) 函数推广到二维、三维情况,例如,如果在平面点 (x_0, y_0) 处有一个单位点电荷,它的密度分布函数就是 $\delta(x - x_0)\delta(y - y_0)$。在三维空间点 (x_0, y_0, z_0) 处有一个单位点电荷,它的密度分布函数就是 $\delta(x - x_0)\delta(y - y_0)\delta(z - z_0)$。

δ(·)函数在微分方程、数学物理方法、傅里叶分析和概率论里都有很重要的应用。例如,在数学上,若一个常(偏)微分方程的非齐次项为 δ(·)函数,则其解统称为格林函数(而不是某种固定形式的解),对应的物理意义则为某一物理场在单位点源的作用下场的分布特性。

δ(·)函数是英国物理数学家狄拉克留给后人的一个卓有成就的数学贡献。1933 年,31 岁的狄拉克和薛定谔因在量子力学领域的贡献一起获得了当年的诺贝尔物理学奖。

参考文献

[1] 金咸定,夏利娟.船体振动学[M].上海:上海交通大学出版社,2011.

[2] 姚熊亮,张阿漫.船体振动与噪声[M].北京:国防工业出版社,2010.

[3] 陈志坚.舰艇振动学[M].北京:国防工业出版社,2010.

[4] 邹经湘.结构动力学[M].哈尔滨:哈尔滨工业大学出版社,1999.

[5] 谢官模.振动力学[M].北京:国防工业出版社,2011.

[6] 殷祥超.振动理论与测试技术[M].徐州:中国矿业大学出版社,2007.

[7] 李德葆,陆秋海.实验模态分析及其应用[M].北京:科学出版社,2001.

[8] 王显正.船舶总振动特性研究[D].大连:大连理工大学,2006.

[9] 中国船级社.船上振动控制指南[M].北京:人民交通出版社,2012.

[10] 边金龙.300吨级渔政船全船振动特性预报[D].大连:大连海事大学,2012.

[11] 刘西安,吴广明,李伟杰.某科考船艉部舱段振动固有频率计算方法[J].中国舰船研究,2017,12(4):110-116.

[12] 许锋晔.82000吨散货船上层建筑纵向振动特性计算研究[D].武汉:华中科技大学,2013.

[13] 胡于进,王璋奇.有限元分析与应用[M].北京:清华大学出版社,2009.

[14] 夏国泽,杨丹.船舶流体力学[M].武汉:华中科技大学出版社,2018.

[15] 马大猷.噪声控制学[M].北京:科学出版社,1987.

[16] 马大猷,沈豪.声学手册[M].北京:科学出版社,1983.

[17] 何祚镛.赵玉芳.声学理论基础[M].北京:国防工业出版社,1981.

[18] 杜功焕,朱哲民,龚秀芬.声学基础[M].3版.南京:南京大学出版社,2012.

[19] 黄其柏.工程噪声控制学[M].武汉:华中理工大学出版社,1999.

[20] 周健.板结构的声辐射与隔声性能的研究[D].武汉:华中科技大学,2002.

[21] 张海澜.理论声学(修订版)[M].北京:高等教育出版社,2012.

[22] 李德葆,沈观林,冯仁贤.振动测试与应变电测基础[M].北京:清华大学出版社,1987.

[23] 张维衡,熊志民,杜润生.振动测试技术[M].武汉:华中理工大学出版社,1993.

[24] 卢文祥,杜润生.工程测试与信息处理[M].2版.武汉:华中科技大学出版社,2000.

[25] 吴嘉蒙,夏利娟,金咸定,等.ISO6954振动评价标准新旧版本的比较研究[J].振动与冲击,2012,31(10):177-182.

[26] 中国船舶工业总公司.水面舰艇结构设计计算方法:GJB/Z 119—1999[S].北京:总装备部军标出版发行部,1999.